탄핵은
무효다

탄핵은 무효다

1판 1쇄 발행 | 2019. 9. 30
1판 6쇄 발행 | 2019. 10. 21

지은이 | 류여해 · 정준길
발행인 | 남경범
발행처 | 실레북스

등록 | 2016년 12월 15일(제490호)
주소 | 경기도 용인시 수지구 성복2로 86
대표전화 | 070-8624-8351
팩스 | 031-308-0067

ISBN 979-11-966546-2-7 03300

블로그 | blog.naver.com/sillebooks
페이스북 | facebook.com/sillebooks 이메일 | sillebooks@gmail.com

값은 뒤표지에 있습니다.
잘못된 책은 구매하신 서점에서 바꾸어 드립니다.

이 도서의 국립중앙도서관 출판예정도서목록(CIP)은 서지정보유통지원시스템 홈페이지
(http://seoji.nl.go.kr)와 국가자료공동목록시스템(http://www.nl.go.kr/kolisnet)에서
이용하실 수 있습니다.(CIP제어번호:CIP2019037133)

진리가 너희를 자유케 하리라 VERITAS VOS LIBERABIT

탄핵은 무효다

속아서 든 촛불
진실을 알아가는 여정

류여해 · 정준길
지음

실레북스
SiLLgbooKS

대한민국의 대통령들은 행복했을까?

1948년 8월 15일 대한민국 건국 이후 지금까지 모두 12명의 대통령이 있었다. 하지만, 이승만, 윤보선, 박정희, 최규하, 박근혜 등 5명의 대통령은 그 임기를 채우지 못했다. 노무현, 박근혜 등 2명의 대통령은 탄핵소추를 당했고, 그중 박근혜 대통령은 탄핵으로 임기 중간에 청와대에서 쫓겨나 구속까지 되었다. 탄핵을 모면한 노무현 대통령이라고 행복했던 것은 아니다. 그는 퇴임 후 640만 달러 뇌물수수 의혹 등으로 검찰 수사를 받게 되면서 자살이라는 극단적인 선택을 하였다.

다른 대통령들은 어떤가?

전두환, 노태우, 이명박 대통령도 임기 후 구속되는 치욕을 당하였다. 그러고 보니 구속된 대통령은 모두 보수우파 측이었다. 직선제 개헌 이후 당선된 보수우파 대통령 중 구속되지 않은 유일한 대통령은 김영삼 대통령뿐이다. 김영삼, 김대중 대통령도 임기를 마칠 때 아들 등의 측근 비리로 인해 초라한 모습으로 청와대를 떠나야만 했다.

그렇다. 역대 대한민국 대통령은 모두 행복하지 않았다.

박근혜 대통령 탄핵으로 대통령 보궐선거에서 당선된 문재인 대통령도 거듭되는 실정으로 인하여 주요 포털 검색어에 '문재인 하야', '문재인 탄핵'이라는 말이 심심찮게 등장하고, 청와대 민원게시판에 이미 탄핵 청원이 올라가고 있는 것을 보면 전직 대통령의 불행한 전철을 밟을 가능성이 점점 커져 가고 있다.

우리가 탄핵무효를 외치는 책을 쓰기로 했다!

2017년 3월 10일 박근혜 대통령이 억울하게 탄핵되었다. 음모가들의 탄핵 기획, 세월호부터 시작된 근거 없는 유언비어, 무분별한 언론 보도, 추측을 더한 종편 패널들의 발언, SNS를 통하여 여과 없이 국민에게 전달된 거짓 소문들, 촛불에 영향받은 비겁한 국회의원들과 헌법재판관들….

탄핵의 수혜로 문재인 정부가 출범하였다. 하지만 문 정부의 낭만적인 대북 정책, 유령 같은 소득주도 성장론, 흔들리는 한미동맹 등으로 인해 국민의 불안과 원성이 높아지고 있다. 특히, 국민 여론을 무시하고 내로남불의 전형인 조국 법무부장관 시대가 시작되면서 문 정부의 레임덕은 본격화되었다.

그렇다고 자유한국당의 지지율이 높아진 것도 아니다. 박 대통령의 탄핵 과정에서 분열된 보수우파는 2년 6개월이 지난 지금도 여전히 미래를 향한 새로운 희망과 통합의 전망을 만들어내지 못하고 있다. 그 이유는 보수우파 내부에 박 대통령 탄핵에 대한 근본적인 입장 차이가 선명하게 존재하기 때문이다.

혹자는 문 정부의 실정을 틈타 "반 문재인 전선"으로 통합하여야 내년 총선에서 승리할 수 있다고 귓속말을 한다. 박 대통령 탄핵 문제는 통합을 저해하는 요인이니 덮어두자 하고, 탄핵 이야기를 꺼내는 사람은 보수우파 통합을 반대하며 문 정부를 도와주는 간첩이라며 질책한다. 얼핏 들으면 그럴듯하다.

참 이상하다. 그런 주장을 하는 사람들은 대부분 보수우파 분열에 책임이 있는 탄핵배신파들이다. 그들에게 "탄핵은 무효인가요?"라고 물으면 귓속말로 "총선에서 이겨야 해결된다"라고 하면서 박 대통령 석방에는 무관심하다. 배지에만 관심이 있다.

물론, 통합은 필요하다. 문제는 탄핵배신파들이 주도하는 보수우파 통합은 불가능하며 받아들일 수도 없다. 이제 국민들은 명확히 안다. 그들이 바로 정치적으로 엄마를 죽인 존속살해범이라는 사실을 말이다. 누군가 나서서 탄핵이 무효임을 증명하기를 갈망하고 있다. 그래서 탄핵배신파들이 더 이상 고개 들고 다니며 통합을 주도하겠다고 감히 나서지 못하도록 만들기를 바란다. 이에 우리는 비록 부족하지만 최선을 다하여 그 일을 해보겠다고 자청하고 나섰다.

박정희 대통령의 선견지명과 추진력으로 세계가 놀라는 산업화를 이룩한 대한민국, 이를 기반으로 국민들과 함께 민주화까지 이룩한 자랑스러운 대한민국의 미래가 문 정부의 포퓰리즘을 근간으로 한 사회주의적인 정책과 무능함으로 급격히 침몰되어 가는 것을 더 이상 지켜보고 있을 수 없다. 국민들에게 불법적이고 기획되었던 탄핵의 진실을 알려 문 대통령을 청와대에서 떠나게 하는 계기를 만들고 싶다.

어쩌다 그들은 속아서 촛불을 들었을까?

탄핵 때부터 책을 쓰고 싶었지만 이런저런 이유로 2018년 8월이 되어서야 본격적으로 자료를 모으고 탄핵의 문제점을 정면으로 파고들기 시작했다. 우리라도 먼저 탄핵이 무효인 이유를 체계적으로 정리해보자는 열정과 사명감으로 밤잠을 설치며 책을 써나갔다. 그 과정에서 우리는 탄핵이 무효임을 점차 확신하게 되었다. 고백컨대 우리도 처음에는 '정말로 탄핵이 무효일까?'라는 일말의 의심을 가졌다. 하지만, 책을 탈고할 때에는 '탄핵은 무효'라는 확신을 가지게 되었다. 당당히 소리칠 수 있게 되었다.

이 기쁜 소식을 대한민국 구석구석까지, 모든 국민들에게 전파하여 박 대통령 탄핵의 허구성을 백일하에 드러나게 하는 새로운 사명감을 갖게 되었다. "류여해TV"를 개설하고, 이를 통해 우리가 심혈을 기울여 완성한 탄핵이 무효인 이유를 국민들에게 전파하기 시작했다. 시작은 미약했으나, 부당한 탄핵의 진실을 알리는 "류여해TV"의 존재가 서서히 알려지면서 탄핵의 진실에 목말라 하던 구독자와 시청자들이 구름처럼 모여들기 시작하였다. "류여해TV"를 시작한 지 20여 일만에 구독자가 만 명을 넘어섰고, 독자들께서 이 책을 읽어보는 때에는 이미 구독자 5만 명을 넘어서 있을 것이다.

9월 중순경 평범한 시민이라는 한 여성이 연락을 해왔다. "류여해TV"의 시청자라는 그녀는 박 대통령의 하야나 탄핵이 당연하다고 생각해 촛불을 들었는데, 지금은 그때의 부끄러운 행동을 누군가에게 고백성사하고 싶고, 언론과 유언비어에 속아 촛불을 들었던 것을 참회한다고 말했다.

그녀는 국가와 결혼했다며 독신으로 지내며 오로지 국민을 위해 애쓰던 박근혜 대통령을 평소 존경했는데, 세월호 7시간 동안 호텔에서 밀회를 즐기고, 호스트바에서 일하던 젊은 남자와 사귀는 동네 아줌마 같은 최순실의 허수아비 노릇이나 했다는 언론보도와 SNS를 접하면서 박 대통령에 대한 존경심은 실망감을 변했다고 한다. 그래서 촛불시위에 참가하여 탄핵과 하야를 외치는 것이 국민이라면 당연히 해야 하는 의무라고 생각하고 퇴근길에 촛불을 들었다고 말했다.

남편이 아무리 아니라고 해도 본인은 굳게 그렇게 믿었는데, 시간이 흐르면서 본인이 알고 있었던 박 대통령에 대한 오해가 가짜뉴스 때문이라는 사실을 알게 되면서 너무나도 놀라고 부끄러웠고, 특히 "류여해TV"에서 연재하는 '탄핵이 무효인 이유'에 관한 방송을 보면서 그 실체를 알게 되었다며 본인이 거짓에 속아 촛불을 든 것이 부끄럽다고 말했다. 그녀의 주변에도 여기저기서 "나도 그랬다"라고 말한다고 전했다.

그렇다. 대한민국 국민 중 야당과 언론, 유언비어에 속아 촛불을 든 사람이 어디 그 여성뿐이겠는가. 2016년 11월부터 광화문 광장과 대한문 앞에서는 대규모의 촛불집회와 태극기집회가 있었다. 그 두 집회에 참석한 대부분은 대한민국을 사랑하고 대한민국 국민임을 자랑스럽게 여기는 사람들이었다. 다만 태극기집회에 참석하였던 국민들은 언론 등에서 마구 쏟아져 나오던 각종 보도와 소문들이 허위이고 유언비어라는 사실을 알았지만, 촛불집회에 참석하였던 국민들은 당시 야당 및 불순한 의도로 촛불집회를 이끌어 가는 세력, 그리고 이에 부화뇌동하여 검증도 되지 않은 거짓 보도와 유언비어를 내보낸 일부 몰지각한 언론 등에 속아 그것이 진실이라고 오해하였던 것이다.

지금도 일반 국민들에게 박 대통령이 탄핵당한 이유를 물어보면 대다수가 박 대통령이 세월호가 바다속으로 가라앉고 있는데 태연하게 미용성형을 하거나 호텔에서 애인을 만나 밀회를 즐기다가 올림머리 하느라 중앙재해대책본부에 늦게 간 정신 나간 사람이고, 모든 국정은 최순실이 좌지우지하고 박 대통령은 최순실의 허수아비 노릇을 한 한심한 사람이기 때문으로 알고 있다. 그래서 용서 못한다는 사람들이 아직도 많다.

박 대통령에 대한 탄핵은 정의의 탈을 쓴 불의이다

박근혜 대통령에 대한 탄핵의 광풍이 지나간 지 2년 반이 지났다. 이제 태극기를 들었던 국민들도, 촛불을 들었던 국민들도 문 정부 치하에서 헌정사상 가장 오랫동안 구속되어 있는 박 대통령을 생각하면서, 과연 '박 대통령에 대한 탄핵이 정의로운가?' 되짚어볼 때가 되었다.

탄핵제도는 잘 활용하면 국민 통합과 헌정 보호의 수단이 되지만, 잘못 사용하면 오히려 이에 역행하는 제도로 전락할 수 있다. 지금 우리 대한민국이 탄핵으로 인한 국론분열이라는 폐해를 절감하고 있는 것을 보면 노 대통령이나 박 대통령에 대한 탄핵은 긍정적인 면보다 부정적인 면이 훨씬 더 크다.

정치적으로 볼 때 진보좌파의 입장에서 2004년 탄핵이 "유도 탄핵"이었다면 2016년 탄핵은 "기획 탄핵"이었다. 보수우파의 입장에서는 2004년 탄핵은 "하지 말았어야 할 탄핵"이고, 2016년 탄핵은 "가지 못하게 막았어야 할 탄핵"이었다. 두 탄핵은 모두 진보좌파의 정치적 책략과 이에 부화뇌동한 일부 언론과 각종 유언비어에 보수우파와 선량한 시민, 그리고 헌법재판소마저 휘둘린 것이다.

박 대통령에 대한 탄핵은 '정의의 탈을 쓴 불의 그 자체'이다. 그래서 "탄핵은 무효"이다. 헌법재판소는 두 대통령에게 모두 "탄핵각하" 결정을 하든지 혹은 노 대통령은 "탄핵", 박 대통령은 "탄핵기각"했어야 했다.

태블릿PC는 누구 것입니까? 즉, 우리는 박 대통령에 대한 탄핵소추의 촉매제가 되었던 JTBC의 태블릿PC 관련 보도의 진실성과 보도 경위, 불소추의 특권을 가진 박 대통령을 공소장에 공범으로 기재하고 피의자로 특정한 검찰 조치의 문제점은 반드시 규명해야 한다고 믿는다.

탄핵소추를 진행하는 과정에서 정치적 이해관계에만 골몰한 정치권, 진실의 발견보다는 원칙 없는 신속성만을 앞세운 헌법재판소의 공정하지 못한 탄핵 재판 진행과 결론의 문제점, 특히 헌법재판소법 제32조를 위반하여 불법적으로 수사기록을 받아 박 대통령을 탄핵한 것에 대해서는 반드시 그 책임을 물어야 한다고 본다.

올바른 보수우파의 통합과 희망을 향하여

12년 만에 반복된 탄핵, 우리는 그 본질을 정확하게 이해해야만 한다. 그렇지 못하면 탄핵으로 인해 발생한 국민과 정치세력 간의 갈등은 해결되지 않고 더더욱 심화될 것이며, 앞으로도 대한민국에는 탄핵 등으로 임기를 못 채우는 대통령이 또 나올 가능성이 매우 크다. 그러기에 우리는 이 책을 통해 두 대통령에 대한 탄핵 과정과 문제점을 정치적인 관점과 법적인 관점에서 심도 있게 비교, 검토하면서 의미 있는 교훈을 도출하고자 한다.

무엇보다도 박 대통령을 무자비하게 탄핵하고, 구속해 아직도 감옥에 있게 만든 문 대통령에게 인과응보의 진리를 깨우치게 하고 대통령직에서 물러나게 하는 열쇠를 함께 찾고, 진정한 보수우파 통합을 위해서는 탄핵이 무효임을 만천하에 알리고, 탄핵에 동조한 배신파들을 응징하고 박 대통령을 제대로 보필 못한 친박 핵심 세력에게도 그 책임을 물으면서 두 세력으로부터 자유로운 사람들을 중심으로 보수우파의 통합과 희망을 재건해야 하는 당위성을 함께 이야기해보고자 한다.

난세의 영웅 라이온킹의 심바 같은 존재가 나타나 탄핵무효의 진실을 국민들과 함께 소리 높여 외칠 때 우리의 책이 기본서처럼 읽히길 바란다. 잘 정리된 탄핵역사서처럼.

우리가 바라는 대통령을 대한민국과 함께 꿈꾸며

우리가 꿈꾸는 대한민국 대통령의 모습은 의외로 소박하다.

자유 대한민국의 대통령이 퇴임 후, 대학에서 학생들을 가르치고 대학의 야외식당에서 햇살을 받으며 젊은이들과 미래를 함께 이야기할 수 있는 대한민국, 퇴임한 대통령이 길에서 만난 아이에게 솜사탕을 건네주고 활짝 미소 지으며 함께 사진을 찍는 대한민국, 그 아이가 SNS에 올린 사진을 보고 많은 국민들이 '좋아요'를 클릭하며 모두가 함께 행복해하는 대한민국, 그런 대한민국의 행복한 시간을 꿈꾸며 이 책의 첫 글자를 시작한다.

2019. 8. 15.

법무법인 解에서

류여해, 정준길

시작하기에 앞서

이 책에 등장하는 인물의 호칭에 대해서 독자마다 다양한 생각이 있을 것이나, 주로 등장하는 두 대통령은 박근혜 대통령(혹은 박 대통령), 노무현 대통령(혹은 노 대통령)이라고 부른다.

그리고 최서원이라는 본명을 사용하는 것이 바람직하나, 이미 국민들에게 최순실이라는 이름이 익숙하고, "최순실 게이트"가 일반명사처럼 사용되는 사정 등을 고려해 호칭을 부득이 최순실로 통일하여 사용함을 양해해주기 바란다.

아울러 책 내용은 관련 자료를 종합하여 사실에 근거하여 썼으며, 저자들의 의견도 객관성을 유지하여 명예훼손이나 모욕 등 불필요한 법적 문제가 발생하지 않도록 최선을 다했다.

저자들은 의도적으로 사실과 다른 내용을 담지 않기 위해 노력했음을 분명히 밝히며, 혹시라도 독자 여러분이 잘못된 점을 찾아 지적해주시면 신속하게 절차에 따라 수정하고, 그 사실을 공지할 예정임을 알려드린다.

1
장

정의의 탈을 쓴
불의, 탄핵

이미 예정되었던 박 대통령의 탄핵

"기계장치는 천둥처럼 떨어진다.

목이 날아가고 피가 튀면 사람이 더 이상 살아 있지 않은 것이다."

_조제프 이냐스 기요탱, 1789

프랑스 혁명이 진행되면서 1792년 9월 21일 국민공회는 왕정을 폐지하고 공화국을 선포했다.

국민공회는 루이 16세를 국가반역죄로 기소했다. 1792년 12월 11일, 루이 16세는 세 명의 변호사와 함께 국민공회에 출두하여 "자유의 폐허 위에 폭정을 다시 일으키려는" 계획을 세웠다는 자신의 부당한 혐의에 대해 조목조목 설득력 있게 반박했다.

그러나 이미 결론은 정해져 있었다.

1793년 1월 21일 국민공회에서는 총 투표수 721표 중 무죄 334표, 유죄 387표로 루이 16세에 대한 유죄 판결을 선고했다.

온건주의파인 지롱드당은 투옥이나 추방형, 아니면 적어도 루이 16세의 운명을 결정할 국민투표 때까지 루이 16세에 대한 처형을 유예할 것을 주장했다. 반면 극단주의파인 자코뱅은 즉시 처형을 주장하였고, 국민공회에서는 361대 319로 루이 16세에 대한 사형을 결정하였다.

1월 21일, 루이 16세는 콩코르드 광장에 세워진 단두대에 도착하였다.

그는 자신을 사형에 처한 이들을 용서한다는 말로 시작하여 군중을 상대로 연설하려 했지만, 국민공회 측에서 일부러 울린 요란한 북소리에 그의 마지막 말은 묻히고 말았다. 그리고 결국 단두대에서 처형당했다.

찰스 베나제크, 〈단두대로 향하는 루이 16세〉, 18세기

단두대는 프랑스어로 기요틴guillotine이라 불리는데 프랑스 혁명 당시 죄수의 목을 자를 때 사용하던 사형 기구이다. 프랑스 혁명기간 중인 1791년 국민의회에서 참수형에 처한 죄수들의 고통을 줄일 수 있는 새로운 방법을 찾던 중 단두대를 만들게 되었다고 하니 참으로 아이러니하다.

루이 16세 처형 현장에서 "전 유럽에 도전하여 군주의 목을 떨어뜨렸다"고 선언한 혁명파 조르주 당통도, 루이 16세를 포함하여 단두대에서 수많은 사람을 죽게 한 자코뱅당의 당수 로베스피에르도 결국 단두대의 이슬로 사라졌다.

루이 16세의 참형 후인 1793년 10월, 왕비 마리 앙투아네트도 공개 재판을 받게 되었다. 물론 이때도 결과는 처음부터 정해져 있었다.

마리 앙투아네트는 10월 16일 콩코르드 광장에서 루이 16세의 뒤를 따라 단두대에서 참형당했다. 프랑스 혁명 당시 마리 앙투아네트는 프랑스 국민들로부터 매우 부정적인 평가를 받았다.

그러나 최근에는 마리 앙투아네트에 대한 대부분의 이야기는 과장되고 근거 없는 헛소문이며, 왕정 시대 프랑스의 왕비로서는 특별히 부적합한 행동이 없었다는 평가다. 당시 혁명세력은 '베르사유의 장미'로 알려진 마리 앙투아네트를 온갖 성적 스캔들의 주인공으로 만들었고, 로베스피에르는 그녀가 만족할 줄 모르는 '자궁의 충동'을 갖고 있다고 비하하였다. 그 유명한 다이아몬드 목걸이 사건이나 '빵이 없다면 케이크를 먹으세요'라는 발언은 전혀 실체 없는 유언비어였다.

심지어 혁명군 측은 앙투아네트를 단두대로 보내면서 아들을 성추행했다는 누명을 씌웠다. 마리 앙투아네트는 끝까지 위엄으로써 온갖 모욕을 견디고 품위 있는 태도로 죽음을 맞이하였으나, 당시 혁명군에 의하여 이미 망가질 대로 망가진 그녀의 인격 훼손은 되돌릴 수 없었다.

당시 국민공회는 공화정을 정당화하기 위해 루이 16세와 마리 앙투아네트의 단두대 처형을 계획하고 있었고, 그 처형을 합리화하기 위해 혁명군이 의도적으로 만들어낸 두 사람에 대한 악의적인 유언비어는 사실 확인도 없이 입에서 입으로 전달되며 프랑스 국민에게 분노를 조장하였다. 당시 프랑스 국민들은 국왕 부부의 처형은 정당하고, 정의라고 받아들일 수밖에 없었다.

마리 앙투아네트는 단두대에서 처형되기 직전 사형 집행자의 발을 밟고서 '실례합니다. 일부러 그런 건 아니에요'라고 말할 만큼 예의가 있었다. 그리고 사형 직전에 그녀는 **"부끄러워 할 것 없어요, 나는 죄를 지어서 죽는 게 아니니까요"**라는 내용의 글을 남겼다.

안토니아 프레이저는 마리 앙투아네트에 대해 다음과 같이 평가하였다.

> 격한 감정을 일으키지 않으면서 그녀의 삶이라는 특이한 여정을 살펴볼 때, 그녀의 결점들이 명백하기는 하지만 그녀의 불행과 저울질해 볼 때 하찮은 것이었다는 결론에 이르게 된다.

후대의 역사가들은 마리 앙투아네트가 본인이 지은 죄에 비해 너무나도 큰 벌을 받은 사람으로 평가하고 있다.

루이 16세와 마리 앙투와네트의 운명을 생각하니 문득 박근혜 대통령의 모습이 연상된다. 박근혜 대통령이 탄핵을 당한 후 사저로 돌아오면서 국민들에게 했던 말이 떠오른다.

제게 주어졌던 대통령으로서의 소명을

끝까지 마무리하지 못해 죄송하게 생각합니다.

저를 믿고 성원해주신 국민 여러분께 감사드립니다.

이 모든 결과에 대해서는 제가 안고 가겠습니다.

시간이 걸리겠지만 진실은 반드시 밝혀진다고 믿고 있습니다.

궁금하다. 단두대에서 억울하게 참수당한 루이 16세와 마리 앙투아네트의 원통함을 지금 전 세계인들이 알고 있을까?

아직도 수많은 영화와 소설은 마리 앙투와네트를 "빵이 없으면 케이크를 먹으면 되지 않느냐?"고 말한 철없는 여자라고 조롱한다.

현대의 올바른 평가에 그녀가 저승에서 '이제는 나의 진실이 드디어 밝혀졌다고 정말로 조용히 웃을 수 있을까?'

아마도 아닐 것이다.

'시간이 걸리겠지만 진실은 반드시 밝혀진다고 믿고 있습니다'라던 박근혜 대통령의 말처럼 진실은 언제쯤이면 제대로 밝혀질까?

우리가 밝혀야 할 일이다.

과거 본인이 했던 주장도 잊어버린 문재인

누구보다도 박근혜 대통령 탄핵을 기뻐했던 사람은 문재인 대통령이 아니었을까. 얼마나 기뻤으면 박 대통령의 탄핵이 결정 나던 당일 팽목항으로 달려가서 방명록에 "고맙다"는 말을 남겼을까.

당시 문재인이 방명록에 쓴 "고맙다"는 말이 너희들 덕분에 대통령이 될 수 있어서 고맙다는 뜻이 아니었기를 진심으로 바란다.

애들아 너희들이 촛불광장의
별빛이었다. 너희들의 큰이
천만 촛불이 되었다.
미안하다. 고맙다.
~2017. 3. 10
문 재 인

그런데, 다음 말은 누가 한 말일까?

이 사건 탄핵소추는

실질적으로 민주적 정당성을 상실한 국회가

국민이 위임한 권한의 범위를 넘어

당리당략과 감정만을 앞세워 한 것이며,

탄핵할 정도의 실체적 사유가 없는데도 불구하고

신중한 조사와 숙고, 민주적 토론,

국민에 대한 설득과정 등을 거치지 않고

졸속으로 처리되었다.

독자 여러분의 짐작처럼 이 말은 노무현 대통령에 대한 탄핵재판 당시 노 대통령의 법률대리인을 맡았던 문재인 등이 헌법재판소를 향해 주장했던 내용이다.

이 글을 읽는 독자들의 기분은 어떤가?

노 대통령 법률대리인단의 외침은 12년 후 박근혜 대통령 법률대리인단이 헌법재판소에서 피를 토하며 주장한 외침들과 본질적으로 동일하다.

그렇다.

그런데, 문 대통령과 민주당은 자신들이 했던 주장을 기억할까? 당시 본인들이 국민들과 헌법재판소를 향해 이와 같은 호소를 하고서도 박 대통령의 똑같은 외침을 외면한 것에 대해 무엇이라고 답변할까?

박 대통령에 대한 탄핵, 정의의 탈을 쓴 불의!

박 대통령에 대한 탄핵소추는 정의의 탈을 쓴 불의 그 자체였다.

대한민국 국민들은 10여 년 만에 두 번에 걸쳐 대통령 탄핵을 경험했다. 노무현 대통령은 탄핵기각으로 대통령직에 복귀했고. 박근혜 대통령은 탄핵인용으로 청와대에서 쫓겨났다.

하지만 노무현 대통령은 대통령 업무 복귀 후 실정을 거듭하다 결국 국민들로부터 외면받고 쓸쓸히 퇴임하였다. 퇴임 후 검찰의 박연차 세이브 수사과정에서 노 대통령 가족들이 박연차로부터 640만 불의 뇌물을 수수한 의혹이 밝혀지며 공범으로 조사받기에 이르렀으며, 그 과정에서 국민의 마음을 참으로 아프게 하는 방법으로 죽음의 길을 택하였다.

박근혜 대통령은 탄핵 이후 대통령직에서 쫓겨나는 것에 그치지 않고, 검찰의 수사를 받고 구속되어 2년 반이 지난 지금까지도 재판을 받고 있으며, 현재까지 선고된 형의 합계는 도합 35년*이나 된다.

---

* 2018년 8월 항소심에서 최순실 관련 뇌물수수 및 강요 등 혐의로 징역 25년, 벌금 200억 원을 선고받았고, 2019년 7월 항소심에서 국가정보원 특수활동비 수수 등에 대해 징역 5년, 추징금 27억 원을 선고받았다. 2018년 11월 새누리당 공천 과정에서 불법 개입한 혐의로 선고받은 징역 2년은 이미 확정되었다. 그리고 최순실 관련 뇌물수수 등 사건은 2019년 8월 29일 대법원에서 파기회송되었다.

내란죄로 구속된 전두환, 노태우 대통령보다도 구속 기간이 더 길다.

헌법은 국민이 직접 선출한 대통령에게 국가원수로서 국가를 대표하고, 행정부 수반으로서 행정을 책임지며, 국정조정자로서의 역할을 하는 등 막중한 권한을 부여하고 있다. 그렇기 때문에 선출되지 않은 권력인 헌법재판소가 선출된 권력인 대통령을 탄핵재판하고 결정할 때는 신중해야 하고, 법률적으로 하자가 없어야 한다.

그러나 두 번의 탄핵은 정치적인 관점에서나 법적인 관점에서 볼 때 모두 정의롭지 못했다. 아니 정의라는 이름으로 불의를 저질렀다.

정치적인 측면에서 보면 탄핵을 통해 헌법을 수호하고 국민을 통합하지 못하였다. 오히려 한국 사회 내부의 정치성향에 따른 분열과 불신, 그리고 정치세력 간의 갈등을 더더욱 악화시키는 결과를 초래하였다.

1987년 6. 10. 민주화운동으로 당시 국민들의 염원이었던 대통령직선제 개헌이 이루어진 이후 선출된 대통령 7명 중 2명에 대해 탄핵이 이루어졌다. 한 번은 좌파 정치세력이 지지한 대통령, 다른 한 번은 우파 정치세력이 지지한 대통령이다.

그런데 상대 정치세력이 국회에서의 우월한 힘을 이용하여 대통령 탄핵 소추를 밀어붙였기 때문에, 그 결과에 관계 없이 정치세력간, 그리고 특정 정치성향을 가진 국민간의 갈등과 불신은 쉽게 해소되기 어려운 상황이다.

특히, 2004년 노무현 대통령 탄핵은 노 대통령에 의하여 유도된 탄핵이었고, 2016년 박근혜 대통령 탄핵은 민주당 등 야권에 의해 기획된 탄핵이었다.

2004년 노무현 대통령은 국민들이 요구하는 사과를 거부하고 탄핵을 의도적으로 유인하였고, 민심이 급격하게 탄핵반대로 흐르며 열린우리당이 국회에서 과반수 의석을 얻고 민주당이 9석 소수정당으로 전락하면서 범여권은 분열에서 통합으로 나아갔다.

이에 비해 2016년 박근혜 대통령 탄핵은 민주당을 중심으로 한 야 3당이 세월호 사건 등을 매개로 끊임없이 박 정권을 흔들어 오다가 최순실 게이트를 계기로 3단계 전략을 세워 촛불집회와 언론을 적절히 이용하면서 새누리당 내부의 분열을 야기하여 탄핵을 관철시킨 것으로 결국 보수우파 분열의 단초가 되었다. 지금도 탄핵책임 소재와 해법을 둘러싼 반목과 갈등으로 보수우파의 분열은 해결점을 찾지 못하고 점차 고착화되고 있다.

보수우파의 관점에서는 2004년 탄핵은 하지 말았어야 할 탄핵이고, 2016년 탄핵은 가지 않을 수 있었던 탄핵이자 가지 말았어야 할 탄핵이었다.

법적인 관점에서 보면 대통령이자 사인으로서 기본권을 가지는 두 대통령에 대한 탄핵소추는 헌법원리인 적법절차 원칙에 위반하므로 무효이다. 특히 박근혜 대통령에 대한 탄핵재판 과정은 명백하게 헌법재판소가 법과 적법절차의 원리를 위반하였으므로 무효이다. 헌법재판소가 헌법재판소법 제32조 단서에 반하여 검찰로부터 공범의 수사기록을 받은 것은 직권남용에 의한 권리행사방해죄에 해당한다.

그뿐만이 아니다.

헌법재판소는 자의적인 법 해석을 통해 탄핵요건으로 사안의 중대성을 만들어내고, 이를 통해 노 대통령은 천당으로, 박 대통령은 지옥으로 보낸 것은 권력분립 원리와 국회 입법권을 근본적으로 침해한 것이므로 오히려 헌법재판소 재판관들이 탄핵을 받아야 한다.

두 대통령에 대한 탄핵은 검찰의 수사결과가 사실상 결론을 좌지우지했고, 탄핵결과가 이후 수사상황에 영향을 끼쳤다. 헌법재판소가 인정한 박 대통령의 탄핵사유는 모두 검찰이 중간수사결과 발표에서 박 대통령이 공범이라고 명시한 내용들이고, 그 증거들도 거의 대부분 검찰수사 기록이다.

노무현, 박근혜 두 대통령에 대한 탄핵소추는 정치권이 국민의 여론을 충분히 고려하지 않고 정치인들의 이해관계와 의도에 따라 추진되었다. 여기서 문제는 박 대통령에 대한 부정적 여론은 언론이 사실 관계 확인 없이 무차별적으로 만들어낸 것으로 합리적인 이성으로 그 진위를 판단하는 과정에서 형성된 올바른 여론이 아니었다는 점이다.

일부 언론이 세월호 조문 파동부터 시작하여 정윤회 7시간 밀회설, 올림머리 90분, 최순실의 대통령 전용기 사용설 등 근거 없는 유언비어성 보도를 하였고, 그 보도들을 다른 언론매체들이 받아 확대 재생산하였다.

그리고 유튜브, 페이스북 등 각종 SNS를 통해 마치 그 보도가 사실인 것처럼 국민들에게 전달되었다. 종편 프로그램에 출연한 패널들은 그 허위보도를 사실이라고 전제하고 마구잡이로 비판을 해댔다. 그 허무맹랑한 비판들이 시청자들에게 여과없이 전달되었다.

뒤늦게 그 보도가 '사실이 아님'이 확인되었지만, 이미 엎질러진 물로 탄핵은 기정사실화되었다. 그 광풍들이 맹위를 떨치면서 한바탕 소동을 일으키며 스쳐 지나가고, 또 다른 광풍이 바로 연이어 보도되면서, 국민들과 언론은 이미 옥석을 가릴 수 있는 자정능력을 상실하였다.

당시 언론은 박 대통령의 탄핵문제를 결코 공정하게 보도하지 않았고, 무책임한 외눈박이 언론의 전형이 어떤 것인지를 여실히 보여주었다.

그 대표적인 예가 바로 태극기집회와 촛불집회에 대해 너무나도 다른 언론보도 태도이다.

한마디로 **두 대통령에 대한 탄핵, 특히 박근혜 대통령에 대한 탄핵은 불의**不義

그 자체이다.

정의롭지 않은 탄핵이 무효인 이유

이 책에서 우리는 왜 박 대통령에 대한 탄핵이 정의의 탈을 쓴 불의인지 그 이유를 확인해보고자 한다.

① 노무현, 박근혜 두 대통령에 대한 탄핵소추는 정당하였는가?

② 박 대통령에 대한 탄핵재판의 과정은 공정하였는가?

③ 두 대통령에 대한 탄핵재판 결과는 타당하였는가?

④ 무엇이 노무현과 박근혜를 천국과 지옥으로 나누었는가?

⑤ 우리는 두 대통령 탄핵사태를 통해 무엇을 배울 것인가?

독자 여러분은 답을 찾기 위해 이 책을 읽어나가는 과정에서 정의가 사라진 탄핵의 민낯을 만날 수 있으리라 믿는다.

사실 태극기집회에 모인 많은 사람들은 탄핵이 무효라는 구호를 외치고 있지만, 탄핵이 무효인 정확한 이유와 근거가 무엇인지 제대로 설명하는 사람들이 거의 없다.

그래서 일부 좌파들이 태극기집회에서의 탄핵무효 구호를 비웃고 있다.

우리는 이 책을 통하여 태극기 시민들에게 탄핵이 무효라는 확신을 드리고, 이를 비웃는 좌파들의 가슴을 서늘하게 해주려 한다.

그렇다.

탄핵은 무효다.

우리는 독자들과 함께 두 대통령에 대한 탄핵 과정을 면밀히 검토해서, 문재인 대통령에 대해서도 구호로서만 "하야하라", "탄핵하라"가 아니라 하야 또는 탄핵되어야 하는 이유와 방법에 대해 구체적으로 제시하고자 한다.

2
장

유인과 기획의
탄핵

스스로 탄핵의 유도탄이 된 노무현

수천억 원의 불법 대북송금사건

2002년 12월 16대 대통령선거에서 새천년민주당의 노무현 후보가 48. 9%의 득표율로 한나라당 이회창 후보(46.6%)보다 570,980표(2.3%)를 더 얻어 대통령에 당선되었다.

그런데 대선 직전인 2002년 9월 국정감사에서 현대상선의 4,000억 원 대북 비밀송금 의혹이 제기되었고, 김대중 대통령의 대국민담화에도 불구하고 국민들의 진상규명 및 이에 대한 수사 요구는 커졌다.

검찰은 과거 김태정 검찰총장이 김대중에 대한 불법 정치자금 수사를 대선 때까지 유보한 것과 마찬가지로, 수사가 대선에 영향을 미쳐서는 안 된다는 명분으로 선거 때까지 대북 비밀송금 의혹 수사를 유보하겠다는 입장을 발표했다. 그러나 그 의혹은 날로 커져만 갔다.

대선이 끝난 후인 2003년 1월 말 감사원은 다음과 같은 내용의 감사결과를 발표했다.

'1,760억 원은 현대 운영자금으로 사용, 2,240억 원은 북한에 지원한 듯'

2003년 2월 19일 대북송금사건 특검법안이 국회에서 통과되었고, 노 대통령은 법률안거부권을 행사하지 않고 대북송금 특검법안을 통과시켰다. 이는 여권을 친DJ 세력과 친노 세력으로 분열하는 계기가 되었다.

특검은 현대그룹이 대북 7대 사업권 구입 명목으로 도합 5억 달러를 북한에 전달한 사실을 밝혀냈고, 박지원 장관이 150억 원 상당의 양도성예금증서를 받았다는 단서를 포착해 대검에 넘겼다. 검찰 조사과정에서 정몽헌 회장은 150억 원 비자금 조성에 관한 수사에 부담을 느끼고 8월 4일 스스로 목숨을 끊었다. 당시의 대북송금사건 의혹에 대한 수사가 정치적 일정을 고려하지 않고 진행되었다면, 그 진상이 대선 전에 국민 앞에 공개되었을 것이다. 그랬다면 노 대통령은 당선되지 않았을지도 모른다.

여권의 패배가 예상되었던 4.15 총선

"4월 총선에서 어느 당이 원내 1당이 될 것으로 보느냐?"
한나라당 45%, 열린우리당 19.9%, 민주당 7.4%.
_2004. 1. 26. 《프레시안》

대북송금 특검 결과로 인해 민주당 내의 친 DJ 세력과 친노무현 세력 간의 갈등이 커지면서 민주당의 친노계와 쇄신파는 우여곡절을 거쳐 2003년

11월 11일 결국 열린우리당*을 창당하였고, 범여권은 열린우리당과 새천년 민주당으로 분열되었다.

제17대 총선을 앞둔 당시 정치권은 한나라당이 149석으로 절대 과반의 석**을 점하고 있었고, 한나라당, 민주당, 자민련 등 야 3당의 의석수***가 재적 3분의 2를 넘는 의석을 보유하는 등 헌정사에서 유례를 찾아보기 힘들 정도로 '여소야대' 지형이었다.

4.15 총선을 앞두고 범여권이 열린우리당과 새천년민주당으로 분열된 상황에서 열린우리당이 제1당을 차지하거나, 최소한 다른 정파와의 연합을 통해 원내 과반을 확보하여야 노무현 대통령이 집권 중·후반기 운영을 안정적이고 주도적으로 끌어갈 수 있었다.

노 대통령 입장에서는 최소한 한나라당으로 의회 권력이 넘어가지 않도록 해야 했다. 문제는 좌파 정치세력이 분열되어 있어, 자칫하면 서울과 수도권에서 한나라당이 어부지리를 얻을 가능성이 컸다.

그 우려가 현실화되면 노 대통령이 의도하는 총선 이후 '새 정치'를 기치로 한 대대적인 정계개편 등을 추진해 나가기 어려울 것으로 예상되었다.

2004년 1월 26일《프레시안》의 "열린우리당 정당지지도 1위 고수" 기사 내용에 의하면 설 연휴 기간 KBS와 MBC가 각각 실시한 여론조사에서 열린우리당이 정당지지도에서 1위를 고수하고 있으나, 열린우리당의 약진에도 불구하고 총선이 한나라당-열린우리당-민주당 3강 구도로 형성될 것을

• 새천년민주당 탈당파 40명, 한나라당 탈당파 5명, 유시민의 개혁국민정당 2명 등 47명의 의원으로 열린우리당이 창당되었다.

•• 현재는 국회의원 수가 300명이나, 당시에는 273명이었으므로 한나라당 149석은 과반이 넘는 의석이었다.

••• 새천년민주당 57석, 자유민주연합 10석 등 새누리당 149석과 합치면 도합 216석이었고, 사실상 여당인 열린우리당은 49석에 불과하였다.

예상하는 응답이 39.8%로 가장 많았고, 4월 총선에서 어느 당이 원내 1당이 될 것으로 보느냐는 질문에는 한나라당이 45%로 나타나 19.9%의 열린우리당과 7.4%에 그친 민주당을 크게 앞지르는 것으로 나타났다.

한편, 노 대통령은 2003년 10월 13일 국회에서 행한 '2004년도 예산안 시정연설'에서 12월 중 재신임 국민투표 실시를 제안하며, 재신임 국민투표의 헌법적 허용 여부에 관한 논란을 야기하였다. 이에 대해 이만섭 전 국회의원과 시민단체들이 대통령 재신임 국민투표가 위헌이라는 헌법소원을 제기하였다.[•]

노무현, 탄핵의 유도탄이 되어 승부수를 던지다

"대통령은 여러 번에 걸쳐 탄핵소추안이 국회에 상정되도록 막을 수 있는 기회가 있었다"

"(노 대통령이) 탄핵을 통해 얻은 것은 권력, 잃은 것은 양식良識"

_박관용 전 국회의장[••]

[•] 이에 대해 헌법재판소는 2003년 11월 27일 '심판의 대상이 된 대통령의 행위가 법적인 효력이 있는 행위가 아니라 단순한 정치적 계획의 표명에 불과하기 때문에 공권력의 행사에 해당하지 않는다'라는 이유로 각하(2003헌마694등) 결정을 하였다.

하지만, 김영일 재판관 등 반대 의견을 밝힌 4명은 "대통령이 국회 시정연설을 통해 국민 앞에 재신임 국민투표를 제안한 것은 단순한 준비행위 내지 정치적 의견표명 수준을 넘어 대통령의 권한으로 국민투표를 실시하겠다는 의사결정을 대외적으로 표시한 공권력 행사로 봐야 한다"라면서, "대통령이 국민투표의 근거로 밝힌 헌법 72조의 '기타 중요정책'의 의미는 '구체적이고 특정한 정책'을 뜻"하므로 "재신임 투표는 72조가 정한 중요정책이라 볼 수 없어 대통령에게는 국민투표를 통해 자신의 신임을 물을 헌법적 권리가 없다"라는 이유로 '위헌'으로 보면서 "여러 나라에서 집권자가 국민투표를 통해 자신에 대한 국민의 신임을 물음으로써 자신의 정치적 입지를 강화하는 사례가 허다했으므로, 선거를 통해 획득한 신임을 국민투표 형식으로 재확인하는 것은 국민투표제를 위헌적으로 사용하는 것"임을 지적하였다(《프레시안》, 2003. 11. 27. 〈헌재, 재신임 국민투표 헌법소원 5:4로 각하〉 기사 참조).

[••] 《연합뉴스》, 2005. 3. 11. 〈박관용, 탄핵 막전막후 저서 출간〉 기사 참조.

범여권의 분당으로 정치적 지형이 불리하였고, 불법대선자금 수사 과정에서 부패한 개혁세력이라는 부메랑 민심에 처하게 된 노 대통령으로서는 기존에 민주당을 지지해온 국민들을 개혁을 내세우는 열린우리당 지지로 집결시키고, 한나라당의 거액 불법 정치자금 모집에 실망한 중도세력이 정치개혁을 위해 한나라당에 대한 지지를 유보하고 열린우리당으로 움직이도록 할 계기가 필요했다. 그 과정에서 노 대통령은 스스로 대통령 선거중립의무 위반 논란의 중심에 서기를 자청했다. 열린우리당을 지지함으로 대통령의 정치적 중립성 문제를 이슈화하고, 이를 문제 삼는 야당의 사과를 거부하면서 야당으로 하여금 탄핵소추를 발의하도록 유인할 필요성을 느낀 것이다.

노 대통령은 "총선 때 도울 방법이 뭔지 선관위에 묻고 싶다"(2003년 12월 31일, 초선의원 7명 오찬), "개혁당이 열린우리당에 합류한 건 잘한 일"(2004년 1월 4일, 김원웅 의원 오찬) 등과 같이 열린우리당을 지지하는 발언을 공공연히 했다. 이에 대해 민주당과 한나라당에서 사과를 요구했고, 2004년 1월 5일 새천년민주당의 조순형 대표가 노무현 대통령 탄핵 추진 가능성을 최초로 언급하기에 이르렀다.

그런데도 노 대통령은 경고를 무시하고 2월 18일 경인지역 6개 언론사와 가진 합동 기자회견에서 "개헌저지선까지 무너지면 그 뒤에 어떤 일이 생길지는 나도 정말 말씀드릴 수가 없다"라고 발언하여 특정 정당 지지를 유도한다는 논란을 일으켰다.

그리고 2월 24일 방송기자클럽 초청 대통령 기자회견에서 "국민들이 총선에서 열린우리당을 압도적으로 지지해줄 것을 기대한다", "대통령이 뭘 잘해서 열린우리당이 표를 얻을 수만 있다면 합법적인 모든 것을 다하고 싶다"라는 등의 발언을 했고, 이로 인해 노 대통령은 선거중립의무를 위반했다는 논란에 더더욱 휩싸이게 되었다.

선거개입 논란, 하야론 등과 같은 야당의 공세에도 아랑곳없이 노 대통령이 정치적 중립성에 위반되는 발언을 지속한 것은 다분히 의도적이었다. 그리고 그와 같은 선택을 할 수 있었던 것은 여론의 동향 때문이었다.

앞서 언급한《프레시안》기사에 의하면 KBS 조사에서는 총선에서 현 지역구 의원을 지지하겠다는 응답이 13.9%인 반면 다른 후보를 선택하겠다는 응답은 70%를 넘어 정치권 '물갈이' 여론이 지속적인 상승세를 보였다. 더불어 노 대통령이 대통령의 정치적 중립을 위반한 발언에 문제가 있으므로 사과해야 한다는 여론이 훨씬 더 높았지만*, 야권의 탄핵소추 추진에 대해서는 반대 여론이 오히려 더 높게 나왔다.**

산전수전 다 겪은 노 대통령은 본인의 발언으로 대통령의 정치적 중립성 논란이 발생하고 이로 인해 국민들로부터 상당한 비판을 받을 것을 예상하면서도 의도적으로 그런 발언을 지속한 것이다.

---

* ① MBC시사프로그램인 '손석희의 시선집중'팀이 여론조사 전문기관인 코리아리서치에 의뢰해 전국 성인남녀 1천45명을 대상으로 전화조사를 한 결과(표본오차는 95%, 신뢰수준에서 ±3.0%P), 노 대통령이대국민담화 및 재발 방지 요구를 "수용해야 한다"라는 응답자가 51.2%, "받아들일 필요 없다"라는 응답자 39%보다 많았다.

② 《중앙일보》가 전국의 성인남녀 737명을 대상으로 자체 전화 조사를 한 결과(표본오차는 95%, 신뢰수준에서 ±3.6%P) "노 대통령 사과 및 재발방지 약속" 응답이 61%로, "그럴 필요 없다"라는 응답 37%보다 많았다.

③ 리서치플러스 조사결과에서는 응답자의 59.3%가 "노 대통령의 열린우리당 지지 발언에 문제가 있다"라고 답했고, "문제가 없다"라는 대답은 30.4%였다(《연합뉴스》, 2004. 3. 8. 〈탄핵반대, 사과수용 여론 높아〉 기사 참조).

** ① 위 코리아리서치 조사결과, 야당이 추진하는 탄핵에 대해 "반대한다"라는 응답자가 63%로 "찬성한다"라는 응답자 26.1%보다 두 배 이상 많았다.

② 《한겨레》가 여론조사 전문기관인 리서치플러스에 맡겨 전국 성인남녀 700명을 대상으로 전화 조사를 한 결과(표본오차는 95%, 신뢰수준에서 ±3.7%P), 68.8%(매우 잘못하는 일 13.7%, 잘못하는 일 55.1%)가 탄핵에 부정적인 반응을 보인데 반해 탄핵에 긍정적인 반응은 21%에 불과했다.

3월 3일 중앙선거관리위원회가 야당 측의 신고에 따라 공선법위반 여부를 검토한 결과 노무현 대통령의 발언들이 공선법을 위반했다고 판정하고, 노 대통령에게 중립의무 준수를 요청하기에 이르렀다. 그러나 그다음 날 노 대통령은 청와대 대변인을 통해 공개적으로 현행 선거법을 '관권선거 시대의 유물'이라고 폄하하면서 중앙선관위의 결정을 존중하되 납득할 수 없다는 입장을 밝혔다.

이에 발끈한 새천년민주당은 3월 5일 '노 대통령의 선거법 위반 및 측근 비리 등에 대한 사과 및 재발 방지 약속'을 요구하면서 그렇지 않으면 탄핵을 발의하겠다고 하였다. 뜻밖에도 그다음 날 노 대통령은 부당한 정치적 정략적인 압력이라며 또다시 사과를 즉각 거부하여 야당의 탄핵소추를 자극하는 한편, 총선을 통해 국민으로부터 심판받겠다는 입장을 밝혔다.

여야가 노 대통령의 사과와 탄핵 문제를 두고 첨예화된 대립을 하고 있던 시점인 2004년 3월 8일 대검찰청 중앙수사부는 노 대통령의 묵인(?)하에 불법대선자금 수사 중간결과를 발표했다.

이로 인해 노 대통령의 10분의 1 발언 논란이 재점화되면서 야권은 노 대통령에 대한 비판 분위기에 휩쓸려 탄핵소추안을 발의하지 않을 수 없는 상황이 되었다. 그리고 국회에서 발의된 소추안 의결 문제로 여야가 대치하고 있는 상황에서 노 대통령은 기자회견을 자처해 "총선 결과와 재신임 문제를 연계하겠다는 또 다른 카드"를 던졌고, 자신의 형과 관련하여 대우건설 남상국 사장을 작정하고 비난했다.

이 발언에 충격받은 남 사장이 투신자살한 사건이 발생하며, 노 대통령의 경솔한 발언까지 문제시되었다. 결국 야권이 '자의반 타의반' 경호권까지 발동해 소추안 의결을 강행하지 않을 수 없는 상황에 처하고 말았다.

노 대통령이 탄핵을 유인했다는 의혹*에 대해 비웃는 사람들도 있을 것이다. 그 사람들에게 묻고 싶다.

① 노 대통령이 굳이 총선을 앞두고 정치적 중립성에 반하는 발언을 작정하고 지속적으로 한 이유는 무엇일까?
② 노 대통령이 사과와 재발 방지 약속을 요청하는 야당과 국민의 요구를 의도적으로 무시한 이유는 무엇일까?
③ 노 대통령이 탄핵소추를 각오하고 지속적으로 수위를 높여 가며 발언한 이유는 무엇인가?

독자들께서도 상식선에서 곰곰이 판단해보기 바란다.

민주당과 한나라당, 독 품은 개구리를 먹는 뱀이 되다

17대 총선을 앞두고 전통적인 민주세력은 민주당과 열린우리당으로 분열되어 있었으며, 한나라당도 검찰 수사과정에서 거액의 불법대선자금 수수 사실이 밝혀져 '차떼기 정당'이라는 오명을 받아 국민들로부터 외면당하고 있었다.

그 누구도 향후 17대 총선 결과를 쉽게 예측할 수 없는 상황이었다.

특히 민주당은 대선에서 노무현을 대통령으로 당선시켜 여당이 되었으

---

* 당시 국회의장으로서 노 대통령에 대한 탄핵소추안을 통과시켰던 박관용 국회의장은 2005년 탄핵소추안 국회 처리 과정의 뒷얘기를 담은 《다시 탄핵이 와도 나는 의사봉을 잡겠다》라는 책을 출간했다. 그 책에서 17대 총선을 염두에 둔 여권의 시나리오에 의한 '유도설'을 주장했는데, '탄핵유도설'의 결정적 근거로 탄핵안의 국회 본회의 상정 이틀 전이자 노 대통령의 기자회견 하루 전인 3월 10일 자신이 청와대 김우식 비서실장에게 전화를 걸어 노 대통령과 야 3당 대표의 회담을 중재했으나 청와대가 이를 거부한 사실을 밝히고 있다.

나, 노 대통령이 대북송금 특검 등을 받아들여 김대중 정부의 가장 큰 치적인 햇볕정책의 정당성에 크나큰 타격을 가하였고, 이로 인한 당내 갈등이 심화되어 결국 민주당과 열린우리당으로 분열되었다.

하지만 민주당도 노무현 대통령 측의 불법대선자금 문제에 대해 자유롭지 못한 상황이었으므로, 민주당은 제1당은 고사하고 17대 총선에서 현상 유지조차 장담할 수 없는 상황에 처해 있었다.

실제로 설 연휴 기간 KBS*와 MBC**가 각각 실시한 여론조사에서 열린우리당이 정당지지도에서 1위를 고수하고 있는 것으로 나타났으며, 각 언론사의 신년 여론조사에서 민주당의 정체 또는 하락세가 두드러졌으므로 더더욱 위기감을 가질 수밖에 없었다.

이런 상황에서 민주당은 노무현 대통령과 열린우리당에 정치적인 타격을 가해 지지세력을 민주당으로 모아야 했고, 이를 위해서는 노 대통령이 노골적으로 열린우리당을 지지하려는 움직임을 제어할 필요가 있었다.

특히, 노 대통령이 총선을 앞두고 대통령의 정치적 중립성에 반하는 발언을 공개적으로 하고, 그 발언이 언론을 통해 국민에게 지속적으로 전달될 경우 17대 총선이 한나라당 대 친노 세력 간의 양강구도로 고착될 우려가 있었다. 이에 가장 먼저 민주당이 노 대통령에 대한 탄핵 가능성을 언급하며 사과를 요구하게 되었고, 노 대통령이 이를 거부하자 가장 적극적으

• KBS가 여론조사 전문기관 미디어리서치에 의뢰, 2004. 1. 24 ～ 25. 실시한 조사에서 열린우리당의 정당지지도는 23.4%를 기록하여, 한나라당(19.9%)을 오차범위 내에서 따돌리고 1위를 고수했고, 민주당은 12%에 머물렀다.

•• MBC가 코리아리서치센터에 의뢰, 1. 25. 하루 동안 실시한 조사에서 열린우리당의 정당지지도는 25.8%로 한나라당(18.3%)과 민주당(11.8%)을 크게 앞섰으며, 14일 같은 조사와 비교할 때 열린우리당은 1.3%P 상승한 반면, 한나라당은 1.8%P, 민주당은 0.2%P 하락했다.

로 탄핵소추에 나서게 되었다.

한편, 한나라당은 검찰의 불법대선자금 수사로 인해 국민들에게 부패한 정당으로 낙인 찍혀 있었고, 당시 박근혜 비대위원장을 내세워 천막당사, 천안연수원 국가헌납 등을 통해 이미지 개선을 시도했으나 여전히 민심은 싸늘한 상황이었다.

불법대선자금은 열린우리당이나 민주당도 자유롭지 못한 이슈였으므로, 한나라당은 4.15 총선에서 불법대선자금 이슈를 분산시키고, 민주당과 열린우리당의 분열을 적절히 활용하여 서울 및 수도권에서 승리하게 되면 무난히 제1당이 될 수 있었던 상황이었다. 한나라당은 노 대통령의 정치적 중립의무 위반 발언을 비판하기는 했지만, 민주당처럼 적극적으로 탄핵소추하려는 입장은 아니었다.

그러나 노 대통령이 의도적으로 대통령의 정치적 중립성 논란을 야기하면서 야당의 거듭된 사과 요구도 거부하자, 한나라당도 노 대통령에 대한 민주당의 탄핵소추 발의에 동조하는 것 이외에 다른 대안을 찾기 어려운 상황에 처했다.

노 대통령은 검찰의 불법대선자금 수사가 한창 진행 중이던 2003년 12월 14일 4당 대표회동에서 "불법대선자금 규모가 한나라당의 10분의 1을 넘으면 대통령 사퇴뿐 아니라 정계은퇴하겠다"라고 발언했고, 2004년 3월 8일 검찰이 굳이 불법대선자금 수사 중간결과를 발표하면서 "10분의 1 논란"이 재점화되었으나, 노 대통령은 그 발언에 책임을 지거나 사과하는 모습을 보이지 않았다. 결국, 3월 9일 새천년민주당과 한나라당 국회의원 157명은 공동으로 노 대통령에 대한 탄핵소추안을 발의하게 되었다.

야당이 노 대통령의 페이스에 말려 탄핵소추안을 발의하였지만, 당시 국민 여론은 문제가 된 발언에 사과하면 되었지, 탄핵까지 하는 것은 지나치다는 입장이었다. 그 사실을 알고 있었던 민주당이나 한나라당은 열린우리당 국회의원들이 국회 의장석을 점거하고 탄핵소추안 처리를 막고 있는 상황에서 경호권까지 발동하는 무리수를 두면서 탄핵소추안을 의결할 생각은 아니었다.

그 당시에는 국민도, 국회도 실제로 노 대통령을 탄핵소추 의결까지 하는 상황이 발생할 것이라고 생각하지 않았다. 실제로 탄핵소추가 발의된 날 여론조사 결과를 보면 국민들 다수가 탄핵에 반대*하고 있었다.

당시 여당이었던 열린우리당 국회의원들은 탄핵소추 저지를 위해 국회 본회의장에서 농성에 들어갔고, 탄핵안 처리를 둘러싼 여야 대치로 인하여 3월 10일 탄핵안 1차 처리는 실패했다. 하지만 한나라당이나 민주당 모두 적극적으로 탄핵소추안을 통과시키려 하지는 않았다.

그런데 3월 11일 노무현 대통령은 특별 기자회견을 열어 민주당과 한나라당의 사과 요구를 재차 거부했고, 노 대통령의 형인 노건평이 남상국 대우건설 사장으로부터 3,000만 원을 받은 의혹에 대해서 "청탁이 성사 안되었고 돈을 돌려주었다고 한다. 어쨌든 죄송하다"고 하면서 "좋은 학교 나오시고 크게 성공한 분들이 시골에 있는 사람에게 가서 머리 조아리고 돈 주고 하는 일이 없었으면 좋겠다"라고 발언하여, 오히려 남 사장을 작정하

• ① 《조선일보》가 한국갤럽에 의뢰해 전국 성인 714명을 상대로 전화 조사한 결과도 이전의 여론조사 동향과 비슷했다. 노 대통령이 자신의 발언에 대해 사과해야 한다는 의견이 60.8%이고, 사과할 필요가 없다는 의견은 30.1%로 조사되었으나, 탄핵에 대해서는 반대가 53.9%, 찬성이 27.8%이었다(표본오차는 95%, 신뢰수준에 ±3.7%P).

② KBS가 같은 날 미디어리서치에 의뢰해 전국 성인 1,000명을 대상으로 실시한 여론조사 결과도 탄핵 반대 65.2%, 찬성 30.9%로 나타났다(표본오차는 95%, 신뢰수준에 ±3.1%P).

고 비판했다.

남 사장은 노 대통령의 기자회견을 보고 본인의 변호사에게 전화하여 모든 책임을 지고 자살하겠다는 의사를 밝혔고, 실제로 당일 오후 한남대교에서 스스로 투신하여 자살하였다.

그 사건의 여파로 그동안 탄핵에 유보적인 태도를 보였던 자유민주연합이 자유투표로 당론을 선회하면서 탄핵안 추진이 급진전되었다.

당시 국회의원은 270명, 정당별 의석수는 한나라당 145석, 새천년민주당 57석, 열린우리당 49석, 자유민주연합 10석, 민주국민당 1석, 국민통합 21 1석, 무소속 1석 등이었다.

3월 12일 오전 11시 5분경 국회 본회의장에서 195명이 참석한 가운데 박관용 국회의장이 국회 경위들과 함께 본회의장에 들어와 경호권을 발동해 탄핵안 가결을 반대하며 농성하던 여당 의원들을 물리적으로 몰아낸 뒤 탄핵소추안을 상정하였고, 제안 설명도 유인물로 대체한 후 무기명 투표를 하여 193명의 찬성으로 탄핵소추안이 가결되었다.

지금 이 시점에서 냉정히 돌이켜보면 노 대통령은 여론에 기대어 탄핵이라는 정치적 승부수로 야당을 유인한 것이었다.

그런데 왜 야당들은 그 의도를 눈치채지 못했을까?

아니면 그 의도를 어느 정도 눈치채면서도, 국민의 여론을 알면서도, 탄핵할 경우 국민들이 분노할 수 있다는 것을 예상하면서도 혹시나 하는 마음으로 가지 말았어야 할 탄핵소추의 길을 마치 도살장에 끌려가는 소처럼 간 것일까?

여전히 지금도 의문이다.

이상야릇한 시기, 이상야릇한 중간수사결과를 발표한 대검중수부

대검찰청 중앙수사부(중수부장 안대희)는 2003년 8월 말 'SK 비자금 관련 불법대선자금'에 관한 내사에 착수했고, 10월 한나라당 재정국장 이재현, 노무현의 총무비서관 최도술을 구속기소한 직후 11월 초순부터 기업 전반에 대한 불법대선자금 수사로 확대했다.

이후 검찰은 2003년 12월부터 2004년 2월까지 한나라당 김영일 의원과 열린우리당 이상수 의원 등 지난 대선 때 여야 정치권의 핵심관계자 13명을 구속기소, 8명을 불구속기소했다.

그 과정에서 속칭 차떼기 등을 통해 거액의 불법대선자금을 받은 것이 밝혀진 한나라당도 매우 곤혹스러운 상황에 처했지만, 노 대통령 최측근인 안희정, 최도술 등이 구속되고, 이상수 의원 등 노무현 캠프 핵심관계자들도 구속되면서 노 대통령에게 깨끗한 정치를 기대하던 국민들은 크게 실망했다.

이에 대한 국민들의 비판의 목소리가 높아지자, 노 대통령은 2003년 12월 14일 청와대에서 열린 정당대표 회동에서 '자신이 받은 불법정치자금 규모가 한나라당의 10분의 1을 넘으면 (대통령 사퇴는 물론) 정계를 은퇴할 것'이라고 공언하였다. 하지만 정계은퇴도 불사하겠다는 노 대통령의 말만으로는 이미 악화되고 돌아선 민심을 되돌리기에는 역부족이었다.

이후 불법대선자금 수사는 사실상 개점휴업 상태였다. 노 대통령이 국회에서 한 발언으로 인해 탄핵소추 움직임이 본격화되고, 4. 15 총선을 약 한 달 정도 남겨둔 시점인 2004년 3월 8일 대검찰청 중앙수사부는 무슨 이유에서인지 갑자기 불법대선자금 중간수사결과를 발표했다.

대검중수부가 중간수사결과 발표를 한다고 하자, 언론과 국민은 노 대통령의 10분의 1 발언 때문에 한나라당과 노무현 대통령 측이 기업들로부터 받은 불법대선자금 규모에 큰 관심을 가질 수밖에 없었다.

당시 안대희 중수부장은 중간수사결과 발표의 이유를 불법대선자금 수사가 4.15 총선에 영향을 미치지 않도록 하기 위해서임을 명시했다. 이미 지난해 10월부터 매일같이 불법대선자금 수사가 언론을 통해 보도되고 있었으므로, 굳이 검찰이 나서서 중간수사결과를 발표할 필요가 없었다.

더군다나 그 발표는 노 대통령의 10분의 1 발언에 대한 책임론에 영향을 줄 수밖에 없고, 국회의 탄핵소추에도 상당한 영향을 미칠 수 있었다. 그런데도 대검중수부는 중간수사결과를 발표했다.

당시 중간수사결과 발표에 의하면 그때까지 확인된 대선 당시 불법대선자금 규모는 823억 2,000만 원으로, 노무현 후보 캠프는 113억 8,500만 원이었다. 노무현 캠프 불법대선자금의 규모가 한나라당의 10분의 1*을 초과한 것으로 드러났다.

하지만 대검중수부는 무슨 이유에서인지 한나라당의 불법대선자금과 달리 노무현 캠프 측의 불법대선자금으로 볼 수 있는 강금원이 용인 땅을 매매형식으로 무상대여한 19억 원, 최도술이 SK로부터 받은 11억 원, 안희정이 태광과 반도에서 받은 4억 원, 여택수가 롯데로부터 받아 열린우리당 창당자금으로 쓴 3억 원 등 도합 37억 원을 불법대선자금 금액에서 제외하여 발표했다.

위 37억 원까지 포함하면 노 캠프의 불법대선자금은 140억 8,500만 원으로 한나라당의 6분의 1 수준이었다.

• 언론 보도에 의하면 불법대선자금 사용액도 한나라당 410억, 노무현 캠프 42억 5,000만 원으로 10분의 1을 넘었다.

이로 인해 노 대통령이 "10분의 1 발언"에 대해 약속대로 책임지고 정계 은퇴하여야 한다는 요구가 분출되면서 탄핵정국 상황을 더더욱 혼란스럽게 만들었다.

청와대 윤태영 대변인은 "지금 일반적으로 하는 것과는 계산이 다르다"라고 밝혔지만, 야당은 검찰의 중간수사결과에 자극받아 "노 대통령의 불법자금이 10분의 1을 훨씬 넘은 만큼 불필요한 탄핵 논란에 종지부를 찍기 위해서라도 즉각 스스로 물러나야 한다"면서 노 대통령을 압박하였다.

검찰의 불법대선자금 중간수사결과 발표 다음날 노무현 대통령에 대한 탄핵소추안이 발의되었다.

시간을 돌이켜 생각해보면 그 시점에 검찰이 중간수사결과를 왜 발표했는지 지금도 의문이다.

검찰의 불법대선자금 중간수사결과 발표가 없었다면 과연 민수낭과 한나라낭이 노 대통령에 대한 탄핵소추안을 발의하였을까?

아마도 야당들은 국민의 탄핵반대 여론을 고려하여 계속적으로 노 대통령에게 사과를 요구하면서 총선 때까지 대치 국면을 이어갈 계획이었을 것이다. 그렇게 했다면 4.15 총선에서 열린우리당이 151석을 얻어 과반수가 넘는 제1 정당이 되는 일은 없었을 것이다.

그렇다면 누가 왜 그 시점에 굳이 하지 않아도 되는 불법대선자금 중간수사결과를 발표하게 했을까?

노 대통령의 대한 탄핵과정과 결과를 들여다보면 볼수록 미궁에 빠지는 기분이다.

기획된 폭풍 탄핵에 휘말린 박근혜

돌이켜보면 야당이 제아무리 박근혜 대통령을 탄핵하려고 해도 불가능한 상황이었다. 그런데 상상할 수 없었던 악재들이 연이어 겹치면서 탄핵이 실제로 이루어졌다.

무엇이, 어디서부터 잘못된 것인지 되짚어보아도 그런 상황에 이르게 된 이유를 이해하기 어렵지만, 그 답을 함께 찾아가보자.

'옥새 들고 나르샤'에서 시작된 탄핵 악몽

20대 총선을 앞두고 새누리당은 속칭 35%의 콘크리트 지지층이 있어 지지율 1위를 고수하고 있었고, 텃밭인 영남권과 60대 이상의 지지가 견고했으며, 언론 환경도 우호적이었다. 대부분의 전문가들은 새누리당이 과반수 이상의 의석을 차지할 것으로 예상했다.

실제로 MBN이 리얼미터에 의뢰하여 2016년 1월 4일부터 8일까지 실시한 여론조사* 결과에 의하면 새누리당 지지율은 36.1%로 더불어민주당(20.3%), 국민의당(18.7%)보다 훨씬 높았고, 《한국일보》가 한국리서치에 의뢰하여 2월 21일부터 22일까지 실시한 여론조사를 보면 야당심판론(46.6%)이 정부심판론(41.2%)보다 높았다.**

그러나 공천과정에서 김무성을 중심으로 하는 비박계와 친박계가 상향식 공천 채택 등을 두고 대립이 격화되었고, 공천권을 장악한 친박계가 최종적으로 공천을 정하지 않은 유승민 의원 지역구 등 5개 지역구에 대해 친박계 후보를 공천하려 했는데, 그중 하나가 송파을의 유영하 변호사였다.

그러자 그동안 공천과정에 불만을 품고 있던 김무성 당대표는 해당 선거구에 대한 공관위의 추천장에 서명하지 않을 것이고, 후보자 등록이 마무리되는 3월 25일 저녁까지는 최고위를 열지 않겠다고 일방적으로 선언한 뒤 자신의 지역구인 부산광역시 영도구로 내려가 버렸다.

선거법상 후보자 추천장에는 낭인과 낭내표의 식인 두 개의 날인이 있어야 하므로, 새누리당에서는 당사에서 당대표 직인을 찾는 등 속칭 옥새파동이 벌어졌다.

우여곡절 끝에 새누리당 지도부는 유승민, 이재오, 유영하 지역구에는 후보 공천을 하지 않고, 나머지 두 곳에는 친박계가 원하는 후보를 공천하기로 했다. 김무성 대표는 옥새파동을 통하여 청와대를 상대로 정치적으로 자신의 뜻을 일부 관철했다. 이에 반해 새누리당에 대한 국민의 인식과 여

• 전국 만 19세 이상 성인남녀 1500~2500명 대상 전화면접(CATI) 및 자동응답(ARS) 방식으로 무선전화(평균 50~60%)와 유선전화(평균 40~50%) 병행 임의걸기(RDD) 방법으로 조사(표본오차 95%, 신뢰수준에 ± 2.0%p ~ ±2.5%P).

•• 《한국일보》, 2016. 2. 25. 〈총선 '야당심판론'이 '정권심판론'을 앞질러〉 기사 참조.

론이 급속도로 악화되었고, 최소한 과반수 확보가 무난할 것으로 예상되었던 20대 총선에 먹구름이 드리워졌다.

김무성 대표의 "옥새 들고 나르샤"사건, 그리고 대구시당에서 벌어진 "박 대통령 존영 파동"까지 겹치면서 정권심판론에 대한 지지도가 급속히 높아졌고 수도권 민심은 결정적으로 악화되었다.

이처럼 4.13 총선을 2주가량 앞두고 정권심판론에 공감하는 여론이 급증한 이유는 '옥새파동'으로 상징되는 친박·비박계의 공천 내분이 새누리당 지지층과 일부 중도층의 반발을 불러일으켜 여권 지지층이 급격히 이탈했기 때문이었다.

결국, 20대 총선은 새누리당 참패, 민주당 역전승, 국민의당 약진으로 요약할 수 있는데, 더불어민주당은 아성인 광주와 호남 지역을 거의 대부분 국민의당에게 빼앗겼는데도 불구하고 123석으로 제1당이 되었고, 새누리당은 122석, 국민의당은 38석, 정의당은 6석, 그리고 무소속은 11석을 차지하였다.

한때 180석까지 얻을 것으로 예상되었던 새누리당은 제2당으로 전락했고, 옥새파동 등으로 인한 총선 결과는 훗날 야당이 옥새파동의 주범인 김무성 등 일부 새누리당 의원들과 협력하여 박근혜 대통령에 대한 탄핵소추를 추진할 수 있는 기반이 되었다.

이 시점에서 다음과 같은 질문을 던진다.

옥새파동이 없었더라면 새누리당이 제20대 총선에서 122석밖에 얻지 못했을까? 그리고 새누리당이 최소 과반수 의석을 얻었더라면 과연 박 대통령에 대한 탄핵이 가능했을까?

참 이상하다.

박 대통령 탄핵 과정의 중요 고비마다 김무성 의원의 그림자가 보인다.

탄핵을 잉태한 세월호

세월호 침몰사고 발생

여객선 세월호는 수학여행을 가는 단원고등학교 학생 325명을 포함한 승객 443명과 승무원 33명 등 476명을 태우고, 2014년 4월 15일 인천 연안여객터미널에서 제주도로 출항했다. 항해를 이어가던 4월 16일 08:48경 전남 진도군 조도면 병풍도 북방 1.8해리 해상에서 선체가 왼쪽으로 기울어지기 시작했다.

세월호 승객이 08:54경 119로 사고 사실을 최초 신고했고, 이 신고는 목포해양경찰서 상황실에 전달되었으며, 세월호 항해사도 08:55경 제주 해상교통관제센터에 구소를 요청했다. 세월호 승무원들은 08:52경부터 09:50경까지 승객들에게 구명조끼를 입고 배 안에서 기다리라는 안내방송을 여러 차례했다.

목포해양경찰서 소속 경비정 123정은 09:30경 사고현장 1마일 앞 해상에 도착했는데, 세월호는 09:34경 이미 약 52도가 기울어져 복원력을 상실한 상태였다. 123정은 세월호에 접근하여 선장과 일부 승무원을 구조했으며, 09:30경부터 09:45경 사이에는 해양경찰 소속 헬기도 사고현장에 도착하여 승객들을 구조했다.

그런데 안내방송에 따라 배 안에서 기다리고 있던 승객들에게 퇴선 안내가 이루어지지 않았고, 123정의 승조원들도 세월호 승객에게 탈출하도록 안내하거나 퇴선을 유도하지 않았다.

이로 인하여 10:21경까지 해경의 선박과 헬기 및 인근에 있던 어선 등이 모두 172명을 구조했으나, 승객 및 승무원 중 304명은 배 안에서 탈출하지 못했고 이들은 모두 사망하거나 실종되었다.

적절치 못한 대응으로 정치 쟁점이 되다

세월호 침몰 사건은 유병언 일가의 회사 경영비리, 선박 불법 증축 및 비정상적인 과적 등의 문제, 구조과정에서의 문제, 감독기관의 비리와 민관유착 비리 등 해운업계 전반의 구조적인 비리에서 비롯된 것이다.

세월호 침몰 과정에서 304명의 사망자가 발생한 가장 주된 책임은 초기 대응을 전혀 하지 않고 승객들에게 가만히 있으라고 방송한 후 몰래 탈출한 선장과 승무원에게 있다. 더불어 회사 과실로 사고가 발생했을 경우 보험사로부터 받게 되는 선체보험 보상금이 감액되기 때문에 탈출 명령을 내리지 않은 청해진해운에게 있다.

그러나 또 다른 문제는 처음 세월호가 침몰했다는 보도가 있은 후 상당 시간 동안 방송에서 승객 전원이 구조되었다는 오보가 나온 것이다. 세월호가 서서히 바다 속으로 잠기는 장면을 TV 화면을 통해서 보면서, 사람들은 전원구조 소식에 '아, 다행이다' 하며 안심했다. 그런데 전원 구조가 오보라는 정정 보도가 나오며, 방송을 보던 전 국민들은 우왕좌왕하며 패닉 상태에 빠졌다.

경기교육청의 학생 전원 구조 문자(11:9), 중앙재난안전대책본부(중대본)의 368명 구조 발표(13:30), 중대본의 수정발표(14:30) 등을 거쳐 최종적으로 단원고 학생들을 포함한 300명이 넘는 사람이 수장된 결과를 알게 된 국민들은 매우 화가 났다.

언론사 '학생 전원구조' 오보 시간

방송사	최초 오보 시간	오보 보도 형식	최초 정정 시간
MBC	11:03	자막, 앵커코멘트, 기자리포트	11:24
YTN	11:03	자막, 앵커코멘트	11:34
채널A	11:03	자막, 앵커코멘트	11:27
뉴스Y	11:06	자막, 앵커코멘트	11:50
TV조선	11:06	자막, 앵커코멘트	11:31
SBS	11:07	자막, 앵커코멘트, 기자리포트	11:19
MBN	11:08	자막, 앵커코멘트	11:27
KBS	11:26	자막, 앵커코멘트, 기자리포트	11:33

방송통신심의위원회 자료 참조.

더욱이 세월호가 서서히 침몰하고 있는데, 승객들에게는 가만히 있으라고 방송한 후 선장과 승무원들이 몰래 먼저 탈출한 것을 보며 시청자들은 매우 분노했다.

특히 선박과 승객을 버리고 탈출한 선장이 세월호가 침몰하면서 승객들이 서서히 죽어가는 참담한 상황인데도, 천연덕스럽게 병원에서 물에 젖은 지폐를 널어 말렸다는 이야기에 국민적 분노가 하늘을 찔렀다.

그뿐 아니라, 세월호가 침몰하던 당시 현장에 출동했던 해경과 해군이 승객 구조를 위한 적극적인 대응을 하지 않고 수수방관한 것도 국민들로서는 쉽게 용납할 수 없었고, 청와대를 비롯한 정부가 너무나도 안이하게 위급 상황에 대처하는 것을 보고 더더욱 분노했다.

실제로 사고 직후부터 세월호가 침몰하기까지 해경과 해군이 제대로 신속하게 대응했다고 보기 어려운 많은 일이 발생했다.

세월호 87시간 멈춰버린 구조 시계

16일 오전 8시 55분: 세월호, 제주 해상교통관제센터에 "배 넘어간다"고 신고

오전 8시 58분: 제주해경, 제주해상교통센터로부터 정식 조난 신고 접수

오전 9시 30분: 해경, 사고 해역인 전남 진도군 관매도 인근 조도면 병풍도 21km 해역에 도착, 선체 진입 않고 빠져나온 승객들만 구조

오전 10시: 중앙재난안전대책본부(중대본) 탑승객 477명 발표

오전 11시 9분: 경기교육청, 학생 전원 구조 문자 알림

오전 11시 35분: 승무원 박지영 씨 시신 처음으로 발견

오후 1시 30분: 중대본, 탑승객 476명 중 368명 구조 발표

오후 4시 30분 : 중대본, 459명 중 164명 구조로 정정

17일 오후 2시: 박근혜 대통령 진도체육관 방문, 실종자 가족 위로, 구조 총력 당부

18일 오전 10시 5분: 중대본, "잠수부 4명 선체 진입 성공" 발표. 그러나 해경 곧바로 부인

오후 1시: 세월호 완전 침몰

오후 3시 27분: 중대본, 성공 → 실패로 정정 발표

오후 9시: 실종자 가족대표 마동윤 씨 대국민 호소문 '이게 진정 대한민국 현실입니까' 발표

오후 10시: 중대본, 탑승객 476명으로 번복

19일 오후 5시: 야간 조명 지원을 위해 채낚기 어선 동원

오후 11시 48분: 첫 선체 진입, 시신 3구 수습

《서울신문》 기사 참조.

사건 발생 직후 현장에 동원된 잠수 요원은 해경 140명, 해군 42명 등 모두 182명이었으나, 실제 수색에 투입된 인원은 16명에 불과했다. 사건 초기 이해하기 어려운 구조 인원에 대한 허위발표, 해군의 미군 헬기 구조 거절, 최첨단 수상구조함 통영함 출동 좌절, 무인잠수정 투입 실패, '로봇물고기'로 알려진 수중탐사로봇(ROV) 투입 실패와 허위발표, 급유를 못 받은 구조헬기의 구조 활동 지연 등과 같이 긴급한 상황에서 해군과 해경이 보인

모습은 국민들에게 실망 그 자체였다.

그리고 침몰한 세월호에서 인명구조가 전혀 없는 상황에서 국정원의 세월호 유족 사찰 및 여론전 개입 문제, 관련 장관 등 공무원들의 안일하고 부적절한 대응 등도 문제[*]가 되었다.

그뿐만 아니라 해양수산부 항적 은폐 의혹, 해경의 TRS Trunked Radio System (주파수공용통신) 무전교신 기록 은폐 의혹 등이 연이어 터지면서 세월호 유가족뿐만 아니라 국민들의 정부에 대한 불신은 점차 커져갔다.

> 그런데, 이날의 진짜 비극은 오보에 따른 혼돈
>
> 우리 국민 모두가 기억하는 것과 같이
>
> 그날은 나라 전체가 오보로 혼돈이 거듭됐다.
>
> _청와대

눈덩이처럼 커진 각종 의혹들

'합동분향소에서 청와대의 조문 연출' 의혹 보도

박근혜 대통령은 2014년 4월 29일, 정부 합동분향소가 공식적으로 문을 열기 전인 오전 9시경 분향소를 찾아 홀로 헌화하고 희생자를 애도한 뒤 다시 출입문 쪽으로 걸어나갔다. 이때 한 할머니가 박 대통령에게 다가와 팔을 붙잡고 이야기를 나눴다.

• 대표적인 사례로 ① 서남수 교육부 장관이 세월호 구조자들이 응급치료를 하던 테이블에서 컵라면을 먹은 사건, ② 안전행정부 공무원들이 상황본부의 세월호 침몰 사망자 명단 앞에서 기념사진을 찍으려 한 사건, ③ 실종자 수색 상황 설명시 해군이 방송 연출한 사건, ④ 세월호 사고 유가족에 대한 사복경찰의 미행 사건, ⑤ 장관 의전에 따른 구조지연 논란 의혹, ⑥ 관계 공무원들의 무성의한 보고 및 수색 대안 부재 등을 들 수 있다.

그런데, CBS《노컷뉴스》는 2014년 4월 30일 〈[세월호 참사] "'조문 연출' 논란 할머니, 청와대가 섭외"〉, 〈[세월호 참사] "현장에서 할머니 섭외" 靑 조문 연출 사실로〉, 〈[세월호 참사] "靑, 조문 연출 할머니 섭외"… 비난 '쇄도'〉 등 3건의 기사를 통해 '조문 연출' 의혹을 기정사실화하였다.

그러나, 《노컷뉴스》가 근거 없이 '연출 의혹'이라고 주장한 장면에 등장한 할머니는 경기 안산시 단원구 초지동에 사는 주민으로, 평소 자주 가는 곳에 분향소가 생겨 아침 일찍 찾아왔다가 박 대통령을 만난 것으로 확인되었다.

하지만, 《노컷뉴스》의 위 기사는 페이스북이나 트위터 등에 22,000건 가까이 공유되었고, 포털 다음에서 댓글 12,370개, 네이버에서는 댓글 2,931개가 달리며 높은 관심을 받는 등 다른 언론과 SNS를 통해 확대 재생산되었다. 이 기사는 국민들로 하여금 박 정부가 진정성 있게 사건에 대응하기보다 무책임한 자세로 국민을 속여 '여론 진화'에만 신경 쓰는 것으로 오해하며 분노하게 만들었다.

그 과정에서 박 대통령과 조문 당시 만난 할머니와 닮았다는 이유로 연출 당사자로 지목된 '박사모(박근혜를 사랑하는 모임)' 회원 여성은 논란이 지속되자 2014년 5월 2일 기자회견을 열고 결백을 호소하는 황당한 상황이 벌어지기도 했다.

당시 청와대는 CBS에 해당 기사 정정 보도를 요청하였으나, CBS가 이를 거부해 결국 언론중재위를 거쳐 대법원까지 갔고, 소송이 제기된 지 2년이 넘은 2016년 8월 25일 대법원에서 CBS에게 정정보도하도록 한 원심을 확정했다.

"'조문 연출' 논란 할머니, 청와대가 섭외" 등 관련 정정보도문

본 신문은 지난 4월 30일 ① "'조문 연출' 논란 할머니, 청와대가 섭외", ② "'현장에서 할머니 섭외' 靑 조문 연출 사실로", ③ "靑, 조문 연출 할머니 섭외… 비난 쇄도"라는 각 제목으로, 2014. 4. 29. 박근혜 대통령의 세월호 희생자 합동분향소 조문 당시 청와대 측이 당일 합동분향소에서 눈에 띈 노인에게 '대통령이 조문할 때 대통령 가까이서 뒤를 따르라'는 부탁을 함으로써 대통령의 조문 현장을 연출하였다는 취지의 기사를 세 차례에 걸쳐 보도하였습니다.

그러나 대통령 비서실에 확인한 결과 청와대 관계자가 대통령의 합동분향소 조문 당시 현장에 있었던 여성 노인에게 '대통령이 조문할 때 대통령 가까이서 뒤를 따르라'고 부탁하는 등의 방법으로 대통령의 조문 현장을 연출한 사실이 없는 것으로 확인되어 해당 기사를 바로잡습니다.

끝.

CBS의 정정보도문.

그러나 이미 CBS의 오보로 인해 국민들 사이에 형성된 박 대통령에 대한 부정적인 인식은 이미 광범위하게 퍼졌고, 2년 후 대법원판결을 통해 CBS가 보도한 정정보도문은 사후 약방문에 불과했다.

아직도 CBS 《노컷뉴스》의 잘못된 첫 보도가 사실이라고 생각하는 국민도 적지 않은 것이 현실인데, 이런 질문을 던지고 싶다.

그 당시 CBS가 잘못된 보도를 즉시 인정하고 정정했다면, 박 대통령 정부에 대한 국민의 불신의 불길이 실제처럼 확대되었을까?

언론은 국민들에게 오로지 진실만을 알릴 책무가 있다는 평범한 진리가 너무나도 쉽게 외면되었고, 대부분의 국민들은 CBS가 정정문을 발표한 사실 자체도 기억하지 못한다.

다이빙벨과 언론의 시신 수습 지연 관련 오보

세월호 사건 초기 국민들을 감정적으로 분노케 한 대표적인 보도가 바로 정부가 신속한 구조 작업을 하지 않고 있고, 시신을 발견했는데도 감추고 있다는 JTBC의 허위 보도였다.

2014년 4월 세월초 침몰사고 직후 손석희는 사고 현장에 직접 내려와 뉴스를 방송했다. 이때 이종인 알파잠수기술공사 대표를 인터뷰하면서 '다이빙벨' 논란을 일으켰다.

그리고 '언딘 마린 인더스트리'라는 해양공사전문업체가 '구조독점'을 위해 고의로 시신 수습을 지연했다는 강대영 씨(자칭 잠수사)의 일방적 주장을 인터뷰 형식으로 방송했다. 그 보도들은 현장에서 인터뷰 형식으로 진행된 것으로 방송을 보는 국민들은 그 보도에 신뢰감을 가졌다.

당시 이종인이 손석희 앵커와 인터뷰하면서 "다이빙벨은 20시간 물 밖으로 나오지 않고 연속해서 작업할 수 있다"고 한 발언을 JTBC는 그대로 방송했고, 그 발언을 진실로 믿은 국민들은 당시 유속이 빨라 구조 작업에 어려움을 겪고 있다던 정부의 설명을 믿지 않으면서 박 정부를 비난하는 여론이 크게 일었다.

그러나 《뉴데일리》의 윤희성 기자가 손석희와의 인터뷰 후 이종인과 직접 인터뷰를 하였는데 "20시간 연속으로 수중 작업을 하는 것은 불가능하며 감압減壓을 위해 수차례 물 밖으로 나와야 한다"라고 말했다. 잠수 시간에 따라 감압 시간이 결정되는데 다이빙벨을 사용해도 감압을 해야 하기에 20시간 연속 잠수라는 건 불가능[•]하다는 것이다.

• 공기는 기압이 높으면 압축되고 30m 수심에서 작업한 잠수사는 몸속에 질소와 산소가 쌓이므로, 잠수사는 몸속에 쌓인 질소와 산소로 물 위에 떠오르면서(기압을 낮춰가며) 적절한 수심에서 멈춰 빼내야 하며,

손석희는 2014년 4월 29일에는 민간잠수사가 찾은 시신의 수습을 지연하고 언딘이 발견하고 수습한 것으로 꾸몄다는 강대영의 일방적 주장을 인터뷰 형식으로 내보냈다. 다시 말해 언딘이 시신 구조를 독점하기 위해 시신 수습을 고의로 지연했다는 의혹을 보도했다.

그러나 강대영은 실제 사고현장에서 잠수한 적이 없는 것*으로 밝혀졌고, 언딘 관계자를 만난 적도 없었던 것이 드러났다. 그는 2014년 4월 17일부터 팽목항에서 구호 식품을 먹고 유가족 숙소에서 생활하던 사람이었다.

방송통신심의위원회는 이종인과 인터뷰를 한 JTBC에 징계 조치를 내렸고, 언딘이 허위사실을 보도한 JTBC를 언론중재위원회(이하 언중위)에 제소하자 JTBC는 해당 인터뷰를 포함해 언딘이 고의로 시신 수습을 지연했다는 보도를 정정했다.

하지만 유가족들이 모여 있던 진도체육관에는 9시면 JTBC 뉴스9이 대형스크린에 틀어졌을 정도로 당시 현장에서 JTBC와 손석희의 영향력은 컸었다.

손석희가 이종인과 강대영과의 인터뷰를 직접 진행하다 보니 당시 사고 수습 현장에서는 다이빙벨과 언딘에 관한 이야기가 가장 많이 언급되면서, 유가족들과 시청자들이 세월호 사건 초기 박근혜 정부에 대한 불신을 갖는 데 상당한 영향을 미쳤다.

급격히 물속에서 떠오르면 몸속에 쌓인 질소와 산소가 팽창하면서 피부를 뚫고 나오는 것을 잠수병(감압병)이라고 부른다(출처 : 펜앤드마이크, 〈['가짜뉴스' 만든 언론인]⑤ 세월호 '엉터리 인터뷰' JTBC 손석희(上)〉 기사 참조).

• 강대영은 2014년 4월 19일 오후 2시부터 3시까지 사고현장에서 한 차례 잠수했다고 주장했지만, 언딘이 공개한 19일 구조 일지에 따르면 민간잠수사들이 실종자 시신 3구를 발견한 시간은 새벽 4시고 수습한 시간은 밤 11시였으며, 강대영이 주장한 오후 2시에서 3시 사이에는 파도가 높아 잠수한 사람이 없는 것으로 기록되어 있다.

다이빙벨과 언딘 시신 수습 지연 오보는 방통위의 징계와 JTBC의 정정 보도로 바로잡았다고는 하지만 그 보도를 진실로 알고 화날 대로 화가 난 민심을 돌리기에는 역부족이었다. 이미 발생한 두 번의 오보는 어느새 사실이 되어 세월호로 인한 슬픔에 젖어 있던 국민들의 가슴속에 깊은 불신의 파문을 불러일으키는 돌멩이가 되었다.

그리고 박 대통령을 향한 언론의 매서운 칼날은 그의 심장을 서서히 겨누어 갔다.

잠수함 충돌설

한편 SNS에서는 "세월호가 한미연합 군사훈련으로 인해 항로가 변경됐다", "세월호가 훈련 중인 미국 잠수함과의 충돌로 침몰하였다"라는 등 허위사실이 유포되어 국방부가 직접 나서서 해명(?)하는 촌극이 벌어졌다.

세월호 사고 당시 해당 지역 인근에서 작전이나 훈련이 없었으며, 그곳은 수심이 얕아 잠수함이 활동할 수 없는 곳이었다. "세월호가 한미연합 군사훈련으로 인해 항로가 변경됐다"라는 의혹 역시 사실이 아니었는데, 국방부는 "해당 수역은 훈련을 위해 항행 금지 구역으로 선포하지 않았고 당시 인근 해상에서 어떤 연합해상훈련도 실시하지 않았다"라고 설명했다. "미군의 상륙함 '본험 리처드함'은 사고 당시 100마일 떨어진 공해상에 있었으며, 사고 후에는 인근에서 구조작전을 지원하고 있다"라고 해명 아닌 해명을 했다.

그리고 당시 진도 해상에 청해진함, 평택함 등 구조함 3척이 배치돼 있었고, 통영함에 배치될 잠수 요원들은 미리 현장에 투입돼 임무를 수행 중이었다.

세월호가 잠수함에 충돌해 침몰했다는 의혹은 전혀 사실이 아니고, 잠수함 충돌설이 사실무근임은 이후 세월호 인양을 통해서도 확인된 바 있다.

국방부는 이와 같은 허위사실 유포에 대해 경찰 수사를 요청하기도 했다는데, 이상하게도 그 결과에 대해 들어본 바 없다.

고의 침몰설

박근혜 정부가 고의로 세월호를 침몰시켰다는 음모론이다.

구체적으로는 국정원이 북풍공작 차원에서 제2의 천안함 피격사건으로 이 사건을 기획했다는 주장도 있고, 회사가 보험금을 타기 위해 배를 일부러 가라앉히면서 승선한 사람들을 빠져나오지 못하게 했다는 주장까지도 있었다.

고의침몰설은 침몰 원인에 대한 합리적 근거 없이 오로지 박근혜 정부에 대한 반감에서 나온 지극히 주관적인 주장이다. 하지만 고의 방치설*, 인신공양설** 등 다양한 말도 안 되는 유언비어들과 함께 국민들 마음에 '설마' 하면서도 '혹시나'라는 묘한 의구심을 심어주는 역할을 하였다.

7시간의 미스터리

■ 왜 7시간인가?

사고 초기 구조자 수 집계 등의 오보, 느리고 분별력 없는 정부의 대응에

---

* 세월호를 고의로 침몰시킨 건 아니지만 사건 발생 후 일부러 구조에 미온적인 태도를 보였다는 주장.
** 박 대통령이 세월호 사건 희생자들에 대해 '고귀한 희생'이라고 발언한 것을 문제 삼아 세월호 사건은 최태민이나 박정희를 환생시키기 위해 영세교와 박근혜가 계획한 일종의 인신공양 의식이라고 주장하는 설이다.

대해 국민들의 비판이 점점 커졌다.

하지만 청와대는 재난 컨트롤 타워는 청와대 위기관리센터가 아니라 중앙재난안전대책본부이며, 세월호 발생의 책임을 세월호 선장과 승무원, 그리고 해경 등 현장구조자들의 전문성 및 훈련 부족으로 인한 구호 활동 미흡 등이라고 지적했다. 세월호 사고에 대한 정부의 미숙한 대응책임이 청와대와 대통령에게도 있음을 인정하려고 하지 않아 국민들을 더더욱 분노하게 했다.

그런 상황 속에서 세월호 침몰 당일인 2014년 4월 16일 오전 10시부터 2014년 4월 16일 오후 5시 15분까지 약 7시간 동안 대통령의 행적*에 대한 의혹이 제기되었다.

과거 미국에서 9.11 테러가 발생하였을 당시 대통령이던 부시는 플로리다주의 한 초등학교 수업을 참관하며 어린이들에게 동화책을 읽어주고 있었는데, 세계무역센터가 2차 공격을 당한 후 보좌관에게서 "미국이 공격받고 있다"는 첩보를 들었지만, 약 7분 동안 가만히 앉아 있었다는 이유로 이후 국정 조사에서 아무 행동도 취하지 않은 이유를 상세하게 해명해야 했다.

이는 2008년 미국 대통령 선거 때 정권 교체 원인 중 하나가 되었는데, 이를 감안하면 청와대가 세월호 7시간에 대해 명확한 해명을 할 필요성이 있었다.

당시 청와대는 '7시간 동안 대통령은 청와대 경내에 있었고 모두 18차례 세월호 침몰사고와 관련한 보고를 받았으며, 오전 10시 15분과 오전 10시 30분 두 번에 걸쳐 구조 지시를 내렸다'고 밝혔다.

• 2014년 4월 16일 오전 10시는 박근혜 대통령이 세월호 침몰 소식을 처음 보고 받은 시각이고, 2014년 4월 16일 오후 5시 15분은 박 대통령이 중앙재난안전대책본부를 방문한 시각이다.

그러나 세월호 사고 발생 직후부터 대통령이 집무실에 출근하지 않고 관저에 머무르고, 국가안보실이 사고 상황을 신속하게 보고하지 못하여 골든타임을 허비하는 바람에 수많은 인명 피해가 발생하였다는 비판, 사건 발생 확인 후에도 계속 관저에 머무르다가 뒤늦게 중앙재난안전대책본부를 방문하였다는 비판 등으로 여론이 계속 악화되었다.

특히, 그날 세월호에 승선한 단원고등학교 학생이 모두 구조되었다고 사실과 전혀 다른 보도가 방송되었다가, 11:19 SBS 뉴스가 정정보도를 한 것을 시작으로 11:50경 대부분의 방송사가 오보를 정정하였다.

그런데도, 박 대통령은 일상적 직무를 수행하였고, 13:13경 국가안보실장으로부터 전화로 370명이 구조된 것으로 잘못 보고받았으며, 중앙재난안전대책본부도 13:30분경 "476명 탑승, 구조자 368명, 사망 2명 확인"이라고 잘못된 발표를 하는 등 혼선이 계속되었다.

그리고, 14:50경 구조인원이 잘못 계산되었다는 보고를 받고 비로소 인명 피해가 심각할 수 있다는 사실을 알게 되어 중앙재난안전대책본부 방문의 사실이 확인되면서 국민들의 여론은 더더욱 악화되었다.

국회의 업무보고, 국정조사, 국정감사 등에서 이와 같은 의혹이 지속적으로 추궁되자, 비서실장 김기춘 등은 사고 당시 '골든타임'으로 인식한 시점 전에 박 대통령이 상황 보고서 1보를 보고받고 인명구조와 관련된 지시를 한 것처럼 가장했다. 나중에 대통령 보고 및 지시시각 등을 조작한 사실이 밝혀져 문제가 되기도 했다.

검찰조사 결과 박 대통령이 세월호 참사 당일 오후 중앙재난안전대책본부를 방문했을 때를 제외하고 청와대 관저에 머무른 것이 7시간 행적의 진실이다.

하지만 세월호 참사 당일 박근혜 대통령의 7시간 행적에 대해 갖가지 근거 없는 의혹들이 백가쟁명식으로 제기되었다. 그 과정에서 '종교의식 참석설', '프로포폴 투약설', '미용 시술설', '올림머리 90분설', 심지어는 '정윤회와의 7시간 밀회설' 등 여성이자 독신인 박 대통령을 비하하는 실체 없는 이상야릇한 루머가 제기되며 박 대통령을 비난하기에 급급했다.

■ 올림머리 90분설

세월호 참사 당일 박 대통령은 중앙대책본부 방문 전 정 모 원장을 청와대 관저로 불러 올림머리*를 했다.

그런데 2016년 12월 7일 《한겨레신문》은 박근혜 대통령의 사진과 함께 〈세월호 가라앉을 때 올림머리 하느라 90분 날렸다〉는 제목의 기사를 1면 톱기사로 보도하면서 소제목 〈드러나는 '세월호 7시간'〉을 붙였다. 3면에도 관련 기사들을 대문짝만 하게 실었고, 이 기사를 본 사람들은 박 대통령이 올림머리를 하느라 중대본에 늦게 갔다고 비판하는 내용을 입으로, SNS로 주변 사람들에게 전달했다.

기사 내용을 구체적으로 살펴보면 "2014년 4월 16일 박근혜 대통령은 승객 구조 대책을 마련하는 대신 강남의 유명 미용사를 청와대로 불러 '올림머리'를 하는 데 90분 이상을 허비한 것으로 6일 확인됐다", "의문의 7시간 가운데 1시간 30분은 밝혀진 셈이나, 나머지 5시간 30분 동안은 무엇을 했는지 의문이다", "이른바 '골든타임' 와중에 최소 90분을 허비한 것"이라는 내용이었다. 한겨레의 단독 보도 이후 상당수 언론이 팩트 확인도 없이

• 청와대는 세월호 사건 당일 오후 3시 22분부터 4시 47분까지 청와대를 방문한 정 모 원장으로부터 20분 간 올림머리 손질을 받았다고 밝혔다.

따라 쓴 '박근혜, 세월호 사고 당시 올림머리 90분'을 본 국민들은 더더욱 박 대통령에게 분노했다.

박영수 특검*과 검찰의 수사에서 이는 명백한 오보로 밝혀졌다.** 그러나 아직도 그 보도를 접했던 국민들은 '박근혜, 세월호 사고 당시 올림머리 90분' 이 사실이라고 믿고 있다.

- 미용시술을 위한 롯데호텔 방문설

《선데이저널》은 2016년 12월 22일 박 대통령이 세월호 참사 당일 오전 롯데호텔 36층 VIP룸에서 김영재 의원에게 시술을 받았다는 제보를 보도 했다.

세월호 사건 당일 오전 8시 30분경 박 대통령은 서울 롯데호텔 36층 VIP 룸에 머무르며 김영재 원장으로부터 미용 시술(필러 수술)을 받을 준비를 하

- 특검은 세월호 참사 당일 대통령의 일정에 대해 "당일 대통령의 머리 손질이 비교적 빨리 마무리됐다"라며 "평소에는 머리 손질과 화장에 40분 정도 걸리는데 그날은 20~25분 정도 만에 끝냈다"라고 발표했다.
- 펜앤드마이크, 2018. 10. 19. 〈['가짜뉴스' 만든 언론인] ⑩ '세월호 올림머리 90분' 오보 한겨레 하어영〉 기사 참조.

고 있었다. 세월호 사고를 듣고 취소하려고 하다가 모두 구조되었다는 보고를 들은 뒤에 약 1시간 동안 시술을 받았다. 그 후 청와대로 이동해 휴식을 취하다가 간호장교 신보라 대위에게 의료용 가글을 가져오도록 했다는 것이다.

당시 호텔 측 CCTV 자료도 있는 것처럼 보도했으므로, 국민들은 이 보도가 상당히 신빙성이 있다고 믿었다. 수백 명을 태운 배가 전복되고 수백 명의 사상자를 낸 국가적 위기 상황에서 박 대통령이 미용시술을 위해 청와대마저 비운 것에 대해 비난이 일었다.

그러나 특검의 조사 결과 사실이 아닌 것으로 확인되었다.

문제의 36층에는 VIP룸이 아닌 단순 연회장인 '벨뷰스위트'만 존재하고, 당직자 진술이나 출입 기록에도 박 대통령이 롯데호텔에 출입했다는 증거는 어디에도 없었다.

■ 한국－독일 시차 7시간설

최순실 게이트가 불거지면서 SNS에서는 박 대통령의 비상식적인 국정운영의 원인을 최순실의 '수렴청정'으로 몰아갔다. 그러면서 세월호 7시간의 의혹과 관련해 '한국-독일 시차 7시간설'이 돌았다.

참사 당일 오전 박 대통령이 세월호 참사에 대해 보고를 받았으나 독일에서 아직 자고 있는 최순실의 지시를 기다리느라, 두 국가의 시차만큼인 7시간을 허비했다는 설이다. 하지만 이후 수사 과정에서 최순실이 당시 한국에 있었다는 사실이 확인되었다.

■ 최태민 굿판설

'최태민 굿판설'도 떠돌았다.

최순실의 아버지이자 박 대통령의 후견인이라는 소문이 있던 최태민의 사망 20주기인 2014년 4월 20일(음력 3월 21일)은 주말이라, 그에 앞서 평일인 4월 16일 청와대에서 천도제를 지냈다는 설이다.

박 대통령이 영세교 교주인 최태민과 그의 영적 후계자인 최순실을 추종하여 사교에 심취했다는 의혹까지 보태지면서 최태민 굿판설은 많은 시민들의 입에 올랐다.

심지어는 세월호 참사가 최태민을 위해 의도된 사고라는 '인신 공양 괴담'마저 유포됐다.

박 대통령은 11월 4일 대국민담화에서 "청와대에서 굿을 했다는 이야기까지 나오는데 이는 결코 사실이 아니다"라고 못 박았다. 그 괴담을 확인할 만한 아무런 근거가 제시된 적이 없는데도 국민들 중 일부는 여전히 혹시나 하는 생각을 하고 있다.

■ 보톡스 등 미용시술설

'보톡스 시술설'도 나왔다.

《고발뉴스》는 최순실이 6개월에 한 번씩 정기적으로 의사를 대동하고 청와대에 들어가 '연예인 보톡스' 시술을 해주었는데, 시술에서 회복까지 통상 7시간가량 소요된다는 취지의 보도를 했다.

그 기사에서는 박 대통령이 7시간 동안 보톡스를 맞고 회복한 날짜를 세월호 사고 당일인 4월 16일로 특정하지는 않았다.

국정조사와 검찰 및 특검 조사 과정에서도 필러시술 등에 대한 의혹이 제기되었으나, 사실이 아닌 것으로 밝혀졌다.

하지만 그 기사를 본 국민들은 '세월호 7시간 의혹'과 해당 기사를 연결하여 마치 박 대통령이 세월호 7시간 동안 보톡스 시술이나 한 한심한 대통령인 것으로 오해했다.

세월호 7시간과 청와대 내 미용시술 의혹 관련자 진술

관련 인물	해명
조여옥 대위(세월호 참사 당시 청와대 간호장교)	박근혜 대통령에게 필러, 리프팅 시술한 적 없다. 얼굴과 목에 주사한 적 없다.
신보라 전 대위(세월호 참사 당시 청와대 간호장교)	근무 기간 중 대통령에게 주사 처치한 적 없다. 세월호 참사 당일 관저에 가글은 가져다줬다.
김영재 원장 (최순실 씨 단골 성형외과 원장)	청와대는 5번 이상 들어갔지만 성형, 미용시술은 하지 않았다. 박 대통령이 흉터 때문에 경련이 있고 얼굴이 비대칭이 심해진다고 해서 문진 등 진료만 했다.
김상만 전 자문의 (비선의료 의혹 의사)	박 대통령 미용시술 한 적 없다. 백옥 등 정맥주사제는 처방을 했지만 직접 놓진 않았다.
이선우 청와대 의무실장	미용 관련 시술 하지 않았다. 태반주사, 감초주사, 백옥주사는 박 대통령에게 처방했다.
서창석(대통령 주치의, 정기양 피부과 자문의)	성형, 미용시술 한 적 없다.

박 대통령이 말하는 세월호 7시간의 진실

박근혜 정부에서 마지막 청와대 홍보기획비서관을 지낸 천영식 전 비서관이 2019년 8월 14일 자신의 페이스북에 '세월호 7시간' 의혹과 관련한 박 대통령의 비공개 발언을 올렸다. 그 내용을 보면, 박 대통령이 세월호 7시간과 관련한 유언비어에 대해 얼마나 억울해했는지 알 수 있다.

"나중에 밀회 등 보도가 나오면서 굉장히 서글펐습니다. 비애감을 느낍니다. 이게 제대로 된 나라인가 싶었습니다."

천 비서관의 페이스북 글에 의하면 박 대통령이 말한 7시간의 진실은 다음과 같다.

> "세월호 당일이 수요일인데, 그날 몸 컨디션이 안 좋았습니다. 피곤해서 신
> OO 대위로부터 가글을 요청해 받았습니다. 목이 아파섭니다. 그날 아침에
> 는 TV도 보지 않았습니다. 보고 서류 및 결재 서류가 쌓여 있었습니다. 성
> 격상 그걸 놔둘 수 없습니다."
>
> "아침에 보고를 받고 신속한 구조를 지시했습니다. 안보실장이 구조됐다고
> 보고해서 안심하고 TV를 봤습니다. 안도했습니다. 시간이 지나 오보라고
> 밝혀졌습니다. 그래서 중대본(중앙재난안전대책본부)을 가야겠다고 생각하고
> 경호실에 준비를 지시했습니다."
>
> "중대본에서 구명조끼 발언한 것은, 서면 보고를 보면 구명조끼를 정원의
> 120%가량 보유하고 있다고 돼 있어서 처음에 괜찮겠구나 기억이 나서 한
> 말입니다."
>
> "머리는 짧게 손질하고 갔습니다. 편도가 부어 있어 굉장히 안 좋은 날이었
> 는데…."

천 비서관의 말에 의하면 박 대통령은 '밀회', '굿' 같은 유언비어가 나오는 것 자체에 대단히 자존심이 상했고, 그런 지저분한 이야기까지 해명해야 하느냐며 세월호 사건에 대해 가급적 말을 아꼈다고 한다.

세 차례에 걸친 대국민담화에서도 세월호 사건에 대해 언급하지 않은 것은 국회가 세월호 문제를 탄핵의 사유에 포함시킬 것이라고 생각하지 못했

고, 당시 의도적으로 일하지 않았다고 하는 지적에는 일고의 가치도 없다고 느껴서 대응을 안 한 것이라고 한다.

그렇다.

천 비서관의 말처럼 "세월호 사고는 끔찍한 비극이었지만, 이를 박 대통령과 무리하게 연계시킨 것은 과했다." 우리도 세월호 관련 근거 없는 유언비어 내용의 참혹함을 정리하면서, 2016년 말 청와대에서 박 대통령의 말을 직접 들으면서 가슴이 몹시도 아프고 눈물이 났다는 천 비서관의 심정이 이해가 되었다.

박 대통령은 적어도 새누리당이 탄핵소추 사유에 세월호 사건이 포함되는 것은 막아 줄 것으로 기대했고, 실제로 그것은 가능했다. 새누리당 의원들도 세월호와 관련한 유언비어로 인해 박 대통령이 모함을 당하고 있다는 사실을 알고 있었다. 당시 상황에서 어쩔 수 없이 탄핵소추로 끌려 가더라도 탄핵소추안에 세월호 사건을 포함시키는 것은 막았어야 했다. 법리적으로 볼 때에도 성실하게 직무수행할 의무가 탄핵사유에 해당하지 않는다는 것은 법조인이면 누구나 알았다.

실제로 막을 수도 있었다.

김무성을 포함한 탄핵 찬성파들은 자신들이 살기 위해, 자신들만의 정치적 이익을 위해 박 대통령의 실낱 같은 마지막 기대를 냉정하게 외면하였다. 그들은 세월호 사건을 탄핵소추 사유에 포함시키려는 말도 안 되는 당시 야3당의 탄핵소추안 강행에 적극적으로 백기투항한 것이다.

보수우파 국민들은 그들을 결코 용서할 수 없다.

그리고 박 대통령의 탄핵에도 역시 김무성 의원의 그림자가 느껴진다.

세월호 사건, 탄핵을 견인하다

거짓말은 처음에는 부정되고,

그다음에는 의심받지만,

되풀이하면 결국 모든 사람이 믿게 된다.

_괴벨스

세월호 관련 유언비어가 마구잡이로 난무했고, 이후 최순실 게이트가 터지면서 국민적 분노는 극에 달했다. 그 유언비어들은 누가 만들었는지, 사실인지 확인도 안 된 채 박 대통령과 정부에 대한 비난을 확대 재생산하는 데 큰 역할을 하였다.

그러다 보니 다수의 시민들은 최순실이 7시간의 의문을 푸는 열쇠를 쥐었다고 생각했다. 여론조사 전문기관 '리서치뷰'가 2016년 10월 31일 전국 성인 1088명을 대상으로 설문조사한 결과를 보면, 응답자의 69.2%는 그날 박 대통령의 행적이 "최순실과 관련 있을 것"이라고 생각했고, "관련 없을 것"이라는 답변은 15.2%에 그쳤다.*

그 과정에서 박근혜·최순실 게이트를 세월호 7시간과 연관 짓는 시국선언과 정치인의 발언이 잇따랐고, 전국언론노동조합을 비롯한 10여 개 단체가 모인 언론단체비상시국대책회의는 11월 3일 언론이 밝혀내야 할 10대 시민 의제 중 첫머리에 세월호 7시간을 꼽기에 이르렀다.

결국, 국회는 세월호 7시간에 대한 국민적 의혹이 크다는 이유로 박근혜

• 《한겨레21》, 제1136호 〈박근혜−최순실 게이트, 다시, 7시간의 미스터리〉 기사 참조.

대통령을 탄핵소추하면서 박 대통령이 7시간 동안 세월호 관련된 직무수행에 소홀한 혐의가 생명권 보호의무 위반*, 성실한 직책수행의무 위반**에 해당된다며 소추 사유에 포함***시키기에 이르렀다.

헌법재판소에서는 세월호 관련 사유를 탄핵사유로 인정할 수 없다고 판단****하여 기각하였다. 그러나 세월호와 관련한 근거 없는 의혹과 유언비어들은 이미 일파만파로 확대되어 국민 여론이 박 대통령 탄핵에 대해 동조하

---

* 헌법재판소는 생명권 보호의무 위반 여부와 관련하여, "국가는 개인이 가지는 불가침의 기본적 인권을 확인하고 이를 보장할 의무를 진다(헌법 제10조). 생명·신체의 안전에 관한 권리는 인간의 존엄과 가치의 근간을 이루는 기본권이고, 국민의 생명·신체의 안전이 위협받거나 받게 될 우려가 있는 경우 국가는 그 위험의 원인과 정도에 따라 사회·경제적 여건과 재정사정 등을 감안하여 국민의 생명·신체의 안전을 보호하기에 필요한 적절하고 효율적인 입법·행정상의 조치를 취하여 그 침해의 위험을 방지하고 이를 유지할 포괄적 의무를 진다(헌재 2008. 12. 26. 2008헌마419등 참조). 박 대통령은 행정부의 수반으로서 국가가 국민의 생명과 신체의 안전 보호의무를 충실하게 이행할 수 있도록 권한을 행사하고 직책을 수행하여야 하는 의무를 부담한다"라고 판단.

** 헌법재판소는 성실한 직책수행의무 위반 여부와 관련하여, "헌법 제69조는 대통령의 취임 선서를 규정하면서 대통령으로서 직책을 성실히 수행할 의무를 언급하고 있다. 헌법 제69조는 단순히 대통령의 취임 선서의 의무만 규정한 것이 아니라 선서의 내용을 명시적으로 밝힘으로써 헌법 제66조 제2항 및 제3항에 따라 대통령의 직무에 부과되는 헌법적 의무를 다시 한 번 강조하고 그 내용을 구체화하는 규정이다"라고 판단함.

*** 《뉴스원》, 2016. 12. 9. 〈[朴대통령 탄핵소추 이유] 세월호 대응 실패·뇌물수수〉 기사 참조.

**** 헌법재판소는 생명권 보호의무 위반 여부와 관련하여, "국민의 생명이 위협받는 재난상황이 발생하였다고 하여 본인이 직접 구조 활동에 참여하여야 하는 등 구체적이고 특정한 행위 의무까지 바로 발생한다고 보기는 어렵다. 세월호 참사로 많은 국민이 사망하였고 그에 대한 박 대통령의 대응조치에 미흡하고 부적절한 면이 있었다고 하여 곧바로 박 대통령이 생명권 보호의무를 위반하였다고 인정하기는 어렵다"라고 판단하였고, 성실한 직책수행의무 위반 여부와 관련하여, "다만, 대통령의 '직책을 성실히 수행할 의무'는 헌법적 의무에 해당하지만, '헌법을 수호해야 할 의무'와는 달리 규범적으로 그 이행이 관철될 수 있는 성격의 의무가 아니므로 원칙적으로 사법적 판단의 대상이 되기는 어렵다. 대통령이 임기 중 성실하게 직책을 수행하였는지 여부는 다음 선거에서 국민의 심판의 대상이 될 수 있다. 그러나 대통령 단임제를 채택한 현행 헌법하에서 대통령은 법적으로뿐만 아니라 정치적으로도 국민에 대하여 직접적으로는 책임을 질 방법이 없고, 다만 대통령의 성실한 직책수행 여부가 간접적으로 그가 소속된 정당에 대하여 정치적 반사이익 또는 불이익을 가져다줄 수 있을 뿐이다. 헌법 제65조 제1항은 탄핵사유를 '헌법이나 법률에 위배한 경우'로 제한하고 있고, 헌법재판소의 탄핵재판절차는 법적 관점에서 단지 탄핵사유의 존부만을 판단하는 것이므로, 이 사건에서 세월호 참사 당일 박 대통령이 직책을 성실히 수행하였는지 여부는 그 자체로 소추 사유가 될 수 없어, 탄핵재판절차의 판단대상이 되지 아니한다(헌재 2004. 5. 14. 2004헌나1 참조)"라면서 탄핵사유에 해당하지 않는다고 보았음.

는 방향으로 흐르는데 매우 큰 역할을 하였고, 헌법재판관들 역시 탄핵결정을 하는데 세월호 관련 여론에 상당한 부담을 가졌던 것으로 보인다.

그리고 지금도 일부 국민들은 세월호 7시간이 여전히 해명되지 않았고, 세월호 7시간 문제 때문에 박 대통령이 탄핵된 것으로 알고 있다.

세월호 7시간 의혹 프레임은 근거 없는 유언비어를 통하여 국민들에게 박 대통령을 매우 이상하고 비정상적인 사람으로 생각하고 실망감을 느끼게 하기에 충분했다.

이 시점에서 문득 이런 질문을 던지고 싶다.

언론이 세월호 관련 보도를 하면서 최소한의 기본과 상식에 따랐다면,

근거 없는 유언비어 보도를 자제하고,

오보가 밝혀지면 신속하게 이를 바로잡아 국민들에게 알렸다면,

박 대통령이 국민들로부터 그토록 근거 없는 비난과 오해, 조롱을 받았을까?

그리고, 탄핵되었을까?

정윤회 사건, 작은 성공이 큰 화를 부르다(?)

2014년 11월 28일 《세계일보》는 정윤회가 박근혜 정부에서 청와대 내 속칭 문고리 3인방이라는 비선을 통해 국정에 개입한다는 의혹이 담긴 "정윤회 문건*"을 보도했다.

정윤회는 1995년 최태민의 5녀 최순실과 결혼했다가 2014년에 이혼하였고, 1998년 박 대통령 정치입문 당시 입법보좌관을 하였으며, 2002년 박

• 위 문건에는 정윤회와 청와대 비서관 등 10인이 매달 강남의 한 중식당에서 모임을 가지며 국정 운영을 논의했다는 내용도 포함되어 있음.

대통령이 한국미래연합을 창당한 후에는 총재 비서실장을 역임했다. 박 대통령이 2004년 한나라당에 복당한 후 2007년 한나라당 제17대 대통령후보 경선 시점에 박근혜 대통령과 연락을 끊은 것으로 알려졌다.

2007년 대선 당시 한나라당 경선 때부터 박근혜가 대통령이 되면 정윤회를 비롯한 최태민 일가가 직권을 남용할지 모른다는 의혹이 제기된 적이 있었다.《세계일보》의 정윤회 비선실세 의혹 보도가 난 이후 박근혜 대통령과 정윤회의 관계, 역할 등에 관해 여러 추측이 난무하였으며, 문건 유출 경위를 놓고 정윤회파와 박지만파의 싸움으로 해석하는 기사[*]까지 등장했다.

검찰은 수사 방향을 크게 정윤회 문건의 진실성 수사 및 해당 문건을 유출한 책임자 색출 등 두 가지 방향으로 잡았다.

그러나 여론은 전자에 대해서는 철저하게 수사하지 않고 오히려 후자에만 집중하여 수사한다는 비판이 있었다.

실제로 검찰은 정윤회 문건 내용은 허위[**]라고 결론 내렸고, 해당 문건이 청와대 박관천 공직기강비서관실 행정관, 조응천 공직기강비서관에 의해 유출된 것으로 보고 2015년 1월 두 사람을 기소했다.

한편, 2015년 2월 정윤회 문건 보도의 중심에 있던《세계일보》조한규 사장이 경질되었고, 신문사의 모체인 통일그룹 관련 회사에 대한 특별 세무조사가 실시되는 등 권력기관의 외압설도 끊이지 않았다.

---

[*]《한겨레》, 2014. 12. 6. 〈한눈에 딱 들어오는 '정윤회 파문' 총정리〉 기사 참조.

[**] 발신기지국 위치상 정윤회와 고소인 중 일부가 모임을 가졌다고 볼 만한 정황도 발견되지 않았고, 발신지 통화 내역으로 볼 때 정윤회의 거주지가 서울이었던 것으로 판단되며 홍천과 횡성에서 발신한 내역은 1년간 총 4회에 불과하여 정윤회 문건 내용 중 '현재 강원도 홍천 인근에서 은거 중인 것으로 알려져 있다'는 부분도 허위 사실로 확인되었다.

이로 인해 2015년 8월 13일 해당 보도를 한 기자 3명이 "회사 내부에서 일어난 일련의 문제들은 정윤회 국정개입 문건 보도 때문에 벌어진 것"이라며 "회사 소란의 원인을 제공한 만큼 이제 그 책임을 제가 지겠다"라며 사표를 내기도 했다.

이런 이유로 국회는 박 대통령을 탄핵소추하면서 《세계일보》 사장 해임이 언론자유 침해에 해당한다며 소추 사유에 포함시키기도 했다.

이로 인해 박 정부가 정윤회 문건 관련 의혹들에 대해 투명하게 진실을 밝히기보다 내부정보 유출을 국기문란으로 규정˙하고 관련자를 기소하는 데 중점을 두었다는 비판이 끊이지 않았다.

이 사건 수사를 통해 박 정권은 청와대 민정수석실을 통한 검찰 장악력을 믿고 향후 제기될 수도 있는 박 대통령 비선 의혹들도 감출 수 있다는 자신감을 가지게 된 것으로 보인다.

그러나 이러한 자만심이 2016년 10월경 최순실 게이트에 대응하는 과정에서 청와대의 대응을 최악으로 만드는 부메랑이 되었다는 평가가 있고, 그 중심에 우병우 민정수석이 있었다.

이후 최순실과 관련한 각종 의혹들이 드러나면서 국민들은 검찰의 정윤회 문건 수사가 청와대에 의해 진실이 왜곡되었다고 의심하게 되었다. 이로 인해 최순실에 대해 제기되는 근거 없는 의혹을 국민들이 진실로 쉽게 받아들이는 이상한 분위기가 형성되었다.

무엇보다도 검찰에서 정윤회 문건 사건이 정권이 원하는 방향으로 결론이 난 후 청와대 내의 권력은 3인방에게 더더욱 집중된 것으로 보인다.

˙ 국회는 "박 대통령이 문건의 외부 유출은 국기문란 행위이고 검찰이 철저하게 수사해서 진실을 밝혀야 한다고 하며 문건 유출을 비판한 사실"을 탄핵소추 사유에 포함시켰다.

김기춘 비서실장은 비서실장으로서 3인방의 전횡을 제대로 막지 못하고, 사실상 그들과 타협하면서 자리를 지켜왔다는 평가를 받는데, 최순실과 가까운 3인방은 김기춘조차도 자신들의 전횡에 걸리적거린다고 생각했다. 정윤회 문건사건 종결 직후인 2015년 2월 김 비서실장이 사임하면서 더이상 청와대 내에서는 3인방에게 견제는커녕 잔소리할 사람조차 없게 되었다.

최순실 게이트에서 밝혀진 미르재단, K스포츠재단 관련 문제들, 즉, 박근혜 대통령의 핵심 탄핵사유가 된 최순실 등의 직권남용, 강요 등의 범행은 모두 정윤회 문건 사건 이후 발생하였다.

추측컨대, 최순실과 주변 사람들은 청와대가 우병우를 중심으로 검찰을 잘 컨트롤해 정윤회 문건 사건을 원하는 대로 마무리하는 것을 보고, 향후 어떤 문제가 발생하더라도 잘 해결해줄 것으로 신뢰하고, 정권 말기로 향하던 박 대통령 임기 내에 무엇인가 이익을 취하기 위해 움직이기 시작한 것이 아닌가라는 생각을 해본다.

참고로 정윤회 문건 사건을 사실상 컨트롤한 것으로 알려져 있는 우병우 민정비서관이 그 능력을 인정받아 민정수석으로 파격적인 승진을 하였고, 우병우는 청와대 내에서 나이가 비슷한 3인방와 매우 가까운 관계를 유지하였다는 이야기도 있다. 이에 대해서는 확인이 필요하다.

탄핵, 포털 검색어에 오르다: 미르, K스포츠재단 관련 의혹

2016년 7월부터 언론을 통해 미르, K스포츠재단 설립 의혹이 제기되었다. 하지만 미르재단은 최순실의 아이디어를 박 대통령이 실행한 것이 아니다. 2015년 7월 박 대통령이 7개 대기업 회장과 개별 면담을 하면서 각 기업의 애로사항이나 투자 상황 등을 청취하는 과정에서 문화 및 체육 관련 재단 법인 설립의 필요성을 강조만 하였고, 10월 말 리커창 중국 총리 방안을 앞두고 안종범 수석 등이 무리하게 재단 설립을 추진하면서 10월 27일 486억 원의 출연금으로 설립되게 되었다.

그런데 최순실과 주변 사람들이 전경련이 재단법인 설립을 본격적으로 추진하기 전에 이미 재단 설립 사실을 알고 미리 문화재단 임원, 재단 명칭이나 로고 등을 정하여 박 대통령에게 전달하는 등 미르재단 설립에 관여* 하였다고 한다.

2016년 1월 13일 설립된 K스포츠재단도 최순실과 주변사람들이 해당 법인의 사무총장, 이사, 정관 등을 정하여 박 대통령에게 전달하는 등 설립에 관여했고, 2015년 12월경 안종범은 박 대통령으로부터 체육 관련 재단 설립 지시 및 관련 자료를 받아 전경련을 통하여 대기업으로부터 288억 원을 출연받아 설립**했다.

미르재단과 K스포츠재단 설립 후 최순실과 주변 사람들은 미르와 K스포츠재단 관계자로부터 보고를 받고 구체적 업무 지시를 하고, 재단의 임직원 임명, 추진하는 사업의 내용·자금의 집행 등을 결정하는 등 재단 업무에 관한 의사결정권을 행사***한 것으로 알려졌다.

그리고 재단법인 미르와 K스포츠재단을 설립한 후 최순실 측은 본인들이 실소유주인 광고회사 플레이그라운드, 더블루케이를 만들었다. 플레이

---

* 최순실은 미르재산 설립과 관련하여 직권남용권리행사방해 및 강요죄로 구속 기소되었다.

** 이후 2016. 3. 롯데그룹이 K스포츠재단에 70억 원을 추가 출연하였다.

*** 미르와 K스포츠 이사회의 결정은 형식적인 것에 불과하였으며, 출연 주체인 기업들 역시 재단 운영에 전혀 관여하지 못하였다고 헌법재판소는 판단했다.

그라운드는 미르와 용역계약을, 더블루케이는 K스포츠재단과 업무협약을 각각 체결했다.

그뿐 아니라 최순실 측은 플레이그라운드의 KT 광고대행사 선정, 현대자동차그룹과 광고 계약 체결, 더블루케이가 운영을 맡게 된 그랜드코리아레저의 장애인 펜싱팀, 포스코 펜싱팀 등 창단, 롯데그룹의 K스포츠재단에 대한 70억 원 추가 출연 등에도 개입*하였다. 그 결과 최순실 측은 자신들이 실질적으로 운영하는 플레이그라운드와 더블루케이를 통해 위 재단을 이권 창출의 수단으로 활용할 수 있게 되었다.

다만, 박 대통령은 최순실이 미르재단과 K스포츠재단을 통해 이익을 추구하는 것을 알지 못했다.

그리고 최순실이 추천해 공직에 임명된 인사 중 일부가 최순실 측의 이권 추구를 돕는 역할을 한다는 사실도 몰랐으며, 박 대통령이 사기업에 특정인 채용 요구 등 대통령으로서 부적절한 처신을 하게 된 것도 최순실의 의도를 모르고 그에게 이용된 측면이 강하며, 중간에서 안종범 수석이 박 대통령의 뜻을 본인 나름대로 해석해 오버한 측면도 있는 것으로 보인다.

무엇보다도 탄핵 초기에 국민들이 감정 때문이 아니라 나름 합리적인 이성을 근거로 박 대통령을 탄핵해야 한다고 판단하게 만든 핵심 부분이 바로 최순실의 사익추구를 위해 대기업에 강요하여 미르재단 및 K스포츠재단을 설립하였다는 의혹이었다. 대법원은 2019년 8월 29일 그 의혹의 본질인 강요죄에 대해서 무죄 취지로 파기환송한 바 있다.

• 최순실과 안종범은 플레이그라운드의 KT 광고대행사 선정 및 광고제작비 수령, 현대자동차 광고 수주, 더블루케이의 그랜드코리아레저 장애인 펜싱팀과 포스코 펜싱팀 계약 체결, 롯데그룹의 K스포츠에 대한 70억 원 추가 지원 등과 관련하여 직권남용권리행사방해 및 강요죄로 기소되었다.

참으로 허탈하다. 그리고 이런 질문을 하고 싶다.

탄핵 진행 당시 두 재단 출연과 관련해 박 대통령의 강요죄가 인정되지 않는다는 사실을 국민들이 알았더라면 과연 탄핵에 동조했을까?

촛불시위에 불을 붙인 정유라

최순실 게이트에서 이화여대 문제는 중요한 변곡점을 그었다.
우리 사회의 가장 예민한 대학 입시 문제와 금수저 흙수저 갈등의 생생한 현장을 보여줬기 때문이다. 광화문에서 촛불을 든 젊은이들은 정유라와 이화여대에 대한 분노를 거침없이 불태웠다. (중략)
최순실 게이트에 기름을 부은 건 이화여대의 정유라 특혜였다.

_한겨레 특별취재반, 《최순실 게이트-기자들, 대통령을 끌어내리다》 108~109쪽 참조.

최순실의 딸이자 승마 선수였던 정유라가 이화여대에 부정입학하고 학사 코스를 밟는 중에도 교수들로부터 각종 특혜를 받았다는 사실이 밝혀져 입학이 취소되었다.

2016년 7월 말부터 이화여대는 미래라이프 단과대학 설립 문제로 시끄러웠다. 학생들의 본관 점거, 경찰투입 등 강경한 대치가 이어지다가 졸업생들까지 가세한 반대 시위에 밀려 8월 3일 학교 측이 미래라이프대학 설립을 철회했으나, 학생들은 최경희 총장의 사퇴를 요구하는 시위를 이어갔다.

그해 9월 국정감사에서 최순실의 딸 정유라의 승마 특기생 입학 및 학점 등의 특혜 의혹이 제기되었고, 이러한 의혹 제기는 입시와 성적에 민감한 대중 정서를 자극하여 미르재단 및 K스포츠재단 설립 문제에서 시작된 최순실 게이트 의혹에 불을 붙인 계기가 되었다.

정유라(당시 이름 정유연)는 2014년 3월 승마 국가대표 선수로 발탁되었다. 이후 4월 경북 상주에서 열린 전국승마대회에서 판정 시비로 인해 심판진이 이례적으로 경찰 조사를 받는 일의 당사자였으나, 그해 10월경 아시안게임 단체전에서 금메달을 딴 후 이화여대에 합격하였다.

승마계 내부에서 정유라에 대한 특혜 의혹이 제기되었고 정유라가 페이스북에 글을 올렸는데, 2014년 12월 3일 그 글이 뒤늦게 한 언론사의 보도[*]를 통해 알려졌고, SNS를 통하여 급속하게 국민들에게 전달되면서 공분을 불러일으켰다.

이로 인해 최순실 의혹 보도에 소극적이던 언론사들도 관심을 보이기 시작했고, 이 사건에 무관심했던 일반 국민들과 청년층들이 적극적으로 반응하기 시작했다.

가장 문제가 된 부분은 다음과 같다.

> 능력 없으면 니네 부모를 원망해.
> 있는 우리 부모 가지고 감 놔라 배 놔라 하지 말고.
> 돈도 실력이야.
> 불만이면 종목을 갈아타야지.
> 남의 욕하기 바쁘니 아무리 다른 거 한들 어디 성공하겠니?

• 《경향신문》, 2016. 10. 19., 〈[단독] '비선실세 의혹' 최순실 딸 SNS에 "돈도 실력… 니네 부모를 원망해"〉 기사 참조.

정유라의 위 글 내용은 누구나 자신의 노력과 능력에 따라 공평하게 기회를 부여받아야 한다는 우리 사회의 믿음을 흔들리게 했고, 이에 분노한 청년층들이 촛불을 들고 광화문에 본격적으로 나타나기 시작했다.

이후 수사 과정에서 확인된 사실은 정유라가 입학지원한 그해에 이화여대에 승마 특기생 선발이 시작되었고, 심사 대상에 포함시킬 수 없는 지원 기준일 이후 취득한 아시안게임 마장마술 종합 단체전 금메달을 면접심사위원에게 직접 제시해서 면접에서 큰 점수 차로 전체 1등을 하면서 수시 체육특기자 전형에서 6등으로 '턱걸이' 합격했다는 것이다.

정유라는 이화여대에 승마 특기생으로 입학한 이후 거의 등교를 하지 않았고, 체육특기생으로서 대회 출전이나 훈련을 이유로 출석을 면제받아 학점을 받았다. 그런데 확인 결과 2015년 6월경 출산하였고, 국제승마연맹 출전 기록을 보더라도 지난 2014년 10월부터 2015년 9월까지 단 1차례의 경기 출전도 없었다.

학점취득과 관련해서도 이화여대 측에서 학칙을 개정하여 정유라의 출석을 인정해주었고, 출석이나 시험을 대체해서 제출한 리포트가 제출 기간을 넘겨 인터넷 블로그에서 베낀 것을 제출한 것인데도 C+ 학점을 받고, 일부 과목은 자료 하나 제출하지 않고도 C, C+ 학점을 받았다고 한다.

최순실은 딸인 정유라가 잘되기를 바라는 어머니의 사랑 때문에 그런 일들을 했는지 모르지만, 삐뚤어진 최순실의 모정은 결국 딸 정유라마저 범죄자로 만들고, 중학교 졸업이 최종학력으로 만들었다.

최씨 모녀의 범행으로 인하여 누구든지 공평한 기회를 부여받고 있고, 누구든지 열심히 배우고 노력하면 그에 상응하는 정당한 결과를 얻으리라는 믿음이 비웃음이 되고, '빽도 능력'이라는 정유라의 냉소가 사실일지도

모른다는 분노가 청년들 사이에 만연하게 되었다.[*]

정유라의 이화여대 부정입학 의혹 사건은 탄핵 촛불에 불을 붙이는 역할을 했다.

박 대통령이 탄핵되고, 문 대통령이 당선되고, SNS를 통해 박 대통령 등에게 모진 비판을 해대던 조국 교수가 문 정부에서 민정수석을 거쳐 법무부장관에 올랐다.

조 장관의 인사 청문회 준비 과정에서 각종 의혹이 제기되었지만 그중에서도 가장 청년들을 분노하게 했던 것이 딸의 특혜 문제이다. 고등학교 2학년인 조 후보자의 딸이 의학 논문 제1저자가 되고 3학점만 수강하고 서울대 환경대학원에서 장학금을 받고 부산대의학전문원에 입학한 후 몇 차례 유급당하면서도 장학금을 받는 등 보통의 청년이라면 상상할 수도 없는 혜택(?)을 누렸다니, 문준용이나 정유라를 능가하는 것이 아닌가 의문이 든다. 서울대, 고려대, 부산대에서 또다시 학생들이 주도하는 촛불집회가 연이어 열리고 있다.

탄핵 촛불에 휘발유를 부은 태블릿PC 보도

박근혜 대통령을 탄핵당하게 만드는 데 가장 중요한 역할을 한 것은 누가 뭐라고 해도 JTBC의 태블릿PC 보도이다.

JTBC는 2016년 10월 24일 청담동 더블루K 사무실에서 최순실이 사용한 것으로 보인다는 태블릿PC를 보도하면서, 그 안에 국정 관련 문건 및 연설문이 있으며, 최순실이 연설문을 검토하고 수정했다는 의혹을 제기했다.

- JTBC, 2017. 6. 23. 재판부 〈최순실, 법 무시…빽도 능력이란 냉소 퍼뜨려〉 기사 참조.

이 보도로 인해 국민들은 최순실이 연설문을 수정하고, 인사 및 이권 관련 내용을 미리 받아 보는 등의 방법으로 국정에 개입하는 비선실세로서 박근혜 정부의 국정운영을 좌지우지했으며, 박 대통령은 최순실에게 휘둘린 무능한 대통령이란 이미지를 확실히 갖게 되었다.

그리고 JTBC 보도가 나온 다음날 박 대통령이 대국민담화를 했는데, 오히려 그 사과로 인하여 최순실의 국정개입은 기정사실화되었고, 국민들도 JTBC 등 언론 보도 내용을 진실로 받아들이게 되었다.

이를 계기로 '박근혜의 무능과 최순실의 국정농단'은 마치 진실인 것으로 인식되었고, 제대로 확인도 안 된 '박근혜 대통령과 최순실 관련 의혹'들이 마구잡이로 언론 등을 통해 국민들에게 전달되었다.

그 영향으로 JTBC의 태블릿PC 보도 당일 오전 박 대통령이 국회 연설을 통해 공개적으로 제안한 개헌 논의는 물거품이 되었고, 최순실의 국정농단과 무능한 박 대통령이란 이미지가 확산되면서 11월 초 박 대통령에 대한 국정 지지도가 4%까지 추락했다.

그러나 실제로 당시 JTBC의 보도 중 일부는 사실이 확인되지 않은 추측성 보도였는데, 박 대통령이 함정에 빠져 대국민담화를 하면서 그 추측성 보도가 사실화되며 사태가 커진 측면이 있다.

JTBC는 최순실이 태블릿PC로 대통령 문건을 받아 수정한 것으로 국민들이 믿도록 보도를 끊임없이 내보냈고, 다른 신문이나 종편들도 이에 가세했다. 이후 나중에 문제의 태블릿PC는 문서를 수정하는 기능이 없다는 사실이 밝혀졌다.

지금도 상당수 국민은 최순실이 태블릿PC로 대통령의 문건을 받아 수정하는 등 '국정농단'을 했다고 알고 있다.

JTBC는 당시 "최순실이 태블릿PC를 들고 다니면서 박근혜 대통령의 연설문을 고쳤다"라는 취지로 보도를 내보냈다. 이후 태블릿PC에 수정 기능이 없다는 사실을 알고난 후에는 "우리는 최순실이 태블릿PC를 들고 다녔다고 했지, 태블릿PC로 문서를 고쳤다고 한 적은 없다"라고 발뺌하기에 급급했다.

태블릿PC 진위 문제와 관련해 박 대통령이 탄핵된 이유가 태블릿PC 때문만은 아니고, 태블릿PC와 직접 연관된 것은 정호성 비서관을 통해 최순실에게 전달된 정부 기밀문서 47건 중 일부에 불과하므로 태블릿PC 자체가 박 대통령 탄핵에서 차지하는 역할은 그렇게 크지 않으며, 태블릿PC가 아니더라도 박 대통령이 탄핵받을 이유가 충분하다는 이유로 당시 JTBC 보도의 진위 여부를 따지는 것은 무의미하다는 주장을 하는 사람도 있다.

그러나 우리는 그런 주장을 하는 사람들에게 다음과 같은 질문을 하고 싶다.

만약 태블릿PC로 문서수정을 못한다는 사실을 JTBC가 알았다면

① 과연 JTBC가 보도할 수 있었을까?

② 과연 박 대통령이 다음날 인정하는 취지의 사과 성명을 발표하였을까?

③ 국민 지지도가 4%까지 떨어졌을까?

④ 검찰이 최순실과 관련한 광범위한 수사를 하는 것이 가능했을까?

⑤ 국회에서 탄핵소추까지 갈 수 있었을까?

위 질문들에 대해 선뜻 "YES"라고 답변을 할 수 없다면 "JTBC 태블릿PC 보도가 과연 진실된 보도였는가"라는 문제는 매우 중요한 의미를 갖는다.

더군다나 JTBC의 태블릿PC 보도가 사실 전달이 아닌, 정권 전복을 위한 일종의 여론전이라는 의혹도 음모론으로 가볍게 치부하면서 그냥 외면할 수는 없다.

태블릿PC 관련 JTBC 보도의 진실 여부를 두고 현재 미디어워치 변희재 대표에 대한 명예훼손 형사 항소심 재판이 진행 중이다.

그 재판과정에서 제기되고 있는 핵심적인 의문점은 JTBC가 태블릿PC를 발견한 경위, 태블릿PC 내용의 조작 여부, 태블릿PC의 소유자(혹은 사용자)가 최순실인지 여부이다. 그중 이 책에서는 태블릿PC의 사용자, 수정 기능 여부에 관하여 중점적으로 다루고자 한다.

"최순실은 연설문 고치는 게 취미"이다(?)

최순실이 태블릿PC로 박 대통령 연설문을 수정했다는 10월 24일자 보도 이전인 10월 19일경 JTBC는 단독보도로 〈'비선의 비선' 고영태 "최순실, 연설문 고치는 게 취미"〉라는 제목의 보도를 한 바 있다.

이 보도에 의하면 고영태는 최순실을 회장이라고 불렀고, 최순실과 반말을 할 정도로 가까운 사이였는데, "회장이 제일 좋아하는 건 연설문 고치는 일"이고, "연설문을 고쳐놓고 문제가 생기면 애먼 사람을 불러다 혼낸다"고 보도[*]하였다.

그리고 이 자리에서 함께 이야기를 나눴던 미르재단 전 핵심관계자 이모 씨가 "회장은 최순실이고, 대통령의 연설문을 일일이 고친다는 뜻"이라고 부연 설명을 했다.

• JTBC 2016. 10. 20., 〈[단독] '비선의 비선' 고영태 "최순실, 연설문 고치는 게 취미"〉 기사 참조.

위와 같은 보도 후 5일이 지난 10월 24일, JTBC는 태블릿PC 발견 보도를 하면서 최순실이 대통령의 연설문 등을 수정하였다는 취지의 보도를 하였다. 그 두 보도 내용이 자연스럽게(?) 연결되면서 국민들은 최순실이 태블릿PC를 이용하여 연설문을 고친 것으로 받아들였다.

정작 고영태는 나중에 다른 언론매체를 통해 본인이 그와 같은 발언을 한 적은 없다*고 하였지만, 이미 국민들은 최순실의 취미가 박 대통령의 연설문 수정인 것으로 알고 분노하게 되었다.

태블릿PC는 최순실 것이다(?)

태블릿PC 실제 사용자가 누구인지는 지금도 의문이다.

서울중앙지법 형사합의22부(김세윤 부장판사)의 판결문에 의하면 김한수 전 행정관과 최순실의 대화에서 "태블릿PC는 네가 만들어 주었다면서?"라는 발언 내용과 정호성 비서관이 법정에서 "태블릿PC에서 나온 문건들을 최씨와 공유하던 이메일을 통해 최씨에게 전달한 사실이 있다"라는 진술 등을 토대로 "최순실이 사용한 게 맞다"라는 판단을 일단 내렸다.

하지만 다음과 같은 사정을 고려하면 태블릿PC의 사용자가 최순실이라는 주장은 설득력이 없는 것으로 보인다.

① 최순실이 본인 것이 아니라고 일관되게 주장

② 태블릿PC는 2016년 9월 최순실을 따라 독일로 가면서 독일 한국 영사관에서 보낸 교민안전 문자메시지 수신, 10월 말 최순실이 검찰수사를 받기 위해 귀국

• KBS, 2016. 10. 31., 〈고영태 "연설문수정 취미" 발언했다〉 기사 참조.

한 날짜보다 앞선 10월 18일 더블루K의 한 책상 서랍에 있다가 JTBC 기자들에 의해 발견됨

③ 최순실 측근이라는 고영태가 국회 국정조사청문회에서 'JTBC가 방송한 그 태블릿PC는 자신이 근무했던 더블루K의 자기 책상에서 나올 수 없고, 최순실이 "자신은 쓸 줄 모르니 쓸 테면 쓰라"고 해서 받은 별도의 태블릿PC를 검찰에 임의 제출했다는 취지로 증언[*]

④ 최순실과 김한수 행정관의 카톡대화를 보도한 JTBC 방송에서 사용자의 메시지가 우측 아닌 좌측에 나온[**]것은 일상적인 카톡과 반대임

⑤ 국과수 감정결과 다수 사용자가 태블릿PC 사용했을 가능성이 큼

⑥ 태블릿PC 안에 있는 자료가 '최순실의 것'으로 확정할 수 있는 근거가 부족함

⑦ 태블릿PC의 무결성이 훼손됨

특히, 박 대통령의 후보 시절 대선캠프 SNS 본부에서 일했다는 신혜원은 당시 본부에서 본인이 사용한 태블릿PC가 이번에 문제가 된 그 PC라고 주장[***]하고 있어 과연 누가 진정한 사용자인지 확인이 필요하다.

이와 관련하여 신혜원은 변희재 대표의 재판에 진술서를 제출하였다. 신혜원은 위 진술서에서 태블릿PC에 김수민의 사진이 캐시파일 형태로 총 53장이나 등장하는데, 최순실은 김수민과 아무런 일면식도 없으므로 김수

---

[*] 《미래한국》, 2017. 1. 6., 〈JTBC '태블릿게이트'와 죽은 진실의 사회〉 기사 참조.

[**] 일상적으로 쓰는 카카오톡의 이용자 ID와 대화자 ID 위치는 JTBC가 보도한 최순실 태블릿PC의 영상과 달리 반대로 나타난다.

[***] 신혜원은 박 대통령의 후보 시절 대선캠프 SNS(사회관계망서비스) 본부에서 일했고, 대선캠프에 합류한 뒤 김철균 SNS본부장의 지시로 흰색 태블릿PC 1대를 건네받았으며, 이 태블릿PC로 당시 박근혜 후보의 카카오톡 계정관리를 했다고 주장.

민의 사진이 최순실의 것이라는 태블릿PC에 저장된다는 것은 이치에 맞지 않음을 지적하고 있다.

그러면서 신혜원은 태블릿PC 전달경로가 김한수가 주장하듯이 '김한수 → 이춘상 → 최순실'이 아니고, '김한수 → 조진욱 → 신혜원 → 장우영 → 김휘종'이었다고 반박하였다.

실제로 조진욱은 당시 신혜원 씨에게 김한수로부터 받은 태블릿PC를 건넸다는 사실을 인정*하고 있다.

최순실은 수정 기능이 없는 태블릿PC로도
연설문을 고칠 수 있는 대단한 능력자(?)

JTBC는 2016년 10월 19일 최순실과 고영태의 관계, 최순실이 박근혜 대통령의 연설문을 수정하는 것이 취미라는 내용 등을 보도했다.

그리고 10월 24일 손석희가 진행한 'JTBC 뉴스룸'은 최순실이 국정운영과 관련된 주요 문건을 미리 받아봤다는 내용의 기사를 11건 보도했으며 다음 날인 25일에는 16건을 보도했다.

특히 〈최순실 PC 파일 입수… 대통령 연설 전 연설문 받았다〉는 보도에서 "최 씨가 미리 받아본 원고 곳곳에는 붉은 글씨도 있고 이 부분은 박 대통령이 실제로 읽은 연설문에서 일부 내용이 달라지기도 했다"라면서 "(대통령이 읽은 최종 원고에서 붉게 표시된 부분 중) 대략 20여 군데의 어미가 바뀌거나 표현이 달라진 부분들이 있다"라고 전했다.

그리고 취재진이 최 씨 측이 공개도 안 된 일부 청와대 핵심 문건을 수정

• 미디어워치, 2018. 11. 28., 〈[단독] 신혜원, " 최순실 태블릿PC에 왜 김수민 사진 저장돼 있나'" 진술서 공개〉 기사 참조.

한 정황도 포착했다면서, "최 씨가 받은 파일을 단순히 수정만 한 건지, 아니면 이를 누군가에게 다시 건넸는지는 알 수 없다"라면서 최순실의 문건 수정을 사실상 기정사실화하는 보도를 했다.

JTBC는 〈연설문 원고 '붉은 글씨' 일부, 실제 연설서도 달라져〉라는 보도에서는 최순실이 받은 연설문과 드레스덴 연설문을 비교하는 과정에서 붉게 표시된 부분이 최순실이 고친 것인지 고쳐진 상태로 받은 것인지 불분명한데도 시청자들에게는 마치 최순실이 태블릿PC를 사용하여 고친 것으로 오해하도록 보도*하기도 하였다.

그러나 국립과학수사연구원이 해당 태블릿PC에 설치된 애플리케이션 목록을 분석한 결과 수정 저장이 가능한 애플리케이션이 발견되지 않았다. 최순실이 태블릿PC로 수정하는 것은 원천적으로 불가능했다.

태블릿PC가 최순실이 사용한 것이 아니라는 의혹이 커지자, 특검은 장시호가 제출했다는 태블릿PC를 최순실이 사용한 제2의 태블릿PC라면서 "최순실이 태블릿을 사용할 줄 모른다는 것은 거짓말"이라고 했다.

아울러 특검은 그 태블릿PC가 최순실이 2015년 7월부터 11월까지 사용한 것이라고 설명했고, JTBC도 이를 적극적으로 보도했다.

그러나 특검이 공개한 태블릿PC는 삼성 갤럭시탭 SM-T815 '골드' 모델이었는데, 해당 모델 골드 색상은 2015년 8월 10일에 출시된 것으로 밝혀졌다. 특검은 출시일이 맞지 않자, 이재용 삼성전자 부회장이 박근혜 대

---

* 위 보도 과정에서 물론 이게 최순실 씨가 받아서 수정했다는 얘기는 아니라고 언급하면서, 분명한 건 최 씨가 원고를 미리 받아봤고 그 가운데 붉은 글씨로 된 부분 등이 있는데 대통령이 읽은 내용은 아무튼 받은 것과는 달라져 있었다고 했다. 그 결론에 따르면 수정된 부분이 최순실이 수정하였는지는 알 수 없음에도 불구하고, 시청자들에게는 최순실이 수정한 것으로 인식되었다.

통령과의 독대에서 출시 전 제품을 선물했고, 이게 최순실에게 전해졌다고 설명했다.

하지만 장시호가 제출한 태블릿PC에 붙어 있는 하얀색 스티커는 양산품에만 붙는다고 삼성 측이 밝히면서 특검 설명이 사실과 다름이 밝혀졌다.

최순실이 태블릿PC를 사용해 연설문 등을 수정했다고
보도한 적 없다고 오리발을 내밀다(?)

JTBC는 태블릿PC에 대한 진위 공방이 시작되고, 태블릿PC에 수정 기능이 없다는 사실이 밝혀지자, 자신들은 최순실이 태블릿PC를 통해 직접 문건을 수정했다고 보도한 사실이 없다고 주장하면서 JTBC의 해당 인터넷 기사를 근거로 제시했다.

하지만 JTBC로부터 고소당해 재판을 받고 있는 변희재 대표의 주장에 의하면, 심수미 기자가 2016년 10월 19일 JTBC 뉴스룸 보도 당시 손석희 앵커의 "최씨가 실제로 대통령의 연설문을 고쳤다는 다른 증거나 정황이 있습니까?"라는 질문을 받고 "고(영태)씨는 최씨의 말투나 행동습관을 묘사하며 평소 태블릿PC를 늘 들고 다니며 연설문이 담긴 파일을 수정했다고 말했다"고 하는 것으로 보아 그 변명은 사실과 다른 것으로 보인다.

기능이 없는데도 태블릿PC로 통화도 했다(?)

JTBC는 2016년 12월 7일 〈최순실, 태블릿PC 못 쓴다?…"그걸로 사진 찍고 통화도"〉라는 보도를 내보내면서 익명 취재원을 인용해 "(최씨가 태블릿PC를) 만날 들고 다니다시피 하면서 딸 정유라 씨가 시합할 때 사진을 찍었다", "사진이나 동영상 찍는 거면 다른 제조사 제품(아이패드)을 써보라'

라고 추천했더니, '그건 전화를 쓸 수 없어 별로다'라는 말도 했다"라는 보도를 했다.

그러나 해당 태블릿PC는 데이터 통신만 가능한 LTE 초기모델로서 데이터를 이용한 문자나 SNS 메신저 통신만 가능*하고, 애초부터 음성/영상 통화기능 자체가 없었다. JTBC가 말한 익명의 취재원이 누구인지 밝힐 필요가 있다.

그 외 태블릿PC와 관련한 오보 의혹들

JTBC의 해명은 상식적으로 쉽게 납득하기 어렵다. 그 의혹들 중 대표적인 것은 다음과 같다.

① JTBC 기자가 태블릿PC의 L자 잠금을 우연히 풀었다고 함

　→ 확률상 액면 그대로 믿기 어려움

② JTBC가 태블릿PC에 있던 파일을 직접 공개하지 않고 PC 또는 Zyrus제 USB 를 통해 파일을 공개함

③ JTBC가 11월경에 태블릿PC 화면이라고 공개한 화면에는 기존 화면에 없던 한글 아이콘과 폴더 구조 등 이질적 요소가 존재함

④ JTBC가 보도과정에서 실제로는 김필규 기자가 발견(?)한 것인데도, 심수미 기자가 태블릿을 발견한 것처럼 보도

• 태블릿PC에 통화기능이 없다는 사실은 국과수 감정으로도 확인되었는데, 국과수 감정회보고서 17쪽에 의하면 감정물 태블릿PC의 모델(SHV-140S) 사용자 설명서를 확인할 결과 휴대전화 번호로 메시지와 관련돼 기능은 제공하나, 통화기능은 제공하지 않으며, 테스트 태블릿PC에서도 테스트 유심칩을 장착하여 확인한 결과 음성/영상 통화가 되지 않았다.

이와 같은 의혹들은 보도한 JTBC 측에서 국민을 상대로 납득할 만한 충분한 설명을 해야 하는 것이지 변희재 대표를 형사고소할 문제는 아닌 것으로 보인다.

그뿐 아니라 JTBC가 발견하였다는 것이 태블릿PC인지 데스크탑PC인지도 의문이고, 태블릿 발견 장소가 독일에서 더블루K 사무실로 변경된 이유도 석연치 않다.

태블릿PC 입수 시점도 JTBC 보도와 소속 기자의 발언 사이에 모순점이 있고, 태블릿PC 제공자로 의심되는 모 기자의 발언 진정성은 확인이 필요하다.

특히, JTBC의 태블릿 입수 경위와 관련하여 《월간조선》 문갑식 기자*는 '홍석현 회장이 중앙일보 임원들 앞에서 태블릿에 관한 자료와 정보를 입수해서 손석희 사장에게 줬다고 얘기했다'라고 보도를 하는 등 태블릿PC에 대해 새롭게 제기되는 의혹도 있다.

JTBC가 보도한 태블릿PC의 진실에 대해서는 정권교체 후 특검을 통해 반드시 확인이 필요하다.

검찰의 "피의자 특정", "공모 인정", 탄핵의 스모킹건이 되다

2016년 9월 29일 한 시민단체가 검찰에 최순실 의혹에 대한 고발장을 접수하여 10월 5일 서울중앙지검 1차장 산하인 형사8부에 이 사건을 배당했으나, 검찰은 20일 넘게 별다른 움직임을 보이지 않았다.

10월 20일 박 대통령의 엄정한 수사 지시가 있은 후 비로소 미르재단, K스포츠재단의 수사에 착수하였지만, 최순실과 차은택 등 핵심 인물은 이미 출

---

* 문갑식 기자는 위와 같은 내용을 발언한 중앙일보 임원의 음성녹음 파일을 가지고 있다고 하며, 변희재 미디어워치 대표의 태블릿 항소심 재판의 증인으로 채택되었다.

국한 상태였다. 더블루K 등 최순실과 연관된 회사들은 청산 절차에 들어갔으며, 일부 재단 관계자는 연락을 끊고 잠적했다.

검찰은 점차 의혹이 커지고 특별검사 도입을 논의하는 상황에서 JTBC의 대통령 연설문 사전 유출 의혹이 보도되고, 그다음 날 대통령이 제1차 대국민담화를 통해 일부 사실을 인정하는 취지의 사과 발언을 한 이후 본격적인 수사에 착수해 최순실의 주거지 등 9곳을 압수수색했다.

그러나 해체를 발표한 미르재단 건물에선 파쇄된 서류들로 가득찬 대형 비닐 봉투들만 발견되었고, 더블루K의 경우 모든 사무집기와 서류가 반출돼 빈 공간 상태였다. 고영태의 비밀 사무실에는 집기와 문서는 하나도 없고 쓰레기만 잔뜩 쌓여 있었다.

그 과정에서 무슨 이유에서인지 해외에 있던 최순실, 차은택 등이 속속 귀국하였는데, 이는 우병우 민정수석을 중심으로 검찰 수사에 대한 충분한 대응이 가능하다는 자신감(?)의 반영*이었던 것으로 추측된다.

하지만 이와 같은 청와대 측의 안일한 대응은 검찰이 수사 과정에서 정호성 비서관으로부터 압수한 핸드폰에서 나온 최순실, 박 대통령 관련 녹취파일들, 그리고 안종범 수석으로부터 압수한 수첩 등과 같이 전혀 예상치 못한(?) 폭발력 있는 증거들을 확보하면서 대응이 난관에 부딪혔다.

결국 최순실, 안종범, 정호성 등이 모두 구속되었고, 박 대통령은 11월 4일 제2차 대국민담화에서 "진상과 책임 규명에 최대한 협조하고 검찰의 조사에 성실하게 임할 각오"라고 발표하기에 이르렀다.

한편, 검찰은 사퇴한 우병우 민정수석을 즉시 소환조사를 못하다가 박

• 이에 대해 최순실은 이경재 변호사의 권유로 입국했고, 검찰에서 태블릿PC 관련 조사를 받는 것으로 알았다고 말했다.

대통령 제2차 담화 후인 11월 6일 비로소 우병우를 비공개 소환조사하였다.

그런데 서울중앙지검 11층에서 검찰 조사를 받는 우병우가 자신을 조사한 김석우 특수2부장실(1108호) 옆에 딸린 부속실에서 점퍼의 지퍼를 반쯤 내린 채 팔짱을 끼고 여유 있는 표정을 짓고 있고, 옆쪽 창문으로는 검사와 검찰수사관이 일어서서 앞으로 손을 모은 채 우 전 수석의 얘기를 듣고 있는 모습이 《조선일보》 카메라에 포착되었다.

이로 인해 "황제 소환"이라는 비판이 나오면서 검찰수사에 대한 국민적 비난과 불신이 커졌다.

검찰은 이 사건을 계기로 적극적인 수사 자세로 전환하였고, 박 대통령에 대한 조사도 검토하기 시작하면서 원래 최순실 등의 기소 시한인 20일 이전인 18일 박근혜 대통령을 참고인 신분으로 소환조사하려 했다. 대통령은 헌법상 불소추특권을 가지므로 검찰이 참고인으로 조사하는 것은 검찰로서는 적절한 선택이었다.

그러나 박 대통령 변호인 측과 소환 일자가 조율되지 않았고, 박 대통령 측에서는 방어권 차원에서 구속된 최순실 등을 기소한 이후에 조사받게 해 달라고 요청하였다.

검찰은 11월 20일 최순실, 안종범, 정호성을 구속기소하면서 공소사실 중 일부에 대해 박 대통령을 공모관계로 명시했고, 박 대통령을 피의자로 입건했다고 공개적으로 발표하게 된다.

이에 대해 박 대통령 측은 검찰이 박 대통령을 공범으로 명시하는 것은 헌법이 대통령에게 보장하는 불소추의 특권을 침해한 것이라고 반발하면서 검찰의 조사 협조 요청에 일체 응하지 않을 것이라는 입장을 밝혀 결국 검찰조사가 무산되었다. 검찰이 박 대통령을 최순실, 안종범, 정호성의 공범으로 인정하고 피의자로 입건한 것은 이후 박 대통령이 탄핵당하는데 결정적인 영향을 미친다.

검찰이 11월 20일 박 대통령을 피의자로 특정한다는 중간수사결과를 발표한 다음 날 야 3당은 탄핵을 추진하기로 하였다.

이후 국회가 탄핵소추 과정에서 대통령을 최순실, 안종범, 정호성의 공범으로 본 공소사실 부분을 핵심적인 탄핵소추 사유로 포함시켰고 헌법재판소에서 탄핵사유로 인정된 사유도 검찰이 박 대통령을 공범으로 의율한 내용이 전부였다.

그러나 최근 대법원에서 탄핵사유로 인정된 핵심 내용, 즉 미르재단과 K스포츠재단 설립과 관련한 강요 죄에 대해 무죄를 선고했다.

배신자들, 자신들만 살기 위해 탄핵을 외치다

"(박 대통령을) 탄핵할 수 있었던 것은 김무성 전 대표를 비롯한 비박계가 금메달이고, 박지원이 은메달이라고 본다."

"새누리당 비박계 의원들이 없으면 탄핵이 애초에 불가능했다. 금메달을 준다면 비박계 의원들에게 줘야 한다."

_박지원 의원[•]

2016년 10월 말경 JTBC가 최순실의 태블릿PC 보도를 한 이후 대통령에 대한 국민적 비판과 불신이 급속하게 증대되었다. 야권은 과거 노무현

• 《스페셜경제》, 2017. 11. 18., 〈박지원, 朴 탄핵, 비박 아니었으면 탄핵 없었다… 김무성 등 비박계 금메달, 내가 은메달〉 기사 참조.

대통령처럼 탄핵역풍이 발생할 것을 우려해 일단 진상 규명한 후 이에 책임지고 하야하라는 입장을 취했다.

박근혜 대통령은 최순실이 일부 국정에 관여한 사실이 드러남에 따라 정치적으로 크나큰 위기에 처했다. 이에 최순실이 구속된 다음 날인 11월 4일 2차 대국민담화를 발표하면서 검찰 조사 협조와 특검 수용을 선언하였고, 11월 8일 국회를 방문하여 김병준에 대한 국무총리 내정을 사실상 철회하면서 "국회가 추천한 총리를 임명해 달라는 야권의 요구를 수용하겠다"라는 의사를 밝히기도 했다.

그런 와중에 새누리당 내에서 탄핵론이 처음으로 공론화된 것은 11월 13일 비박계가 중심이 된 비상시국회의였는데, 김무성 의원은 당시 회의에서 "국민의 이름으로 탄핵의 길로 가야 한다"라며 탄핵을 공식화했고, 이를 계기로 비박계는 탄핵 열차에 올라탔다.

그리고 검찰이 박 대통령을 피의자로 입건하자, 11월 21일 더불어민주당, 국민의당, 정의당 등 야 3당은 탄핵추진을 당론으로 결정하였고, 새누리당 비상시국 준비위원회 소속의원들도 탄핵에 동조하는 모습을 보였다.

당시 국회는 새누리당 128석, 더불어민주당 121석, 국민의당 38석, 정의당 6석, 무소속 7석이었고, 탄핵소추안을 의결하기 위해서는 재적의원 3분의 2인 200석 이상이 되어야 하므로, 최소 28명의 새누리당 의원이 찬성해야 탄핵소추가 통과되었다. 따라서 새누리당 비상시국 준비위원회에 참석하는 의원들의 태도가 박 대통령에 대한 탄핵을 결정 짓는 상황이었다.

국민들 사이에서도 박 대통령이 최순실 게이트에 책임을 지고 물러나야

하지만 과거 노무현 대통령 때처럼 탄핵소추를 통하여 국론이 분열되는 것을 걱정하는 움직임이 있었다.

그 과정에서 11월 27일 전직 국회의장·국무총리 등 원로들이 박근혜 대통령에게 내년 4월 하야를 촉구하였고, 11월 28일 새누리당 친박(친 박근혜) 핵심 중진의원들도 박근혜 대통령에게 명예퇴진을 제안했다.

박근혜 대통령은 그러한 조언을 받아들여 11월 29일 3차 대국민담화를 통해 "대통령직 임기 단축을 포함한 진퇴 문제를 국회의 결정에 맡기겠다" 라고 밝혔다.

그러자 새누리당 비주류도 박 대통령의 3차 담화에 영향을 받아 탄핵참여 입장을 철회했고, 새누리당은 12월 1일 '박근혜 대통령 17년 4월 퇴진, 6월 조기 대통령선거'를 당론으로 채택하면서 정치적 해결을 통한 방안을 도모할 수 있게 되었다.

비상시국회의 소속 새누리당 국회의원들도 내부적으로는 대통령이 퇴진 약속시 탄핵에 불참하자는 입장과 여야협상이 결렬되면 탄핵에 참여하자는 입장으로 나누어져 있었으므로, 국회에서의 탄핵소추안 통과는 쉽지 않은 상황이었다.

하지만 비상시국 준비위원회는 12월 4일 갑자기 "여야 합의 불발시 9일 탄핵표결 참여"로 최종 입장을 정하였다.

비록 여야 간 합의를 선결 조건으로 내세우긴 했지만, 이미 야당 측은 탄핵에 대한 합의는 없다고 확실히 선을 그었으므로 세월호 사건이 포함된 소추 사유를 일부 변경하는 여야 간의 합의는 사실상 불가능했다.

따라서 비상시국회의 위 결정은 야 3당이 추진하는 탄핵에 무조건 찬성하는 백기투항이었다. 그리고 뜻밖에도 6일 새누리당도 탄핵의결시 자유 투표를 하기로 당론을 변경하였다.

박 대통령은 본인의 제안이 거절되자, 새누리당 이정현 대표, 정진석 원내대표와 면담하면서 국회의 탄핵소추안 표결 강행에 대해 "(국회에 진퇴를 맡기겠다고 했는데도 탄핵소추안을 강행하니) 가결이 되더라도 헌법재판소 과정을 보면서 국가와 국민을 위해 차분하고 담담하게 갈 각오가 돼 있다"라는 입장을 밝혔고, 결국 12월 9일 국회에서 박 대통령에 대한 탄핵소추안이 의결되었다.

박 대통령 탄핵에 앞장선 김무성 의원은 박 대통령 탄핵사건이 2년이 다되어가는 지난 2018년 11월 7일 "탄핵은 불가피한 선택이었다"고 강조하며 자신들의 선택을 다음과 같이 합리화했다.

"그당시 광장의 분노가 비등점을 향해 막 끊어오르는데 법테두리로 끌어들이는 것은 당연한 것"

"국민의 82%와 당시 새누리당 의원 62명이 찬성했던 불가피한 선택"

"국정이 마비되고 광화문에는 수십만 명이 촛불시위를 하는데, 광장의 분노가 폭발했으면 어떤 결과가 나왔겠느냐?"

그가 말하는 "광장의 분노 비등점", "광장의 분노 폭발"은 촛불집회에 나타난 민심을 말하는 것으로 보인다. 그런데 당시 촛불 민심은 박 대통령이 사태의 책임을 지고 물러나는 것이었지 탄핵소추를 통해 강제적으로 대통령직에서 끌어내리라고 한 것은 아니었다. 민주당조차 박 대통령이 4월 하야를 약속하면 이를 받아들이려고 하였던 상황이었다.

촛불집회에 참석한 대다수의 국민들은 일반시민들로서 헌정을 마비시키는 폭력적인 방법으로 자신의 의사를 표시하고자 하지 않았다. 질서 있는 평화 집회를 통해 합리적인 방법으로 박 대통령 진퇴문제가 해결되기를 바랐을 뿐이다.

그러므로 박 대통령이 2017년 4월에 하야하도록 정치권에서 결정한다고 해서 촛불 민심의 분노가 비등점에 이르러 헌정을 마비시키는 혁명적인 상황으로 귀결될 것이라는 주장은 정말 말도 안 된다.

당시 새누리당 의원 62명의 탄핵찬성은 불가피하지 않은 선택이었고, "탄핵찬성은 헌정수호"라는 김무성 의원의 어설픈 주장은 본인들의 정치적 이익을 위해 탄핵에 동참한 잘못된 행동을 그럴듯하게 포장하기 위한 것일 뿐이었다. "광장의 분노 폭발" 등은 평화로운 집회를 이어간 촛불집회 참석자들을 폭력적인 방법으로 혁명적 상황을 초래하려고 한 폭도들로 오도한 것이다.

무엇보다도 촛불집회 이상으로 대한민국의 미래를 걱정하며 대한문 앞에 촛불집회보다 더 많이 모인 수백만의 태극기 민심은 전혀 염두에 두지 않은 후안무치한 변명에 불과하다.

돌이켜 생각해보면 노 대통령에 대한 탄핵이 진보좌파의 입장에서는 그들의 아버지인 노 대통령에 대한 '정치적 살인미수'라고 한다면, 박 대통령에 대한 탄핵은 보수우파의 입장에서는 우리의 어머니인 박 대통령에 대한 '정치적 살인'이라 할 수 있다. 전자가 다른 정치세력에 의한 정치적 살인미수라고 한다면, 후자는 다른 정치세력과 아들인 새누리당 배신파들이 공모하고, 오히려 그들보다 더 적극적으로 나서서 정치적 살인을 한 것이다.

법률적으로 비유자하면, 노 대통령에 대한 탄핵 미수는 살인미수죄에 해당하고, 박 대통령에 대한 탄핵은 존속살인죄에 해당한다.

　김무성을 중심으로 한 탄핵 배신파들은 좌파 정치세력에 현혹되어 어머니의 재산을 자신들이 독점하기 위해 어머니를 죽인 배은망덕한 패륜아들이다. 실제로 그들은 탄핵에 적극 가담한 후 탈당하여 새로 정당을 만들고, 반기문 유엔 사무총장을 대통령 후보로 영입해 자신들이 보수의 적통을 잇는 장자 노릇을 하겠다는 망상을 했다. 너무나도 당연히 실패했지만 말이다.

　그리고 본인들의 뜻과 달리 반 총장이 중간에 낙마하고 대선에서 본인들의 후보로 승리할 가능성이 없게 되자, 아무런 반성 없이 다시 자유한국당으로 슬그머니 복당하여 남아 있던 탄핵 찬성파들과 힘을 합쳐 당권과 주요보직을 꿰찼다. 지금은 반 문재인 기치 아래 통합하는 것이 중요하다며 탄핵 책임론을 더 이상 꺼내지 말자는 말도 안 되는 주장을 하고 있다.

　그러나 보수우파 국민들은 김무성을 중심으로 한 탄핵 배신파는 바로 우리 보수우파의 어머니를 정치적으로 살해한 전대미문의 패륜아들이라는 사실을 분명히 알고 있다.

　역사에도 그들은 그렇게 치욕스럽게 기록될 것이다.

비겁하게 눈치만 보는 친박들

　과거 노 대통령 탄핵 당시에는 열린우리당 의원들이 국회의장 단상을 점거하고, 정동영, 임종석 의원 등을 중심으로 울부짖으며 온몸으로 저항하며 이를 막았으며, 국회의장이 경호권을 발동해 열린우리당 의원들을 본회의장 바깥으로 끌어낼 때도 끝까지 필사적으로 저항했다. 이 장면은 KBS 등 각 방송이 정규방송을 중단하여 온종일 방영하고, 모든 언론도 사진과 함께 대서특필하면서 탄핵 반대여론에 상당한 영향을 미쳤다.

그러나 박근혜 대통령 탄핵 때는 과거 박 대통령 주변에서 권세를 누리면서 속칭 "진박감별" 운운하고, 박 대통령을 누나라고 부른다며 친함을 자랑하던 새누리당 의원들 중 그 누구도 탄핵소추 사유의 부당성을 적극적으로 나서서 지적한 사람이 없었다.

특히 헌법재판소에서 인정하지 않은 세월호 사건을 탄핵소추 사유에 포함되는 것의 부당성을 공개적으로 문제 제기하거나, 탄핵소추 의결 과정에서 의결을 막기 위해 나서거나, 탄핵에 대한 찬반 토론을 자청하고 나선 사람도 없었다.

모두가 도살장에 끌려가는 소처럼 눈만 끔뻑거리며 질서정연하게 본 회의장에 들어갔고*, 탄핵소추안 처리 과정에 순응하며 침묵하고 지켜보기만 했다. 탄핵에 찬성하는 다수 국민의 여론을 의식하여 무기명 투표를 틈타 비상시국회의에 참석했던 의원들뿐만 아니라 상당수의 새누리당 소속의원들도 찬성표를 던졌다.

야 3당과 무소속 의원 171인이 발의한 박 대통령에 대한 탄핵소추안이 찬성 234표, 반대 56표, 기권 2표, 무효 7표로 의결정족수인 재적인원 3분의 2(200명)를 34표나 넘겨 가결되었다.

그런데 당시 새누리당 128명의 의원 중 단 66명만 반대, 기권, 무효, 불참하고 나머지 62명이나 찬성표를 던진 것으로 보인다. 물론, 가장 먼저 선도 탈당했던 김용태 의원도 찬성 표를 던졌을 것이다.

새누리당 국회의원 중 자결은 고사하고, 단 한 사람이라도 이에 대해 책

---

* 최경환 의원만이 유일하게 본회의에 참석하지 않았다.

임지고 국회의원직을 사퇴하지 않았으며, 일부 국회의원은 자신은 박 대통령과 가까운 관계가 아니었다고 변명하거나 박 대통령의 비판에 나서기도 했다.

하지만 이후 정치 상황이 바뀌자 일부 국회의원은 시중에 나도는 탄핵 찬성 의원 명단에 포함된 이름이 잘못된 것이라며 변명하는 상황이 연출되었다.

기획 탄핵이 착착 진행되다

'섹스'와 '샤머니즘'이라는 두 개의 키워드로 지탱된 그 기획에는 '기획자 없는 시민들의 자발적 참여'라는 고도의 내러티브까지 포함되어 있었다.

_박정자, 상명대 명예교수

2004년 노 대통령에 대한 탄핵은 노 대통령 측에 의한 "유도 탄핵"이었다면, 2016년 탄핵은 민주당을 중심으로 한 야권의 "기획 탄핵"이었다.

좀 더 시간이 지나가면 그 진상이 규명되겠지만, 당시 원내대표였던 우상호 의원이 《시사IN》과 한 인터뷰인 〈이제는 말할 수 있다, 탄핵안 가결 막전막후〉를 보면 그 진실의 일단을 볼 수 있다.

우상호 의원은 "최순실 게이트가 시작될 때만 해도 정치적 파장은 예상했지만, 탄핵까지 이어질 줄은 몰랐다"라고 하면서, 박 대통령 탄핵은 "정치생명을 걸고 욕먹어가면서도 전략을 들고 조여 들어간 싸움"이었다고 정의하고 있다.

민주당은 2016년 7월 몇 가지 최순실 관련 제보들을 받고, 8월 중순 조응천•, 손혜원, 도종환 의원 등을 멤버로 한 비공개 최순실 TF를 꾸렸고, 각자 제보받은 걸 모아서 전체 그림을 그렸다고 한다.••

이에 대하여 박정자 상명대 명예교수는 페이스북을 통해 "촛불집회는 고도의 언어 전문가 도종환과 광고기획자 손혜원의 작품"이라면서 최근 언론에서 비리가 이슈화되었던 "손혜원의 기고만장한 태도는 문정권을 근원에서부터 만든 일등공신이라는 사실에서 나온 것"이라고 지적하였다.

페이스북에 올린 박 교수의 글전문을 인용하면 다음과 같다.

채명성 변호사의 《탄핵 인사이드 아웃》에서, 최순실 관련 기사가 언론에 등장한 지 한 달 만인 2016년 8월 중순, 더불어민주당이 최순실 테스크포스(TF)를 꾸렸다는 내용은 생각할수록 의미심장했다.

그 한 달 전인 2016년 7월부터 한 신문은 우병우 당시 청와대 민정수석이 처가집 땅 매매에 불법 개입했다는 탐사 보도를 시작했고, 이즈음 최순실이라는 이름도 처음으로 언론에 등장하였다.

더불어민주당이 원내대표 우상호 의원을 팀장으로 하여 발 빠르게 TF를 만들었다는 것은 반대당 정당으로서 전혀 이상한 일이 아니었다. 그러나 조응천, 손혜원, 도종환 의원 등이 멤버였다는 대목에서 고개가 갸우뚱해졌다.

대통령에 대한 공격이건, 청와대 민정수석에 대한 공격이건 모두 정치적인 영역 아닌가? 그렇다면 야당의 대책반 팀원은 정치로 잔뼈가 굵은 정치인이

• 정기국회 대정부질문에서 조응천 의원은 "대통령 취임식에서 입었던 340만 원짜리 한복을 미르재단 이사에게 주문해 대통령에게 전해 준 당사자가 최순실 씨"라고 발언하며 의혹을 제기했다.

•• 그러면서 민주당은 국정감사 전에 여야 대치를 확 끌어올릴 목적으로 김재수 농림축산식품부 장관 해임건 의안 전선을 쳤다.

거나 아니면 사법처리에 대비하여 법 지식에 정통한 율사 출신의 국회의원이 되어야 마땅했다.

그런데 난데없이 〈접시꽃 당신〉의 시인 도종환과 소주 '처음처럼'의 이름을 지었다는 광고 전문가 손혜원이 대책반으로 발탁되었다니? 그리고 왜 우병우 TF가 아니고 하필이면 최순실 TF인가?

촛불 시위가 최고조에 이르고 박근혜에 대한 저속한 섹스 스캔들도 한없이 유포되던 그해 11월, 한 대학의 특강에 참석했던 젊은 여성 공무원은 자신이 중앙 부처 공무원이어서 말하기는 좀 꺼려지지만 박근혜는 물러나야 하며, 개인적으로는 "박근혜가 더러운 여자여서 싫다"고 했다.

박근혜 우호 세력인 나도 아직 스캔들의 진위 여부까지는 알 수 없어서, 자신 있게 반박은 할 수 없었고 고작, 그것이 사실이라 하더라도 그건 그 사람의 사생활 아니냐고 말했다.

그랬더니 그 여성 공무원도 쿨하게 "저도 그렇게 생각해요"라고 받아치더니, "그런데 왜 그 비아그라 값을 우리 세금으로 내야 하는 거죠?"라고 말했다.

국정 농단, 미르 재단, 대통령 발표문 수정 등등 온갖 점잖은 표면적인 이유들 뒤에 숨은 탄핵 사태의 진정한 동력은 바로 이것이었다. 모든 여자들은 독신 여성 대통령이 세월호가 가라앉는 7시간 동안 남자와 만나 섹스나 하고, 굿판이나 벌이고, 음침한 사교邪敎 집단에 비밀스럽게 가입해 있어서 '더럽고 싫다'는 것이었다.

모든 남자들은 사석에서 또는 소셜미디어의 댓글에서, 도저히 나 같은 사람은 옮겨놓을 수조차 없는 저속한 언어로 킬킬대며 섹스의 메타포들을 교환하고 있었다.

어쩌면 탄핵이라는 법률적 절차 이전에 박근혜는 이미 섹스 스캔들로 맥없

2장 _ 유인과 기획의 탄핵   **101**

이 무너져 내리고 있었다. 손석희가 말했다는, "어쩌면 태블릿PC 같은 것은 없어도 좋았다"라는 말은 절묘하게 사태의 본질을 말하고 있다.

2016년 7월부터 11월까지 5개월여 동안 우리는 지겹도록 같은 화면을 TV와 신문을 통해 지켜보았다.

젊고 건장한 경호원이 경망스러운 최순실에게 핸드폰을 정성스럽게 닦아 공손하게 바치는 장면, 몽롱하게 취한 사교 집단이 광란의 예배식을 올리는 장면과 그것을 바라보는 듯한 청순한 얼굴의 20대 박근혜. TV만 틀면 나오는 그 이미지들은 부지불식간에 우리를 세뇌시켜 최순실의 부당한 특권, 박근혜의 음험한 비밀을 기정사실화해버렸다.

그리하여 마치 끊임없이 우리 눈에 노출되는 상업 광고가 제품의 구매로 이어지듯, 사람들은 탄핵이라는 위험한 정치적 상품을 덜컥 충동구매해 버렸다.

나는 촛불집회의 일사불란한 과정과 그것을 관통하던 내러티브늘을 잠담하게 지켜보면서 과연 누가 이것을 기획했는지 궁금했다.

'섹스'와 '샤머니즘'이라는 두 개의 키워드로 지탱된 그 기획에는 '기획자 없는 시민들의 자발적 참여'라는 고도의 내러티브까지 포함되어 있었다.

《탄핵 인사이드 아웃》을 읽으며 그 궁금증의 퍼즐이 맞혀졌다. 그것은 고도의 언어 전문가인 시인과 광고기획자의 작품이었던 것이다.

손혜원의 그 안하무인 기고만장한 태도도 비로소 이해가 되었다. 사람들은, 영부인의 고등학교 동기여서, 또는 집권당의 당명을 지어 주어서 등으로 그녀의 오만함을 설명하려 했지만, 그 어떤 것도 상식적으로 납득하기 힘든 것이었다.

털끝 하나 다치지 않고 여당 원내대표를 옆에 대동하고 기자회견을 하던 그녀의 자신만만함은 자신이 이 정권을 근원에서부터 만든 일등공신이라는 사실에서 나온 것이다.

자기는 문재인 대통령을 대통령 만들기 위해 정치권으로 들어왔으며, 자신에게는 말 한 마디로 대중을 움직이는 능력이 있다고 그녀가 거만하게 말했을 때, 우리는 그것을 그저 나이 든 철부지 여자의 헛소리로 취급했지만, 사실은 그것이 무서운 진실이었던 것이다.[*]

우상호 의원은 당시 비공개 TF의 활약(?)으로 매일같이 1면에 최순실 관련 의혹이 등장했다고 하는데, 이 부분에 대해서는 국민들께 있는 그대로의 진실을 좀 더 솔직하게 설명해야 할 필요가 있다.

민주당은 상황이 최고조에 올랐을 때 우연히(?) JTBC의 태블릿PC 보도가 나왔고, 이에 자극받아 촛불집회가 시작되자 본격적으로 총 3단계로 전략을 짰다. 구체적인 내용을 살펴보면 다음과 같다.

[1단계]

바로 탄핵으로 내달릴 수 없으므로 대통령 2선 후퇴를 요구한다. 탄핵소추안을 통과시키려면 새누리당에서 40석이 넘어와야 하는데, 처음부터 진영 대결이면 비박계가 오지 않으므로, 진영대결 인상을 주지 않도록 대선 주자인 문재인 측에도 물러서 있는 게 좋겠다고 전했다. 보수도 우리 주장에 동조할 절충안으로 접근하는 게 핵심 기조였다.

• 펜앤드마이크, 2019. 2. 10., 박정자 교수 〈손혜원 안하무인은 '탄핵 촛불집회 기획해 이 정권 만든 일등공신' 자신감서 나온 것〉 기사 참조.

[2단계]

새누리당 비박계 인사들을 접촉하면서 민주당은 탄핵 얘기는 안 하고 "하야하라"로 간다고 하면서 비박계가 움직일 공간을 열어주고, 새누리당 원로들이 내놓은 '4월 사퇴, 6월 대선'안을 박 대통령이 받으면 민주당도 받는다는 입장을 비박계에 전했다.

[3단계]

탄핵 당론 확정이었고, 그때부터 12월 9일 탄핵소추안 상정일까지는 새누리당 이탈표가 얼마나 되느냐 숫자 싸움이었는데, 11월 29일 박 대통령이 "퇴진 시점을 국회가 정해 달라"라고 공을 넘기자 비박계가 상당히 흔들려서 피가 바짝바짝 말랐으나, 그 고비에서 촛불집회가 아주 큰 힘이 되었다.

특히 주목할 점은 2단계에서 우상호 당시 원내대표가 새누리당 원로들이 내놓은 '4월 사퇴, 6월 대선'안을 박 대통령이 받으면 민주당도 받는다는 입장을 비박계에 전했다는 점이다.

이에 대해 우상호 의원은 사태 초기에 청와대가 2선 퇴진 요구를 받아들였다면, 야권이 분열되고, 제도권은 거국내각을 꾸릴 수밖에 없는데, 그러면 촛불과 야당이 분열되며, 촛불이 과격해질 것이고, 중도층과 보수층이 이탈할 것을 예상하였다. 촛불이 고립될 때쯤 자기 지지세력을 결집해서 되치기를 노리게 되면 민주당에게 불리하게 될 거라고 판단했다. 박근혜 대통령이라면 그런 승부수도 던질 수 있을 거로 생각했다. 우상호 의원의 말에 의하면 원래 탄핵소추안은 12월 2일 상정될 예정이었다.

당시 자체 계산으로는 한두 표 차로 탄핵소추안 통과 여부가 결정되는 상황*이었는데, 민주당 추미애 대표는 국민을 하루라도 더 기다리게 해서는 안 된다고 2일을 강하게 주장했다. 반면 국민의당 박지원 원내대표는 비박계가 12월 7일까지 기다려 달라고 했으므로 2일 처리하면 위험하다는 입장이었다.

결국, 12월 2일 야 3당의 탄핵소추안 상정 시도는 불발되었으나, 12월 3일 촛불집회에 많은 시민이 참여하게 되자 그 힘을 바탕으로 비박계 설득에 적극적으로 나서게 되었고, 12월 9일 아침 민주당 회의에서는 "222표에서 226표 사이"로 탄핵소추안이 의결될 것으로 보고되었다.

그리고, TBS교통방송 김어준의 '뉴스공장'에 출연한 김성태는 "탄핵은 안민석이 3년간 준비하고 기획해서 터뜨린 것"이라는 취지의 발언**도 하였다.

한편, 《미래한국》은 A4 용지에 그려진 인물관계도를 단독 입수하여 보도하였는데, 제보자에 의하면 대통령 변호인단이 그동안의 조사를 통해 파악한 탄핵사건 배후의 기획폭로 인물관계망이라는 설명이었지만, 이에 대해 대통령 변호인단은 "확인해 주기 어렵다"는 입장이다.

• 당시 민주당 안에서도 탄핵이 안 될 거라면 개헌을 받고 타협하자는 중진의원들도 있었다.
•• 이에 대해 안 의원은 이날 자신의 페이스북을 통해 "제가 3년간 준비해서 대통령을 탄핵했다니… 저를 과대평가해주셔서 아주 영광이긴 한데, 저의 불후의 명저 《끝나지 않은 전쟁》을 꼭 읽어 보시길 추천해 드린다"고 밝혔다.

기획 폭로

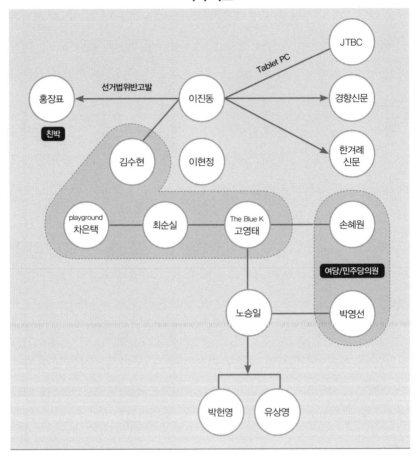

《미래한국》이 입수 보도한 A4 용지에 그려진 인물관계도.

그러고 보니 박 대통령이 탄핵소추 후 대통령직무 정지기간 중이던 2017년 1월 25일 정규재TV에 출연하여 탄핵소추에 대해 했던 발언이 생각난다.

"오래전부터 기획된 것이 아닌가 하는 느낌을 지울 수가 없었다"

우상호 당시 원내대표가 《시사IN》과의 인터뷰에서 발언한 내용들, 《미래한국》이 입수한 기획폭로 인물관계도 등을 보면 박 대통령에 대한 탄핵은 말 그대로 민주당을 중심으로 한 야권에서 치밀하게 준비한 기획탄핵일 가능성이 매우 크다.

역사는 시간에 따라 흐르고, 그 흐름 속에는 영원한 비밀도 없다.

때가 되어 관련자들이 지금까지 말하지 않고 숨겨둔 진실이 드러나고 봉인이 해제되면 기획 탄핵의 진실을 국민들이 확인하고 놀라는 날이 올 것이라 믿는다.

하지만 그 진실이 드러나는 시간이 너무 늦어서는 안 된다.

우리가 알아야 할
탄핵에 관한 모든 것

우리는 세상을 덮는 탄핵의 거대한 파도를 보았다. 그리고 그 위력을 몸소 체험했다. 하지만, 여전히 탄핵의 본모습이 무엇인지 제대로 알지 못한다. 다시는 남용되지 않도록 하기 위해서라도 탄핵이 무엇인지 정확히 짚어야 할 필요성이 있다. 대통령과 대한민국을 바꿀 수 있는 탄핵, 그리고 그 결정권을 가진 헌법재판소의 무시무시한 힘, 우리는 어떻게 그 힘을 합리적으로 제어할 것인가? **결론은 아는 것이 힘이다.**

탄핵?

탄핵제도란 일반 사법절차에 따라 소추하거나 징계절차로 징계하기가 곤란한 고위직 공무원이나 법관 등 신분이 보장된 공무원이 직무수행에 있어 헌법 등을 위반한 경우 의회가 그에 대한 법적 책임을 추궁하여 소추함으로써 헌법의 규범력을 확보하기 위한 제도이다.

권력분립의 원칙을 채택하고 있는 우리 헌법은 국가기관 상호 간에 서로를 견제하고 이들 사이에 균형을 유지할 수 있는 통제장치를 두고 있는데, 탄핵제도는 의회가 행정권과 사법권을 통제하기 위한 수단이다.

행정부와 사법부의 고위공직자에 의한 헌법위반이나 법률위반에 대하여 탄핵소추의 가능성을 규정함으로써, 그들에 의한 헌법위반을 경고하고 사전에 방지하는 기능을 하며, 국가기관이 그 권한을 남용하여 헌법이나 법률을 위반하는 경우에는 그 권한을 박탈하고, 이를 통하여 헌법의 규범력을 확보하고자 하는 것이 탄핵제도의 취지이다.

각 나라의 탄핵

탄핵제도는 각국의 역사적 배경이 다르므로, 탄핵 대상과 절차, 탄핵재판 담당기관 등에도 차이[•]가 있다.

• 영국 : ① 탄핵제도는 의원내각제를 채택하고 있는 영국에서 처음 등장함 ② 의원내각제에서는 의회가 정부에 대해 내각 불신임권을 가지므로 이를 통해 내각의 수상이나 각료에 대해 법적 책임뿐 아니라 정치적 책임을 물을 수 있고, 정부는 의회해산권을 통해 의회를 견제할 수 있음 ③ 영국은 주로 왕실과 고위관료, 신분이 보장되는 법관에 대해서 책임을 묻기 위해 탄핵제도를 만들었는데, 의회가 중심이 되어 하원에서 탄핵소추를 하고, 상원에서 탄핵을 결정함 ④ 탄핵 대상은 총리부터 일반 시민에 이르기까지 제한이 없고, 탄핵사유도 반역죄와 수뢰죄뿐만 아니라 사기나 폭력 등도 포함되는 등 다양함 ⑤ 탄핵 이전에 내각이 의회에 책임

미국 : ① 엄격한 권력분립의 원칙하의 대통령제를 채택하고 있으므로, 대통령이 의회해산권을 갖지 못하고 의회도 내각 불신임권을 갖지 못하며, 권력 간의 견제와 균형을 도모하기 위하여 대통령은 법률안거부권으로 의회를 견제하고, 의회는 대통령에 대한 탄핵을 통해 행정부를 견제할 수 있도록 함 ② 미국 역시 의회가 중심이 되어 탄핵을 진행하는데, 탄핵 대상은 대통령, 부통령을 포함한 모든 공무원임 ③ 탄핵사유는 반역죄, 수뢰죄, 기타 중대한 범죄와 비행을 저지른 때에 한함 ④ 하원이 전체의석 과반수로 탄핵소추를 의결하고, 상원에서 전체 3분의 2 이상의 찬성으로 탄핵을 의결함

독일 : ① 대통령과 법관으로 탄핵 대상이 한정됨 ② 탄핵사유는 기본법과 연방 법률을 고의로 위반했을 때이고, 위법의 중대성은 탄핵요건이 아님 ③ 대통령에 대한 탄핵소추 발의는 연방의회 의원 4분의 1 또는 연방참사원 투표수 4분의 1 이상에 의하여 이루어질 수 있고, 연방의회 재적의원 3분의 2 또는 연방참사원 투표수의 3분의 2 이상의 찬성으로 의결됨 ④ 연방헌법재판소는 구성원 8명 중 3분의 2인 6명 이상의 찬성으로 탄핵을 결정함

탄핵제도는 대통령의 임기가 보장된 대통령제하에서만 존재하는 것이 아니라, 의원내각제를 채택한 국가에서도 내각불신임제와 별도로 탄핵제도를 두고 있다.

탄핵사유는 법적인 사유로 제한하는 경우가 많지만, 정치적인 사유로도 탄핵이 가능한 경우도 있다.

탄핵 대상은 영국처럼 일반시민까지도 포함하는 경우도 있으나, 독일은 대통령과 법관만을 대상으로 인정하고 있고, 일본은 법관만이 대상이 된다.

탄핵제도를 두고 있는 국가에서는 예외 없이 탄핵소추권은 의회가 가지고, 탄핵결정권은 의회가 가지는 경우, 대법원이 가지는 경우, 독립된 헌법재판소가 가지는 경우로 구분된다.

대한민국의 탄핵

대한민국은 국회가 탄핵소추권을 가지고, 독립기관인 헌법재판소가 탄핵재판을 담당하는 탄핵제도를 채택하였다.

즉, 국회는 대통령·국무총리·국무위원·행정 각부의 장·헌법재판소 재판관·법관·중앙선거관리위원회 위원·감사원장·감사위원 및 기타 법률이 정한 공무원이 그 직무집행에 있어서 헌법이나 법률을 위배한 때에는 국회는 탄핵의 소추를 의결할 수 있고(헌법 제65조 제1항), 헌법재판소는 위헌법률심사, 정당해산심판, 권한쟁의에 관한 심판, 법률이 정한 헌법소원과

프랑스 : ① 탄핵 대상을 대통령과 정부 구성원으로 하고, 대통령의 경우 고등탄핵재판소, 다른 정부 구성원은 공화국탄핵재판소가 담당하는 이원적 방식임 ② 탄핵사유는 대통령의 경우 대역죄를 범했을 경우로 한정함 ③ 탄핵소추 소추의결은 상원과 하원이 각각 의결하되 양원 모두 재판관으로 선출된 의원을 제외한 정원의 과반수 찬성이 필요함 ④ 고등탄핵재판소는 정식재판관 24명, 보조재판관 12명으로 구성되며, 고등탄핵재판소는 평의를 거친 뒤 비밀투표를 통해 "절대다수 찬성" 시 탄핵이 결정됨

함께 탄핵재판도 담당하며(헌법 제111조 제1항), 재판관 6인 이상의 찬성으로 탄핵결정을 한다(헌법 제113조 제1항).

제헌 국회 이후 국회가 탄핵소추안을 발의한 것은 총 16건이며, 1987년 헌법개정 이후 시기로 한정한다고 해도 14건[*]이다.

국회가 발의한 탄핵소추 대상은 검찰총장과 법원장, 그리고 검사 등 사법부를 대상으로 하고 있으며(13건), 대통령과 행정자치부 장관 등 행정부를 대상으로 한 것은 세 건에 불과하다.

그리고 전체 16건 중 국회에서 가결 처리되어 헌법재판소의 탄핵재판 대상이 되었던 것은 노무현 대통령 탄핵소추안과 박근혜 대통령 탄핵소추안 등 단 두 건뿐이다.

국회특권, 탄핵소추?

헌법과 법률은 탄핵소추 관련 권한을 국민 대표기관 중 하나인 국회에게 부여하고 있고, 국회의원은 탄핵소추 발의나 의결에 참여할 권한이 있을 뿐 국회의원 개인에게 개별적으로 탄핵소추에 관한 권한을 부여한 것은 아니다.

국민 개개인도 탄핵소추를 요구할 수 있을까?

: 국민 개개인은 탄핵소추 발의를 국가에 청원하거나 혹은 국회의원이나 정당에 요청할 수 있을 뿐이다.

이와 관련하여 국민 중 한 사람이 헌법재판소에 국민에게 공무원 탄핵청구권을

• 김현진, 헌법재판소 탄핵결정의 정치적 의미(《기억과 전망》, 겨울호(통권 37권)) 200∼201면 참조.

부여하지 않음으로써 청원권 등이 침해되었다고 주장하며 헌법소원심판을 청구하였으나 각하되었다.*

탄핵의 요건?

탄핵 대상자가 직무에 관하여 헌법이나 법률에 위배된 행위를 한 경우에 탄핵사유가 된다.

탄핵소추에서의 직무란 법제상 소관 직무에 속하는 고유 업무만을 의미하는 것이 아니라, 통념상 이와 관련된 업무도 포함된다.

따라서, 직무상의 행위에는 법령, 조례 또는 행정 관행 등에 의하여 그 지위의 성질상 필요로 하거나 수반되는 모든 행위나 활동도 포함된다.

예를 들면 대통령의 경우 법령에 근거한 행위뿐만 아니라, '대통령의 지위에서 국정 수행과 관련하여 행하는 모든 행위'가 포함되므로, 각종 단체·산업현장 등 방문행위, 준공식·공식 만찬 등 각종 행사에 참석하는 행위, 대통령이 국민의 이해를 구하고 국가정책을 효율적으로 수행하기 위하여 방송에 출연하여 정부의 정책을 설명하는 행위, 기자회견에 응하는 행위 등을 모두 포함한다.

다만, 대통령의 직위를 보유하고 있는 상태에서 범한 법 위반 행위만이

---

* 헌법재판소는 이러한 헌법소원은 헌법에서 기본권 보장을 위하여 법령에 명시적인 입법 위임을 하였는데도 입법자가 이를 이행하지 않은 경우이거나, 헌법 해석상 특정인에게 구체적인 기본권이 생겨 이를 보장하기 위한 국가의 행위 의무 내지 보호 의무가 발생하였음이 명백함에도 불구하고 입법자가 아무런 입법 조치를 취하지 않은 경우에 한하여 허용되는데(헌재 1989. 3. 17. 88헌마; 헌재 2010. 10. 28. 2008헌마332), 헌법은 국민 개개인에게 공무원에 대한 탄핵청구권을 보장하도록 법률로 정할 것을 명시적으로 위임하고 있지 않고, 달리 헌법 해석상 이러한 입법 의무가 발생하였다고 보기도 어려우므로, 이 사건 입법부작위를 대상으로 한 이 사건 심판청구는 부적법하다고 판단했다(2016헌마1136 결정. 국민의 탄핵 청구권 미보장 위헌확인 참조).

소추 사유가 될 수 있다.

그리고 '헌법'에는 명문의 헌법규정뿐만 아니라 헌법재판소의 결정에 따라 형성되어 확립된 불문헌법도 포함되고, '법률'이란 단지 형식적 의미의 법률 및 그와 등등한 효력을 가지는 국제조약, 일반적으로 승인된 국제법규 등도 포함된다.

탄핵사유에 헌법 위배뿐만 아니라 법률 위배도 포함되는 이유

권력분립의 원리에 따라 행정부와 사법부는 각 헌법상 부여받은 국가권력을 행사하면서 헌법과 법률의 구속을 받는다.

행정부와 사법부가 입법자에 의하여 제정된 법률을 준수하는가의 문제는 헌법상의 권력분립원칙을 비롯하여 법치국가원칙을 준수하는지의 문제와 직결된다.

따라서, 행정부와 사법부에 의한 법률의 준수는 곧 헌법 질서에 대한 준수를 의미하기 때문이다.

영국은 법률을 위반한 경우뿐만 아니라 정치적 책임이나 도덕적 책임도 물을 수 있는 "정치적 탄핵제도"를 채택하고 있으나, 대한민국은 사법적 성격을 갖는 국가기관이 헌법이나 법률을 위반한 경우에만 탄핵할 수 있는 "사법적 탄핵제도"를 채택하고 있다.

따라서, 우리 헌법에서는 정치적 실책이나 무능력, 정치적 사유 등은 탄핵소추 사유에 해당하지 않고, 다만 해임건의 사유가 된다.

탄핵의 대상?

헌법 제65조 제1항, 헌법재판소법 제48조에 의하면 탄핵 대상자는 크게 행정부 고위공무원, 주요 헌법기관 구성원, 법률이 정한 공무원 등으로 나눌 수 있다.

행정부 고위공무원은 국민이 직접 선출한 대통령과 국무총리, 국무위원, 행정 각부의 장 등 행정부 주요 고위공무원들로서 인사청문회, 국회의 동의 등의 절차를 거쳐 임명되는 공무원들이 포함된다.

헌법재판소, 법원, 중앙선거관리위원회, 감사원 등 주요 헌법기관의 고위공무원들인 헌법재판소 재판관, 법관, 중앙선거관리위원회 위원, 감사원장, 감사위원 등이 그 대상이다.

그리고 법률이 정한 공무원은 검사, 경찰청장, 방송통신위원장, 각급 선거관리위원회 위원 등이 포함된다.

국민이 뽑은 대통령에 대한 탄핵이 가능한 이유?

다른 탄핵 대상자들과 달리 국민이 직접 선출한 대통령도 탄핵 대상에 포함되어 있다.

그 이유는 헌법이 또 다른 국민대표기관인 국회에게 임기가 보장된 대통령의 위헌, 위법적인 직무수행을 견제하는 수단으로 탄핵소추권을 부여하였기 때문이다.

내각제에서는 총리가 헌법이나 법률에 위배되는 행위를 하지 않았더라도 무능하거나 국민으로부터 신임을 잃으면 의회가 해임할 수 있으나, 대통령제에서는 대통령의 임기가 보장되며 국회가 국민의 대표기관인 대통령을 정치적인 이유나 불성실한 임무 수행 등을 이유로는 해임할 방법이 없다.

다만 대통령이 헌법이나 법률에 위반된 행위를 한 경우 국회의 탄핵소추와 헌법재판소의 결정으로 임기가 보장된 대통령을 파면할 수 있도록 한 것이다.

국민이 선출한 대통령이더라도 법 위에 있지 않다는 법의 지배 내지 법치국가 원리를 구현하려는 의도하에 대통령에 대한 탄핵이 인정되는 것이다.

따라서 비록 국민에 의하여 선출되어 국민으로부터 직접적으로 민주적 정당성을 부여받은 대통령이라 하더라도 파면 결정으로 인하여 발생하는 상당한 정치적 혼란을 감내하고서라도, 헌법 질서의 수호를 위해서는 파면될 수 있도록 한 것이다.

이는 국가공동체가 자유민주적 기본질서를 수호하기 위하여 불가피하게 치러야 하는 불가피한 비용이라 할 수 있다.

국회의원은 탄핵 대상에 포함되지 않는 이유는?

입법부는 국민의 대표기관으로서 권력분립의 원칙에 따라 행정부와 사법부를 견제하고 통제할 기능을 부여받았고, 탄핵소추 제도는 그러한 취지하에서 만들어진 제도이기 때문에 국회의원을 탄핵 대상에서 제외하고 있다.

다만, 국회의원이 탄핵사유에 해당하는 헌법이나 법률에 위배되는 행위를 한 경우에는 헌법 제64조 제2항에 따라 국회 자체적으로 의원을 징계하게 되어 있다.

국민이 뽑은 대통령 탄핵은 신중해야 한다

앞서 살펴본 것처럼 민주주의 국가에서 대통령도 탄핵소추의 대상이 되는 것은 당연하다.

하지만, 대통령은 국가의 원수이자 행정부의 수반으로서 국민이 직접 선출한 국민대표기관이므로, 국민들로부터 직접 민주적 정당성을 부여받지 않은 다른 탄핵 대상자와 비교할 때 대통령에 대한 탄핵은 근본적인 차이가 있다.

이러한 이유로 헌법은 대통령에 대한 탄핵의 경우 다른 탄핵 대상자와 달리 국회 재적의원 3분의 2 이상의 찬성을 요구*하고 있다.

그리고 헌법은 대통령에게 막중한 지위와 권한을 부여하고 있으므로, 국민의 대표기관인 국회가 또 다른 국민의 대표기관인 대통령에 대한 탄핵소추는 신중하여야 한다.

따라서, 국회는 대통령에 대한 탄핵소추를 추진하면서 당리당략을 앞세우지 말고 과연 탄핵사유에 해당하는지 여부를 사유별로 면밀하게 검토하고 충분한 조사를 통해 관련 자료를 확보한 후에 탄핵소추 여부를 결정해야 한다.

헌법재판소는 선출되지 않은 권력으로 민주적 정당성이 상대적으로 부족하므로, 국민이 선출한 대통령에 대한 탄핵재판 과정에서 헌법과 법률이 헌법재판소에 부여한 권한 범위 내에서 탄핵재판을 법 규정에 맞게 진행하면서 탄핵소추된 대통령에게 절차적 권리를 충분히 보장해야 한다.

그리고 최종적으로 대통령에 대한 탄핵 여부를 결정함에 있어서 더더욱 신중해야 한다. 국회나 헌법재판소 모두 대통령의 헌법상 의무 및 직무상 헌법이나 법률위반 여부를 판단하는 과정에서 무능, 불성실한 업무수행 등과 같이 정치적으로는 비난 가능하지만 헌법이나 법률에 위배되었다고 보기 어려운 경우, 헌법에 규정된 대통령의 의무 중 성질상 탄핵소추 사유에 해당한다고 보기 어려운 경우 등에는 이를 탄핵사유에 포함시켜서는 안 된다.

• 다만, 대통령도 다른 탄핵대상 공무원들과 마찬가지로 헌법재판소가 탄핵소추를 인용하려면 헌법재판관 6인 이상의 찬성이 있어야 가능하다.

적법절차의 원칙?

적법절차 원칙이란, 국가공권력이 국민에 대하여 불이익한 결정을 하기에 앞서 국민은 자신의 견해를 진술할 기회를 가짐으로써 절차의 진행과 그 결과에 영향을 미칠 수 있어야 한다는 법원리를 말한다.

국민은 국가공권력의 단순한 대상이 아니라 절차의 주체로서, 자신의 권리와 관계되는 결정에 앞서서 자신의 견해를 진술할 수 있어야만 객관적이고 공정한 절차가 보장될 수 있고, 당사자 간의 절차적 지위의 대등성이 실현될 수 있다.

따라서, 적법절차의 원칙은 헌법상 권리로 탄핵 과정에서도 그 원칙이 적용되어야 한다.

대통령에게도 적법절차의 원칙이 적용된다?

헌법상 막중한 권한과 의무를 부여받고 있는 대통령은 공인 중의 공인으로서 권한 행사 과정에서 국민의 기본권을 침해하는 입장에 설 가능성이 크고, 대통령이 개인으로서의 기본권을 침해당하는 상황에 처하는 경우는 드물다.

그러나 대통령은 국민이자 개인으로서의 헌법이 보장하는 기본권 보호의 대상이기도 하다. 대통령도 대한민국의 국민이자 개인으로서 사생활은 보호되어야 하고, 대통령이기 때문에 오히려 일반 국민보다 기본권을 부당하게 침해받는 것이 허용되어서는 안 된다.

따라서, 대통령이 아닌 개인으로서의 기본권을 침해당할 경우 헌법소원 등을 통해 권리를 구제받을 수 있는 등 권리를 인정해야 하는 경우가 발생한다.

이는 노무현 대통령이 탄핵 이후 제기한 헌법소원(2007헌마700) 결정문에서 확인할 수 있다.

중앙선거관리위원회는 노무현 대통령이 대통령선거 즈음하여 강연, 특강, 기념사, 대담 등에서 공직선거법상의 선거 중립을 해치는 내용의 발언을 거듭하는 것에 대해 선거결과에 영향을 미칠 수 있으니 발언을 자제해 줄 것을 촉구하는 내용의 '대통령의 선거중립의무 준수'를 조치했다. 노 대통령은 그 조치가 노무현 개인의 정치적 표현의 자유를 침해한다는 이유로 헌법소원을 청구하였다.

이 사건에서 헌법재판소는 대통령은 소속 정당을 위하여 정당 활동을 할 수 있는 사인으로서의 지위와 국민 모두에 대한 봉사자로서 공익실현의 의무가 있는 헌법기관으로서의 지위를 동시에 갖고, 최소한 전자의 지위와 관련하여 기본권 주체성을 갖는다고 인정*하였다.

위 결정 내용에 따르면 대통령 역시 구체적인 사안에 따라 사인으로서의 기본권 주체성이 인정된다 할 것이고, 이러한 경우에는 반드시 적법절차가

---

* 중앙선거관리위원회의 발언 자제 촉구(경고)가 대통령의 권한 내지 직무영역을 제약하는 성격이 강한 경우에는 그 기본권 주체성이 부정 원칙적으로 국가나 국가기관 또는 국가조직의 일부나 공법인은 공권력 행사의 주체이자 기본권의 '수범자'로서 기본권의 '소지자'인 국민의 기본권을 보호 내지 실현해야 할 책임과 의무를 지니고 있을 뿐이므로 헌법소원을 제기할 수 있는 청구인 적격이 없으나(헌재 1994. 12. 29. 93헌마120, 판례집 6-2, 477, 480; 헌재 2001. 1. 18. 2000헌마149, 판례집 13-1, 178, 185), 그것이 일반 국민으로서 국가에 대하여 가지는 헌법상의 기본권인 정치적 자유권을 제약하는 성격이 강한 경우에는 기본권 주체성을 인정할 수 있으므로, 대통령도 국민의 한 사람으로서 제한적 개인의 지위를 겸하는 국가기관이 기본권의 주체로서 헌법소원의 청구 적격을 가지는지 여부는 심판대상조항이 규율하는 기본권의 성격, 국가기관으로서의 직무와 제한되는 기본권 간의 밀접성과 관련성, 직무상 행위와 사적인 행위 간의 구별가능성 등을 종합적으로 고려하여 결정되어야 할 것이며, 대통령은 소속 정당을 위하여 정당 활동을 할 수 있는 사인으로서의 지위와 국민 모두에 대한 봉사자로서 공익실현의 의무가 있는 헌법기관으로서의 지위를 동시에 갖는데, 최소한 전자의 지위와 관련하여는 기본권 주체성을 갖는다고 할 수 있다(헌재 1995. 3. 23. 95헌마53, 헌재 1998. 4. 30. 97헌마100, 헌재 1999. 5. 27. 98헌마214, 헌재 2006. 7. 27. 2003헌마758 등 참조).

준수되어야 한다.

그런데 대통령은 국회의 탄핵소추 의결에 의하여 직무가 정지되고, 헌법 재판에서 피신청인의 지위에 서게 되며, 헌법재판에서 탄핵으로 인해 파면 될 위험에 처하게 될 뿐만 아니라, 탄핵이 되면 대통령직에서 파면되고, 이 로 인해 5년간 공무원이 될 수 없게 된다.

따라서, 대통령은 탄핵으로 인해 헌법이 보장하는 직업선택의 자유, 공무 담임권을 침해당하게 되고, 이와 같이 대통령이 침해당하는 기본권을 외면 하고, 단순히 대통령의 권한이나 직무영역을 제한하는 것일 뿐이라는 이유 로 적법절차 원칙 적용을 배제하는 것을 합리화할 수는 없다.

더군다나 대통령에 대한 탄핵은 특성상 중앙선거관리위원회의 '대통령 의 선거중립의무 준수' 조치처럼 신속하게 결정될 필요가 있는 공권력의 행사가 아니고, 공권력의 조치가 위반행위자에 대하여 직무정지나 파면 등 과 같이 종국적 법률효과를 발생시키는 경우에 해당하므로 더더욱 대통령 에게 사인으로서의 기본권 주체성을 인정하여야 한다.

국회의 자율권이란?

국회는 국민의 대표기관이자 입법기관으로서 의사議事와 내부규율 등 국 회 운영에 관하여 폭넓은 자율권*을 가진다(헌법 제64조 제1항).

따라서, 원칙적으로 국회의 의사절차나 입법절차에 헌법이나 법률의 규 정을 명백히 위반한 흠이 있는 경우가 아닌 한 그 자율권은 권력분립의 원 칙이나 국회의 위상과 기능에 비추어 존중되어야 한다.

• 헌법 제64조 제1항 : 국회는 법률에 저촉되지 아니하는 범위 안에서 의사와 내부규율에 관한 규칙을 제정 할 수 있다.

그리고 그 자율권의 범위 내에 속하는 사항에 관한 국회의 판단에 대하여 다른 국가기관이 개입하여 그 정당성을 가리는 것은 바람직하지 않다(헌재 1998. 7. 14. 98헌라3).

이와 관련하여 국회의장은 국회법 제10조에 의거 원칙적으로 의사 진행에 관한 전반적이고 포괄적인 권한과 책임이 부여받고 있으므로, 본회의의 의사절차에 다툼이 있거나 정상적인 의사 진행이 불가능한 경우 의사 진행과 의사결정에 대한 방법을 선택하는 문제는 국회의장이 자율적으로 결정하여야 할 사항이다.

그러므로 이러한 국회의장의 의사 진행권은 넓게 보아 국회자율권의 일종으로서 그 재량의 한계를 현저하게 벗어나지 않는 한 존중되어야 한다(헌재 2000. 2. 24. 99헌라1).

국회 자율권과 적법절차 원칙과의 관계?

위와 같이 국회의 자율권은 인정되나, 적법절차의 원칙과 관련하여 국회의 자율권은 일정한 제약을 받게 된다.

구체적으로 살펴보면, 명백하게 헌법이나 법률에 위반되지 않는 한 국회의 자율권의 범위에 포함되는데, 헌법재판소는 아래와 같은 내용들의 결정은 국회자율권에 속한다고 보고 있다.

① 국회 스스로 탄핵소추안 의결에 필요한 증거를 수집하기 위해 국정조사와 특별검사에 의한 수사를 하기로 의결하고도 그 결과를 보지도 않고, 법제사법위원회의 조사절차도 거치지 아니한 채 탄핵소추안을 의결한 경우

② 국회에서 충분한 조사 및 심사가 결여된 상황에서 탄핵소추안을 의결한 경우

③ 토론 없이 탄핵소추 의결한 경우

④ 탄핵소추 사유별로 의결하지 않은 경우

⑤ 투표 과정이 비밀투표라고 보기 어려운 일부 사정이 있는 경우

⑥ 본회의 개의시각을 협의 없이 변경한 경우 등

그러나 법치주의의 원리상 모든 국가기관은 헌법과 법률에 의하여 귀속을 받는 것이므로 국회의 자율권 역시 헌법이나 법률을 위반하지 않는 범위 내에서 허용된다.

따라서 국회의 의사절차나 입법절차에 헌법이나 법률의 규정을 명백히 위반한 흠이 있는 경우에도 국회가 자율권을 가진다고는 할 수 없다(헌법재판소 1997. 7. 16. 96헌라2).

결론적으로 헌법상의 원리인 적법절차의 원칙을 위반하여 국민의 기본권을 침해하는 경우에는 국회의 자율권은 인정되지 않으므로, 탄핵소추 과정에서 진술권 등 헌법과 법률에서 보장하는 적법절차의 원칙은 반드시 보장되어야 한다.

적법절차 원칙이 탄핵소추 과정에서도 필요하다

탄핵제도와 공무원징계˙ 제도는 제도의 취지와 목적이 비록 다르지만, 해당 대상자를 해당 공직에서 파면할 수 있다는 점에서는 공통점이 있다.

• 국가공무원법 제79조(징계의 종류): 징계는 파면·해임·강등·정직(停職)·감봉·견책(譴責)으로 구분함.

따라서, 기본권 주체성을 가진 탄핵대상자는 탄핵소추 및 심판 과정에서 국가공무원법이 징계 대상 공무원에 대해 징계절차 과정에서 인정하는 절차상 권리에 준하는 권리를 보장*받아야 한다.

관련 규정을 준용하여 탄핵소추 및 심판에 적용하여 보면, 국회는 탄핵소추 과정에서 탄핵대상자인 대통령에게 출석통지서로 출석을 명해야 하고, 진술을 원하지 않더라도 진술권포기서를 제출하게 하여 기록에 첨부한 후 탄핵소추 의결을 할 수 있으며, 탄핵대상자인 대통령에게 충분한 진술을 할 수 있는 기회를 주어야 한다.

탄핵재판에서 꼭 적용되어야 하는 적법절차의 원칙은?

헌법재판소법 제30조에 따라 헌법재판소는 탄핵재판 과정에서 헌법재판소법이 탄핵재판의 경우 헌법재판의 성실에 반하지 않는 범위 내에서 형사소송절차 규정을 준용하여야 한다.

그중 반드시 적용되어야 할 규정 내지 원칙은 탄핵사유 불인정 추정의 원칙, 탄핵소추안 일본주의 준수, 증거조사 후 소추위원으로부터 증거를 제

• 국가공무원법 제81조(징계위원회의 설치) 제2항에 의하면 "징계위원회의 종류 · 구성 · 권한 · 심의절차 및 징계 대상자의 진술권에 필요한 사항은 대통령령 등으로 정한다"라고 규정하고 있고, ① 공무원 징계령 제10조 제1항에 의하면 징계 등 혐의자의 출석을 명할 때에는 출석통지서로 하되, 징계위원회 개최일 3일 전에 징계 등 혐의자에게 도달되도록 하여야 하고, ② 같은 조 제3항에 의하면 징계 등 혐의자가 그 징계위원회에 출석하여 진술하기를 원하지 아니할 때에는 진술권 포기서를 제출하게 하여 기록에 첨부하고 서면심사만으로 징계의결 등을 할 수 있고, ③ 같은 조 제4항에 의하면 징계 등 혐의자가 정당한 사유서를 제출하지 아니하면 출석을 원하지 아니하는 것으로 보아 그 사실을 기록에 남기고 서면심사에 따라 징계의결 등을 할 수 있고, ④ 같은 조 제7항에 의하면 징계 등 혐의자가 출석통지서 수령을 거부한 경우에는 징계위원회에서의 진술권을 포기한 것으로 보지만, 징계 등 혐의자는 출석통지서의 수령을 거부한 경우에도 해당 징계위원회에 출석하여 진술할 수 있고, ⑤ 같은 법 제11조 제2항에 의하면 징계 등 혐의자에게 충분한 진술을 할 수 있는 기회를 주어야 하며, 징계 등 혐의자는 서면으로 또는 구술로 자기에게 이익이 되는 사실을 진술하거나 증거를 제출할 수 있다.

출받는 절차 준수, 증거조사 과정에서 위법증거배제원칙 및 전문증거배제
원칙 적용 등이다.

적법절차의 원칙과 헌법재판소법 제32조에 따른 탄핵재판

헌법재판소법 제32조(자료제출 요구 등)에 의하면 재판부는 결정으로 다른
국가기관 또는 공공단체의 기관에 심판에 필요한 사실을 조회하거나, 기
록의 송부나 자료의 제출을 요구할 수 있으나, 재판 소추 또는 범죄 수사가
진행 중인 사건의 기록에 대해서는 송부를 요구할 수 없다.

따라서, 헌법재판소가 탄핵재판 과정에서 위 규정에 반하여 재판 소추
또는 범죄수사가 진행 중인 사건의 기록에 대해서는 송부를 요구해서도 안
되며, 해당 기관도 헌법재판소의 요구에 응해서는 안 된다.

그리고 이 규정을 위반한 것은 탄핵재판에 중대한 절차적 하자가 있는
것이다.

탄핵재판의 독립성이란?

헌법재판소의 독립은 헌법재판관이 어떠한 간섭을 받지 않고 헌법과 법률
에 의해 그 양심에 따라 내외 작용으로부터 독립하여 심판하는 것을 말한다.

구체적으로 법관의 재판권 행사에 대해, 국회나 정부, 법원 등 어떠한 국
가기관으로부터 간섭을 받아서는 안 되고, 소송당사자로부터도 독립되어
야 하며, 정당, 사회단체, 언론기관으로부터도 독립되어야 하며, 법원 내부
로부터도 독립되어야 한다.

넓은 뜻에서 헌법재판소 독립은 헌법재판소의 독립과 헌법재판관의 신
분상 독립을 포함하는 것으로, 이는 법관의 재판상 독립을 보장하기 위한

수단이다.

헌법 제111조 제1항에 열거된 헌법재판은 원칙적으로 헌법재판관으로 구성된 헌법재판소에 속하고, 헌법재판소는 국회, 정부, 법원과 그 조직 구성, 운영, 기능면에서 독립적이며, 법률에 저촉되지 않는 범위 안에서 심판에 관한 절차, 내부규율과 사무처리에 관한 규칙을 제정할 수 있다(헌법 제113조 제2항).

헌법 제112조 제3항은 "헌법재판소 재판관은 탄핵 또는 금고 이상의 형의 선고에 의하지 아니하고는 파면되지 아니한다"라고 규정함으로써 헌법재판관의 신분을 보장하고 있다.

탄핵재판의 독립성, 당연히 보장되어야 한다

헌법재판관으로 구성된 헌법재판소는 탄핵재판 등 헌법과 법률이 정한 구체적인 헌법재판소 관할 사건에서 해당 헌법수호 등 헌법재판 고유의 목적에 따라 재판할 뿐만 아니라 그 대상이 되는 국민의 자유와 권리를 보호해야 할 헌법상 의무와 권리를 지닌다.

헌법재판소는 타 국가기관으로부터 독립을 통해 공정하고 정당한 헌법재판을 해야만 평화적 분쟁 해결을 통해 사회 법질서를 유지하며 헌법을 수호할 수 있다.

따라서 헌법재판소의 독립은 그 자체로 합목적성을 가지는 것은 아니며 궁극적으로 개인의 자유와 권리, 그리고 헌법수호를 위한 수단적 헌정원리•

• 개인의 자유와 권리를 충실히 보장하는 모든 사법제도가 반드시 사법권의 독립을 제도적으로 요구해야 하는 것은 아님. 즉, 법원이 다른 국가기관으로부터 독립해 있지 않더라도 개인의 자유와 권리는 충분히 보장될 수 있다. 실제로 영국은 의회가 사법 기능을 담당하고 있지만, 사법권이 독립되어 있지 않다고 해

이다.

특히, 대통령 탄핵재판 과정에서 헌법재판소의 독립은 매우 중요하며, 가장 쟁점화되는 부분이 바로 여론으로부터의 독립 문제라 할 수 있다.

탄핵재판과 사법적극주의 VS 사법소극주의

대통령 탄핵재판을 포함하는 헌법재판은 헌법 규범의 실효성을 담보하기 위한 헌법보장 제도로서, 엄밀한 의미로 사법작용이라고 보기는 어렵지만, 헌법적 분쟁을 해결하기 위해 사법적인 방법을 이용하고 있고, 구체적인 사안이 발생한 경우 재판을 하는 구체적 규범 통제 방식을 채택하고 있으므로 본질상 사법적 성격이 강하다.

헌법재판기관이 헌법을 해석함에 있어서 취할 태도와 관련하여 사법적극주의와 사법소극주의의 대립이 있다.

사법적극주의는 법 해석과 결정에 있어서 법 문언에만 그치지 않고 정치적 목표나 사회정의 실현 등을 염두에 두고 적극적으로 법을 형성하거나 창조해가야 한다는 태도를 말한다.

즉, 입법부나 행정부의 입법 활동에 대해 적극적으로 심사하여 위헌 내지 무효로 판결하여 사법적 통제의 강도를 높이는 태도를 말하는데, 이는 정당을 통한 의회와 정부 사이의 권력 융화 및 행정국가 현상에 따라, 국민의 자유와 권리를 수호할 수 있는 유일한 견제 권력은 법원이라는 인식에 따른 것이다.

이에 비하여 사법소극주의는 사법부는 민주적 정당성에 기초한 의회나

서 다른 나라의 국민들에 비해 영국 국민의 자유와 권리가 현저히 침해당하고 있다고 말할 수 없다.

정부의 국가 작용에 대하여 적극적으로 개입하기보다는 명백하게 헌법이나 법률에 어긋나지 않는 한 사법적 개입은 자제되어야 한다는 이론이다.

사법소극주의는 사법부가 민주적 정당성이 취약하고, 입법 및 행정 등에 관한 전문성이 부족하기 때문이다. 무엇보다도 사법부의 적극적인 개입은 사법의 정치화를 초래하고, 결과적으로 사법권독립에 역행하며, 권력분립의 원칙을 형해화할 수 있다는 인식에 기초한다.

탄핵재판, 사법적극주의가 적용되야 하는가?

헌법재판소가 헌법의 수호자로서 특히 국민의 기본권 보호를 위해서 사법적극주의적인 입장을 취하는 것에 대해서는 별다른 이견이 없다.

하지만 국민대표기관인 대통령을 국회의 탄핵소추에 따라 탄핵재판을 하는 경우에도 사법적극주의를 택해야 하는지는 의문이다.

헌법은 국회에 탄핵소추 권한을 부여하였을 뿐 아니라 탄핵소추 여부에 대한 재량권을 부여하고 있다. 이에 반해 헌법재판소는 탄핵사유가 인정되면 탄핵하도록 하고 있을 뿐 아무런 재량권을 부여하지 않고 있다.

그런 상황에서 헌법재판소가 사법적극주의를 내세워 헌법과 법률에 규정이 없는 사안의 중대성을 해석론을 통하여 별도의 탄핵요건으로 삼는 것이 부적절하며, 사법소극주의 내지 사법자제론에 근거하여 탄핵재판을 진행하는 것이 타당하다.

그리고 헌법재판소가 기본권 보호 강화의 관점에서 탄핵재판 과정에서 대통령이 사인으로서의 기본권을 가지고 있다는 점을 좀 더 적극적으로 인정하고 이를 바탕으로 피소추자인 대통령의 절차적 권리를 지켜주려는 노력을 보이는 것이 오히려 진정한 사법적극주의의 실현이라 할 것이다.

과연 신속성이 탄핵재판에서 가장 중요할까?

탄핵소추가 되면 대통령의 직무가 정지되고, 국정에 혼란이 가중되므로 가급적 신속하게 탄핵결정을 하여 향후 정치 일정을 가시화하는 것이 바람직하다.

하지만 탄핵은 대통령을 직무에서 파면하고, 향후 5년간 공무담임권을 제한하는 효과가 있으므로 소추 사유에 관해 다툼이 있는 경우에는 소추 사유가 인정되는지 여부에 대해 충분한 증거조사 절차를 거쳐 확정할 필요성이 있다.

이 경우 탄핵대상자의 절차적 권리와 기본권 보호에 방해되지 않는 범위 내에서 신속한 재판 진행을 하여야 하며, 신속성을 내세워 탄핵대상자의 권리를 외면해서는 결코 안 된다.

4
장

탄핵은
무효다

1

국회의 탄핵결정은 무효

이 사건에서 국회가 탄핵소추의 사유와 증거가 미비한 상태에서 탄핵소추

를 졸속으로 의결하여 대통령의 권한을 정지시키고, 헌법재판소에서 탄핵

소추의 사유와 증거를 조사하려고 기도하는 것은 탄핵소추권의 남용이다.

_노무현 대통령 법률대리인단

국회는 탄핵소추를 할 때 헌법 등 관련 규정을 철저하게 검토하고, 사실
관계 및 증거를 충분히 취합하여 탄핵소추 사유로 삼을 만한 부분에 대해
서만 신중하게 탄핵소추를 하여야 하며, 탄핵소추를 정치적으로 악용하거
나 남용해서는 안 된다.

특히, 국민이 선출한 민주적 정당성이 있는 대통령에 대한 탄핵은 탄핵
소추가 대통령의 직무를 정지시키고, 나아가 탄핵되면 대통령이 지위에서
파면되고 5년간 공무원이 될 수 없는 결과를 초래하므로, 신중해야 한다.

즉, 탄핵은 헌법이 보장하는 사인으로서의 공무담임권과 직업의 자유를 침해하므로 더더욱 신중하게 적법절차의 원칙에 따라야 한다.

그러나 국회가 노 대통령을 탄핵할 때나 박 대통령을 탄핵소추할 때 과연 적절한 과정을 밟았는지 의문이다.

특히, 두 대통령의 탄핵 과정에서 다음과 같은 가장 중요한 질문이 국회에서 철저히 외면되었다.

대통령에게도 헌법상 기본권이 보장되어야 하는가?

국회, 적법하지 않은 절차로 탄핵소추

국회는 노무현 대통령과 박근혜 대통령에 대한 탄핵소추를 진행하면서 두 대통령에게 탄핵소추 사유를 정식으로 고지하지도 않았고 의견 제출의 기회도 부여하지 않았다.

헌법재판소, 국회의 소추절차에 문제가 없다고 판단

헌법재판소의 적법절차 원칙이란 국가공권력이 국민에 대하여 불이익한 결정을 하기에 앞서 국민은 자신의 견해를 진술할 기회를 가짐으로써 절차의 진행과 그 결과에 영향을 미칠 수 있어야 한다는 법원리를 말한다.

그런데 국회의 탄핵소추 절차는 국회와 대통령이라는 헌법기관 사이의 문제이고, 국회의 탄핵소추 의결에 의하여 사인으로서의 대통령 기본권이 침해되는 것이 아니라, 국가기관으로서의 대통령 권한 행사가 정지되는 것이다.

그러므로 국가기관이 국민과의 관계에서 공권력을 행사함에 있어서 준수해야 할 법 원칙으로서 형성된 적법절차의 원칙을 국가기관에 대하여 헌법을 수호하고자 하는 탄핵소추 절차에는 직접 적용할 수 없다.

더군다나, 탄핵소추 절차와 관련하여 피소추인에게 의견 진술의 기회를 부여할 것을 요청하는 명문의 규정도 없고, 국회의 자율권은 보장되어야 하므로, 국회의 탄핵소추 절차가 적법절차 원칙에 위배되었다는 주장은 이유가 없다.

문제없다고 판단한 헌법재판소 판단의 문제점

그러나 헌법재판소는 적법절차의 원칙이 적용되는 범위에 관하여 다른 결정문에서는 다음과 같이 판시하고 있다.

> 헌법 제12조 제3항 본문은 동조 제1항과 함께 적법절차원리의 일반조항에 해당하는 것으로서, 형사절차상의 영역에 한정되지 않고 입법, 행정 등 국가의 모든 공권력의 작용에는 절차상의 적법성뿐만 아니라 법률의 구체적 내용도 합리성과 정당성을 갖춘 실체적인 적법성이 있어야 한다는 적법절차의 원칙을 헌법의 기본원리로 명시하고 있는 것이다. (헌법재판소 1992. 12. 24. 92헌가 8, 2016. 12. 29. 2015헌마280 등)

> 헌법 제12조 제1항 후문과 제3항에 규정된 **적법절차의 원칙은 형사절차상의 제한된 범위뿐만 아니라 국가작용으로서 모든 입법 및 행정작용에도 광범위하게 적용된다.** (헌법재판소 2009. 6. 25. 2007헌마451 전원재판부)

즉, 적법절차의 원칙은 형사절차뿐만 아니라 국가 작용으로서 모든 입법 및 행정 등 모든 공권력의 작용에 미치고, 절차상의 적법성뿐만 아니라 실체적인 적법성까지 포함되며, 공무원이나 변호사 등을 징계하기 위한 징계 절차에도 적법절차의 원칙이 적용*되어야 한다.

기본권의 주체인 국민은 국가공권력의 단순한 대상이 아니라 절차의 주체로서, 자신의 권리와 관계되는 결정에 앞서서 자신의 견해를 진술할 수 있어야만 객관적이고 공정한 절차가 보장될 수 있고 당사자 간의 절차적 지위의 대등성이 실현될 수 있다.

그리고 앞서 살펴본 **노 대통령 헌법재판소 2007헌마700 사건**에서 헌법재판소 스스로 대통령이 헌법기관으로서의 지위와 별도로 기본권 주체성을 가지고 있음을 인정하고 있다.

한편, 헌법재판소는 변호사 업무정지를 규정한 변호사법 제15조에 대한 위헌결정을 하면서 "공소의 제기가 있는 피고인이라도 유죄의 확정판결이 있기까지는 원칙적으로 죄가 없는 자에 준하여 취급하여야 하고, 불이익을 입혀서는 안 되며 설사 그 불이익을 입힌다 하여도 필요한 최소한도에 그치도록 비례의 원칙이 존중되어야 하는 것이 헌법 제27조 제4항의 무죄추정의 원칙이며, 여기의 불이익에는 형사절차상의 처분뿐만 아니라 그 밖의 기본권 제한과 같은 처분도 포함된다"고 판시**하고 있다.

이런 측면에서 볼 때, 대통령도 국회의 탄핵소추에 의하여 직무가 정지되고, 헌법재판에서 탄핵으로 인해 파면될 위험에 처하게 되며, 탄핵될 경

• 한상수, 《박근혜 대통령 탄핵결정 대해부》, 87쪽 참조.
•• 헌법재판소 1990. 11. 19. 90헌가48 전원재판부.

우 대통령직에서 파면될 뿐만 아니라 이로 인해 5년간 공무원이 될 수 없게 되는 등 탄핵으로 인해 헌법이 보장하는 직업선택의 자유, 공무담임권을 침해당한다.

구체적으로 살펴보면, **헌법 제25조는 "모든 국민은 법률이 정하는 바에 의하여 공무담임권을 가진다"라고 하여 공무담임권을 기본권으로 보장**하고 있고, 공무담임권이란 대한민국 헌법이 보장하는 국민의 권리로 입법부, 집행부, 사법부는 물론 지방자치단체 등 국가, 공공단체의 구성원으로서 그 직무를 담당할 수 있는 권리를 말한다.

여기서 직무를 담당한다는 것은 모든 국민이 현실적으로 그 직무를 담당할 수 있다고 하는 의미가 아니라, 국민이 공무담임에 관한 자의적이지 않고 평등한 기회를 보장받음을 의미하고, 공무담임권의 보호영역에는 공직 취임 기회의 자의적인 배제뿐 아니라, 공무원 신분의 부당한 박탈까지 포함된다.

왜냐하면, 후자는 전자보다 국민의 법적 지위에 미치는 영향이 더욱 크다고 할 것이므로, 이를 보호 영역에서 배제한다면 기본권 보호 체계에 발생하는 공백을 막기 어려울 것이며, 공무담임권을 규정하고 있는 위 헌법 제25조의 내용으로 보아도 현재 공무를 담임하고 있는 자를 그 공무로부터 배제하는 경우에는 적용되지 않는다고 해석할 수 없기 때문이다.*

노 대통령이나 박 대통령도 선출직 공무원이고, 탄핵소추나 탄핵으로 인하여 대통령 직무가 정지되거나 파면되는 것은 공무담임권을 제한 내지 박탈당하는 것이다.

---

* 헌재 2000. 12. 14. 99헌마112 등, 판례집 12-2, 399, 409-414; 헌재1997. 3. 27. 96헌바86, 판례집 9-1, 325, 332-333 참조.

따라서, 탄핵소추가 권력의 분립과 통제 원리하에서 국회의 대통령에 대한 견제 및 통제 권한으로만 보아 탄핵소추나 탄핵으로 인하여 단순히 대통령의 권한이나 직무영역을 제한 내지 배제하는 측면만을 강조하여 적법절차 원칙이 적용되지 않는다고 보는 것은 탄핵소추 및 결정으로 인하여 대통령 지위에 있는 자의 공무담임권이 제한 내지 박탈되는 것임을 무시한 잘못된 결정이다.

더군다나 2007헌마700 사건에서 헌법재판소가 취한 입장을 고려하면, 대통령에 대한 탄핵은 ① 특성상 중앙선거관리위원회의 선거법위반 여부에 대한 판단처럼 헌법 내지 법률 위반행위인지 여부와 그에 대한 조치를 가능하면 신속하게 결정할 필요성이 있는 공권력의 행사라고 볼 수 없고, ② 탄핵소추 내지 결정이라는 공권력의 조치가 위반행위자에 대하여 직무정지나 파면 등과 같이 종국적 법률효과를 발생시키는 경우에 해당한다. 결론적으로 두 대통령의 탄핵소추 과정에서 적법절차의 원리가 당연히 적용된다.

한편, **헌법 제15조는 "모든 국민은 직업선택의 자유를 가진다"라고 규정**하고 있다. 여기서의 직업이란 생활의 기본적 수요를 충족시키기 위한 계속적인 활동을 의미하며 그러한 내용의 활동일 경우 그 종류나 성질을 불문하므로, 공무원 역시 직업의 자유에서 보호하는 직업에 포함된다.

그리고 직업의 자유에는 직업선택의 자유뿐만 아니라, 직업결정의 자유, 직업종사의 자유, 전직의 자유를 포함하고, 국가안전보장, 질서유지, 공공복리의 유지 내지 증진, 공무원이나 사립학교 교원 등 특정한 신분을 가진 경우 제한이 가능하지만, 그 본질적 내용은 침해할 수 없으며, 직업 활동의 가능성을 모두 박탈하는 정도의 경우는 직업 자유의 본질적인 내용이 침해되었다고 볼 수 있다. 또한, 객관적 사유에 의한 직업선택 자유의 제한에 있어서 헌법재판소는 엄격한 비례의 원칙을 그 심사척도로 들고 있다.

공무원인 대통령에 대한 탄핵소추 내지 결정도 직업의 자유를 침해하는 것이므로, 제한된 경우에만 가능하고 본질적 내용을 침해할 수 없고, 탄핵소추 및 결정으로 인해 대통령이 사인으로서 기본권인 직업의 자유가 제한되는 것이므로 엄격한 비례의 원칙에 따라 기본권 침해 여부를 판단할 필요성이 있다.

따라서 탄핵소추 과정에서 국회는 탄핵으로 인해 공무담임권과 직업의 자유를 침해당할 상황에 처한 대통령의 사인으로서의 기본권을 보장하는 것은 너무나도 당연하므로 헌법상 원리인 적법절차의 원칙, 국가공무원법 등을 적극적으로 준용하여 대통령에게 의견 진술의 기회를 보장하여야만 한다.

국회의 자율권을 고려하더라도, 대통령이기 이전에 국민으로서 기본권을 침해당하는 탄핵소추 과정에서 탄핵소추 대상인 대통령에게 진술 기회를 부여하지 않는 등 적법절차의 원칙에 반하는 경우까지 국회의 자유권 범위에 포함되는 것은 아니다.

따라서 국회가 탄핵소추 발의 후 의결 과정에서 노 대통령이나 박 대통령에게 의견 진술의 기회를 부여하지 않은 것은 적법절차 원칙에 어긋나 대통령의 사인으로서의 기본권을 중대하게 침해한 것이다.

결론적으로 국회는 대통령의 기본권을 명백하게 침해하는 탄핵소추 과정에서 두 대통령에 대한 헌법상 원리인 적법절차 원칙에 반하여 의견진술 기회를 부여하지 않았고, 이는 절차상 중대한 하자에 해당하므로 두 대통령에 대한 탄핵은 각하했어야 한다.

말도 안 되는 탄핵소추 사유, 읽어 보지도 않은 국회의원들

지난 이야기이지만, 노 대통령에 대한 탄핵소추서나 박 대통령에 대한 탄핵소추서 공히 탄핵소추안에 포함될 수 없는 내용들이 다수 포함되어 있었다.

탄핵소추 당시 국회의원들이 탄핵소추 사유서를 제대로 읽어 보고 탄핵소추 의결에 참여하였는지 의문이 제기되는 이유다.

특히 탄핵소추 사유가 무엇인지도 모르고 탄핵소추의결에 참여하면서 박 대통령을 탄핵소추한 것이라면, 참으로 문제가 심각하다.

노 대통령, 취임 전 행위는 탄핵 대상에 포함 안 됨

헌법 제65조 제1항은 '대통령…이 그 직무집행에 있어서'라고 하여, 탄핵사유의 요건을 '직무' 집행으로 한정하고 있으므로, 국회가 대통령의 취임 전 행위도 탄핵 대상이 된다고 주장한 것은 헌법 제65조 제1항에 정면으로 반한다.

따라서 대통령의 직위를 보유하고 있는 상태에서 범한 법 위반행위만이 소추 사유가 될 수 있고, 당선 후 취임 시까지의 기간에 이루어진 대통령의 행위도 소추 사유가 될 수 없다.

비록 이 시기 동안 대통령직인수에관한법률에 따라 법적 신분이 '대통령 당선자'로 인정되어 대통령직의 인수에 필요한 준비작업을 할 수 있는 권한을 가지더라도, 대통령 당선자의 지위와 권한은 대통령의 직무와는 근본적인 차이가 있으므로 그 시기의 행위 역시 탄핵소추 사유가 될 수 없다.

그러므로 노 대통령 당선을 전후하여 측근들이 행한 불법자금수수, 횡령 사건 등에 노 대통령이 관여하였더라도 이는 대통령 취임 전의 행위이므로 탄핵소추 사유가 될 수 없다.

노 대통령, 국회의 부적격판정, 해임결의안을 따를 의무가 없음

대통령은 국회의 부적격판정, 해임결의안을 수용할 헌법상 의무가 없다는 것이 헌법학자들의 대부분 견해임에도 불구하고 이를 탄핵소추 사유에 포함시킨 것 역시 헌법에 반하는 탄핵소추이다.

국회는 노 대통령이 2003년 4월 25일 국회 인사청문회가 고영구 국가정보원장에 대하여 부적격 판정을 하였음에도 이를 수용하지 않고, 2003년 9월 3일 국회가 행정자치부 장관 해임결의안을 의결하였음에도 이를 즉시 수용하지 않은 것이 헌법기관인 국회를 경시한 것으로서 헌법 제66조 제2항 등에 위반한 것이라고 주장하였다.

그러나 대통령은 그의 지휘·감독을 받는 행정부 구성원을 임명하고 해임할 권한(헌법 제78조)을 가지고 있고, 국가정보원장의 임명행위는 헌법상 대통령의 고유권한으로서 법적으로 국회 인사청문회의 견해를 수용해야할 의무를 지지 않으므로, 노 대통령이 국회 인사청문회의 판정을 수용하지 않음으로써 국회의 권한을 침해하거나 헌법상 권력분립원칙에 위배되는 등 헌법에 위반한 것으로 볼 수 없다.

그리고 국회가 국무총리나 국무위원의 해임을 건의할 수 있으나(헌법 제63조), 국회의 해임건의는 대통령을 기속하는 해임결의권이 아니라 법적 구속력이 없는 해임건의에 불과하다.

우리 헌법에서 '해임건의권'의 의미는, 임기 중 아무런 정치적 책임을 물을 수 없는 대통령을 대신하여 그를 보좌하는 국무총리나 국무위원에게 정치적 책임을 추궁함으로써 대통령을 간접적이나마 견제하고자 하는 것이므로, 헌법 제63조의 해임건의권을 법적 구속력 있는 해임결의권으로 해석하는 것은 법문과 부합할 수 없으며, 대통령에게 국회해산권을 부여하고 있지 않는 현행 헌법상의 권력분립질서와도 조화될 수 없다.

따라서 대통령이 국회인사청문회의 결정이나 국회의 해임건의를 수용할 것인지의 문제는 대의기관인 국회의 결정을 정치적으로 존중할 것인지의 문제이지 법적인 문제가 아니다. 대통령의 이러한 행위는 헌법이 규정하는 권력분립구조 내에서의 대통령의 정당한 권한 행사에 해당하거나 헌법 규범에 부합하는 것으로서 헌법이나 법률에 위반되지 않음이 명백하다.

두 대통령, 성실의무 위반 등은 탄핵소추 사유에 해당하지 않음

앞서 살펴본 바와 같이 헌법 제65조 제1항은 탄핵사유를 '헌법이나 법률에 위배한 때'로 제한하고 있어, 헌법재판소의 탄핵재판절차는 법적인 관점에서 단지 탄핵사유의 존재 여부만을 판단하는 것이므로, 대한민국에서는 정치적인 사유를 탄핵소추 사유로 인정하지 않는다.

따라서, 직무집행과 관련된 부도덕이나 정치적 무능력, 정책 결정상의 과오 등은 탄핵소추의 대상이 될 수 없고, 국회는 대통령의 불성실한 직책수행과 경솔한 국정운영으로 인한 정국의 혼란 및 경제 파탄을 이유로 탄핵소추를 할 수 없다.

노 대통령의 경우 국민통합과 경제발전 및 국민 복리의 증진에 힘써야 함에도 이러한 헌법적 책무를 저버린 채 우리 사회 내 여러 계층 간의 반목과 질시를 조장하는 발언을 하여 국론을 분열시키고, '성장과 분배' 간 정책목표의 불확실성, 정책 당국자 간 혼선 등으로 경제 불안을 가중시켰으며, 경기침체 및 대규모 청년실업 등을 초래하여 국민경제와 민생을 도탄에 빠지게 하고 국민에게 IMF 외환위기 때보다 더 극심한 고통과 불행을 안겨주어 헌법 제69조 소정의 국민복리 증진을 위하여 성실히 직책을 수행할 의무를 위반하였다 하더라도 이는 탄핵소추 사유가 되지 않는다.

그리고 박 대통령 또한 세월호 참사로 많은 국민이 사망하였고 그에 대한 박 대통령의 대응조치에 일부 미흡하고 부적절한 면이 있었다고 하더라도, 세월호 참사 당일 그 직책을 성실히 수행하였는지 여부는 그 자체로 소추 사유가 될 수 없다. 다시 말해 탄핵소추 사유가 되지 않는다.

탄핵소추 사유 대부분이 탄핵사유로 인정 안 됨

국회는 노무현 대통령과 박근혜 대통령 탄핵소추 모두 탄핵소추 사유에 포함해서는 안 될 내용 혹은 인정하기 어려운 내용을 탄핵소추 사유에 포함하다 보니 실제로 헌법재판소에서 일부 소추 사유에 대해서만 탄핵사유로 인정하였다.

노무현 대통령에 대한 탄핵소추 사유 중 헌법재판소가 탄핵사유로 인정한 것은 크게 세 가지*이며, 그 외의 다른 소추 사유들은 모두 기각되었다.

박근혜 대통령에 대한 탄핵소추 사유 중 헌법재판소가 탄핵사유로 인정한 것은 크게 4가지 분류 중 한 가지인 사인의 국정개입 허용과 대통령 권한 남용 여부뿐이고, 나머지 소추 사유들은 모두 기각**되었다.

노무현

헌법재판소는 노무현 대통령에 대한 탄핵소추 사유 중 탄핵사유에 해당하지 않는다며 기각한 내용은 다음과 같다.

① 2003. 12. 19. 노사모 주최 '기억 1219' 행사의 발언***

② 2004. 2. 5. 강원지역 언론인 간담회에서의 발언****, "'국참 0415' 같은 사람들의 정치참여를 법적으로나 정치적으로 허용하고 장려해 주어야 한다"라고 발언

- ① 2004. 2. 18. 경인지역 6개 언론사와의 기자회견에서의 발언, 2004. 2. 24. 한국방송기자클럽 초청 대통령 기자회견에서의 발언은 공직선거법 제9조의 공무원의 중립의무 위반

  ② 2004. 3. 4. 중앙선거관리위원회의 선거법 위반 결정에 대한 대통령의 행위는 법치국가이념에 위반되어 대통령의 헌법수호의무 위반

  ③ 2003. 10. 13. 대통령의 재신임 국민투표 제안행위는 헌법 제72조에 반하는 것으로 헌법수호의무 위반

- ① 최순실의 이익을 위해 대통령의 지위와 권한을 남용한 행위(헌법 제7조 제1항, 헌법 제69조, 국가공무원법 제59조 등의 공익실현의무 위반)

  ② 박 대통령이 직접 또는 경제수석비서관을 통하여 대기업 임원 등에게 미르와 K스포츠에 출연할 것을 요구한 행위는 해당 기업의 재산권 및 기업경영의 자유 침해

  ③ 박 대통령의 지시와 묵인에 따라 최순실에게 공무상 비밀이 포함된 문건들이 유출된 것은 국가공무원법 제60조의 비밀엄수의무 위반

- "시민혁명은 계속되고 있다. 다시 한 번 나서 달라"고 발언.

- "'국참 0415' 같은 사람들의 정치참여를 법적으로나 정치적으로 허용하고 장려해 주어야 한다"라고 발언.

③ '17대 총선 열린우리당 전략기획' 문건* 관련

④ 2004. 1. 14. 연두기자회견 발언**

⑤ 2003. 12. 24. 측근들과의 회동에서의 발언***

⑥ 2003. 5. 8. 대국민 인터넷 서신을 통하여 현직 국회의원들을 '뽑아버려야 할 잡초'라고 표현

⑦ 2004. 3. 8. 본인의 공직선거법위반행위를 '경미한 것', '미약하고 모호한 것'이라고 평가절하하고, 국회의 탄핵 추진에 대하여 '부당한 횡포'라고 발언

⑧ 2003. 10. 10. 기자회견에서의 발언**** 등

박근혜

헌법재판소는 박근혜 대통령에 대한 탄핵소추 사유 중 탄핵사유에 해당하지 않는다며 기각한 것은 다음과 같다.

① 문화체육관광부 소속 공무원인 노태강과 진재수에 대하여 문책성 인사를 하도록 지시하여 최순실의 사익 추구

② 세계일보 사장 해임 등 관련 언론자유 침해

③ 세월호 사고 관련 생명권 보호의무 위반 등

- 2004. 2. 27. 《중앙일보》 보도에 의하면 '17대 총선 열린우리당 전략기획'이라는 문건에는 총선 후보 영입을 위해 '당, 정부, 청와대가 함께 참여하는 지휘소 구성'이 필요하다고 되어 있고, '先당·中청·後정'이라는 총선 위주의 국정운영 순위를 매겨놓았다.

- ** "개혁을 지지한 사람과 개혁이 불안해 지지하지 않은 사람들이 있어서 갈라졌고, 대선 때 날 지지한 사람들이 열린우리당을 하고 있어 함께 하고 싶다"라고 발언.

- *** "민주당을 찍으면 한나라당을 돕는다"라고 발언.

- **** 최도술의 SK 비자금 수수 의혹과 관련하여 "수사가 끝나면 무엇이든 간에 이 문제를 포함해 그동안 축적된 국민 불신에 대해서 국민에게 재신임을 묻겠다"라고 발언.

4

위법한 추가 소추 내지 소추 취소

노무현 대통령에 대한 탄핵재판 과정에서 국회는 처음 탄핵소추 사유에 포함되지 않았던 2004년 3월 1일 '3·1절 85주년 기념사'에서의 노 대통령 발언•, 2003년 12월 30일 청와대 송년오찬모임에서 한 검찰수사와 관련한 발언••, 2004년 3월 11일 대통령의 '총선과 재신임의 연계 발언' 부분 등을 소추 사유로 추가하였다.

박근혜 대통령에 대한 탄핵소추 심판 과정에서도 2017년 1월 25일의 제9차 변론기일에서 탄핵재판의 주심 재판관인 강일원 재판관이 소추인단에게 소추 사유 중 정확하지 않은 부분을 정리해 달라고 요청하였고, 이에 2월 1일 소추위원 측에서 박 대통령의 탄핵소추 사유를 유형별로 구체화해 5개

• 용산 미군기지의 이전과 관련하여 "간섭, 침략, 의존의 상징이 어엿한 독립국가로서의 대한민국 국민의 품 안에 돌아올 것"이라고 발언.

•• "내가 검찰을 죽이려 했다면 두 번 갈아 마실 수 있었겠지만 그러지 않았다"라고 발언.

에서 4개로 정리한 준비서면을 헌법재판소에 제출했다.

그런데 국회 소추위원들은 그 과정에서, 유진룡 전 문화체육관광부 장관의 "박 대통령이 문체부 1급 공무원 6명에게 일괄사표를 받도록 부당하게 압박했다"라는 취지의 증언 내용을 '대통령 권한남용'에 추가하고, "문화예술계에 블랙리스트 적용을 거부하거나 소극적으로 행동한 문체부 고위직 간부를 선별하기 위해 퇴직을 지시한 것"이라는 내용도 추가하는 등 10여 개의 소추 사유를 추가했다.

또한, 탄핵소추 사유에 악착같이 포함시켰던 뇌물죄 부분도 두 차례에 걸친 탄핵소추 사유 정리과정에서 소추 취소가 이루어졌다.

그러나 헌법재판소 제40조(준용규정) 제1항에 의하면 헌법재판소의 심판 절차에 관하여는 이 법에 특별한 규정이 있는 경우를 제외하고는 헌법재판의 성질에 반하지 않는 한에서 민사소송에 관한 법령을 준용하고, 탄핵재판의 경우에는 형사소송에 관한 법령을 준용하도록 되어 있다.

형법 제298조 제1항에 의하면 국회가 탄핵소추안을 추가하는 경우에는 추가된 소추 사유가 기존의 소추 사유와 동일성이 인정되지 않는다면 추가 소추에 해당하고, 기존의 소추 사유 취하는 국회의 일부 소추 취하에 해당한다.

따라서, 국회가 탄핵재판을 청구한 뒤 국회에서 별도의 의결절차 없이 소추 사유를 추가하거나 기존의 소추 사유와 동일성이 인정되지 않는 정도로 소추 사유를 변경하는 것은 허용되지 않고*, 일부 소추 취하 역시 소추위원들이 국회의 동의 없이 임의로 할 수 없는 것이다.

• 헌법재판소는 노무현 대통령과 박근혜 대통령에 대한 탄핵재판 과정에서 소추위원들이 국회의 별도 동의를 받지 않고 사후적으로 추가 내지 변경한 사유에 대해서는 판단 범위에서 제외하였다.

5

너무나 성의 없이 작성된
박 대통령에 대한 탄핵소추의결서

국회는 박 대통령이 직무집행에 있어서 헌법과 법률을 광범위하고 중대하게 위배하였다고 주장하면서, 소추의결서에 다음과 같은 5개 유형의 헌법 위배행위와 4개 유형의 법률 위배행위를 적시하여 아래와 같은 탄핵소추의결서를 작성하였다.

헌법 위배행위

(가) 피청구인은 최순실에게 공무상 비밀을 누설하고 최순실과 그의 친척이나 그와 친분 있는 주변인 등(다음부터 '최순실 등'이라 한다)이 국가정책과 고위공직 인사에 관여하게 하였다. 또 대통령의 권력을 남용하여 사기업들로 하여금 수백억 원을 갹출하도록 하고 최순실 등에게 특혜를 주도록 강요하는 등 국가권력을 사익 추구의 도구로 전락하게 하였다. 이는 국민주권주의 및 대의민주주의의 본질을 훼손하고, 국정을 비선조직에 따른 인치주의로

운영하여 법치국가원칙을 파괴한 것이며, 국무회의에 관한 헌법규정을 위반하고 대통령의 헌법수호 및 헌법준수의무를 위반한 것이다.

(나) 피청구인은 최순실 등이 추천하거나 그들을 비호하는 사람을 청와대 간부나 문화체육관광부의 장·차관으로 임명하였고, 이들이 최순실 등의 사익추구를 방조하거나 조장하도록 하였다. 또 피청구인은 최순실 등의 사익추구에 방해될 공직자들을 자의적으로 해임시키거나 전보시켰다. 이는 직업공무원제도의 본질적 내용을 침해하고 대통령의 공무원 임면권을 남용하였으며, 법집행을 할 때 불평등한 대우를 하지 말아야 한다는 평등원칙을 위배하는 한편, 정부재정의 낭비를 초래한 것이다.

(다) 피청구인은 사기업에 금품 출연을 강요하여 뇌물을 수수하거나 최순실 등에게 특혜를 주도록 강요하고 사기업 임원 인사에 간섭하였다. 이는 기업의 재산권과 개인의 직업선택 자유를 침해하고, 기본적 인권 보장의무를 저버리고 시장경제질서를 훼손하고 대통령의 헌법수호 및 헌법준수의무를 위반한 것이다.

(라) 피청구인은 최순실 등 비선실세의 전횡을 보도한 언론을 탄압하고 언론 사주에게 압력을 가해 신문사 사장을 퇴임하게 만들었다. 이는 언론의 자유와 직업의 자유를 침해한 것이다.

(마) 피청구인은 세월호 참사가 발생하였을 때 국민의 생명과 안전을 보호하기 위한 적극적 조치를 취하지 아니하여 생명권 보호의무를 위반하였다.

법률 위배행위

(가) 재단법인 미르, 재단법인 K스포츠 설립·모금 관련 범죄

피청구인은 문화 발전 및 스포츠 산업 발전을 구실로 피청구인 본인 또는 최순실 등이 지배하는 재단법인을 만들고 전경련 소속 기업으로부터 출연금 명목으로 돈을 받기로 마음먹었다. 피청구인은 경제수석비서관 안종범에게 지시하여 전경련을 통하여 기업으로부터 출연받아 미르와 K스포츠를 설립하도록 하였고, 최순실은 피청구인을 통하여 재단 이사장 등 임원진을 그가 지정하는 사람으로 구성하여 미르와 K스포츠의 인사와 운영을 장악하였다.

피청구인은 안종범을 통하여 기업들로 하여금 미르에 486억 원, K스포츠에 288억 원을 출연하도록 하였다. 피청구인은 재단법인 설립 전에 7개 그룹의 회장과 단독면담을 하면서 안종범으로부터 주요 그룹의 당면 현안 자료를 제출받았고, 대기업들이 재단법인에 출연금을 납부한 시기를 전후하여 대기업들의 당면 현안을 비롯하여 기업에게 유리한 조치를 다수 시행하였다. 한편, 안종범으로부터 출연 요청을 받은 기업들은 이에 응하지 않을 경우 기업활동 전반에 걸쳐 직·간접적으로 불이익을 받을 것을 두려워하여 출연금 명목으로 위 두 재단법인에 돈을 납부하였다.

피청구인의 이러한 행위는 특정범죄가중처벌 등에 관한 법률위반(뇌물)죄와 형법상 직권남용권리행사방해죄 및 강요죄에 해당한다.

(나) 롯데그룹 추가 출연금 관련 범죄

최순실은 K스포츠가 주도하여 전국 5대 거점 지역에 체육시설을 건립하는 사업에 소요되는 자금을 기업으로 하여금 K스포츠에 지원하도록 하고, 시설 건립 등 사업을 그가 설립한 주식회사 더블루케이(다음부터 '더블루케이'라고 한다)에 넘겨주는 방식으로 이익을 취득하기로 하고, 이런 사업계획을 피청구인에게 전달하였다. 피청구인은 롯데그룹 회장 신○빈과 단독 면담을 가진 뒤 안종범에게 롯데그룹이 하남시 체육시설 건립과 관련하여 75억 원을 부담하기로 하였으니 진행상황을 확인하라고 지시하였다. 롯데그룹은 신○빈의 지시에 따라 6개 계열사를 동원하여 K스포츠에 70억 원을 송금하였다. 롯데그룹은 당시 서울 시내 면세점 사업권의 특허를 신청하였고, 경영권 분쟁과 비자금 등 문제로 검찰 수사를 받고 있었다. 이런 상황에서 피청구인이 경제수석비서관을 통하여 롯데그룹으로 하여금 K스포츠에 돈을 출연하도록 한 것은 특정범죄가중처벌등에관한법률위반(뇌물)죄와 형법상 직권남용권리행사방해죄 및 강요죄에 해당한다.

(다) 최순실 등에 대한 특혜 제공 관련 범죄

① 최순실은 친분이 있는 문○경으로부터 그 남편인 이○욱이 경영하는 주식회사 케이디코퍼레이션(다음부터 '케이디코퍼레이션'이라 한다)이 대기업 등에 납품할 수 있도록 해달라는 부탁을 받고, 정○성을 통해 피청구인에게 케이디코퍼레이션 관련 자료를 전달하였다. 피청구인은 안종범에게 현대자동차가 케이디코퍼레이션의 기술을 채택할 수 있는지 알아보라고 지시하였다. 안종범은 현대자동차그룹 회장 정○구와 부회장 김○환에게 피청구인의 지시를 전달하였고, 김○환은 구매담당자에게 지시하여 현대자동차와 기아자동차가 케이디코퍼레이션과 납품계약을 체결하고 제품을 납품받도록 하였다. 또 최순실은 피청구인이 프랑스를 순방할 때 이○욱이 경제사절단으로 동행할 수 있도록 도와주었다. 이○욱은 납품계약 성사 대가로 최순실에게

5,162만 원 상당의 금품을 주었다. 피청구인의 이런 행위는 특정범죄가중처벌등에관한법률위반(뇌물)죄와 형법상 직권남용권리행사방해죄 및 강요죄에 해당한다.

② 피청구인은 안종범을 통하여 최순실이 설립한 주식회사 플레이그라운드커뮤니케이션즈(다음부터 '플레이그라운드'라고 한다)가 현대자동차 광고를 수주할 수 있도록 해달라고 김○환에게 요구하였다. 김○환은 현대자동차그룹계열사가 수주하기로 확정된 광고를 플레이그라운드가 수주할 수 있도록해주어 9억 1,807만 원 상당의 수익을 올리도록 하였다. 피청구인의 이런행위는 형법상 직권남용권리행사방해죄 및 강요죄에 해당한다.

③ 최순실은 주식회사 포스코(다음부터 '포스코'라고 한다)가 배드민턴팀을 창단하면 더블루케이가 그 선수단 관리를 담당하여 이익을 올린다는 기획안을 마련하였다. 피청구인은 포스코 회장 권○준과 단독 면담을 하면서 포스코에서 여자 배드민턴팀을 창단하면 좋겠고, 더블루케이가 자문을 해줄 수있을 것이라고 요청하였다. 포스코는 피청구인의 요청에 따라 K스포츠 사무총장 등과 협의한 끝에 계열사인 포스코 피앤에스 산하에 창단 비용 16억원 상당의 펜싱팀을 창단하고 그 운영 및 관리를 더블루케이에 맡기기로 하였다. 피청구인의 이런 행위는 형법상 직권남용권리행사방해죄 및 강요죄에 해당한다.

④ 피청구인은 안종범을 통하여 주식회사 케이티(다음부터 '케이티'라 한다)에요청하여 이○수와 신○성을 채용하도록 한 다음 그 보직을 광고 업무 총괄

내지 담당으로 변경하도록 하였다. 이어 피청구인은 안종범에게 플레이그라운드가 케이티의 광고대행사로 선정될 수 있도록 하라고 지시하였다. 안종범은 케이티 회장 황○규와 이○수에게 요구하여 케이티가 플레이그라운드에게 광고 7건을 발주하도록 하였고, 플레이그라운드는 516,696,500원 상당의 수익을 올렸다. 피청구인의 이런 행위는 형법상 직권남용권리행사방해죄 및 강요죄에 해당한다.

⑤ 최순실은 정○성을 통하여 피청구인에게 더블루케이가 한국관광공사의 자회사인 그랜드코리아레저 주식회사(다음부터 '그랜드코리아레저'라 한다)와 스포츠팀 창단과 운영 관련 업무대행 용역계약을 체결할 수 있도록 주선해 달라고 요청하였다. 피청구인은 안종범에게 같은 취지의 지시를 하였고, 안종범은 그랜드코리아레저 대표이사 이○우에게 더블루케이와 업무용역계약을 체결하도록 요청하였다. 문화체육관광부 차관 김○도 그랜드코리아레저가 장애인 펜싱팀을 창단하고 더블루케이가 선수 대리인 자격으로 그랜드코리아레저와 선수위촉계약을 체결하도록 지원하였다. 더블루케이는 그랜드코리아레저가 선수들에게 전속계약금 명목으로 지급한 돈의 절반인 3천만 원을 에이전트 비용 명목으로 지급받았다. 피청구인의 이런 행위는 형법상 직권남용권리행사방해죄 및 강요죄에 해당한다.

(라) 문서 유출 및 공무상 취득한 비밀 누설 관련 범죄
피청구인은 '복합 체육시설 추가대상지(안) 검토' 문건 등 공무상 비밀 내용을 담고 있는 문건 47건을 최순실에게 이메일 또는 인편 등으로 전달하였다. 피청구인의 이런 행위는 형법상 공무상비밀누설죄에 해당한다.

그러나, 이와 같은 국회의 탄핵소추의결서는 검찰의 공소장과 관련 기사를 짜깁기한 수준을 넘지 못하는 매우 조악한 의결서이다.

그런 이유로 노 대통령에 대한 탄핵소추의결서와 관련해서는 헌법재판소가 소추 사유 재정리를 요청하거나 하는 일이 없었지만, 박 대통령 탄핵 사건의 경우에는 **헌법재판소가 변론 준비기일에 국회 측에 소추 사유를 사실관계를 중심으로 ① 비선조직에 따른 인치주의로 국민주권주의와 법치국가원칙 등 위배, ② 대통령의 권한 남용, ③ 언론의 자유 침해, ④ 생명권 보호 의무 위반, ⑤ 뇌물수수 등 각종 형사법 위반의 5가지 유형으로 정리해 달라고 요구하게 되었다.**

이후 또다시 국회는 헌법재판소의 요청에 따라 다른 유형과 사실관계가 중복되는 각종 형사법 위반 유형을 제외하고 ① 최순실 등 비선조직에 의한 국정농단에 따른 국민주권주의와 법치주의 위반, ② 대통령의 권한 남용, ③ 언론의 자유 침해, ④ 생명권 보호 의무와 직책 성실 수행의무 위반 등 4가지 유형으로 소추 사유를 다시 정리하게 되었다.

이처럼 **헌법재판소가 나서서 탄핵소추의결서상의 소추 사유를 정리해 달라고 하는** 것도 부적절하지만, 국회의 탄핵소추의결서가 너무나도 수준 이하였던 이유로 인해 발생한 일로서, 국회가 얼마나 졸속으로 탄핵소추를 추진하면서 소추서를 작성하였는지, 탄핵소추를 실제 추진한 사람들이 얼마나 탄핵제도에 관한 이해가 부족했는지를 스스로 자백하는 한 장면이라 할 것이다.

6

탄핵소추 사유에 대한 충분한 조사 없이
탄핵소추서가 작성되었다

미국의 경우 닉슨 대통령에 대한 탄핵소추는 1972년 6월 워터게이트 사건 특종 보고에서 시작되었다.

그리고 미 상원 특별위원회가 1973년 2월에 발족되어 1년간 조사를 진행하였고, 1974년 2월 미 하원은 탄핵에 충분한 근거가 있는지 조사할 권리를 법사위원회에 부여하여 6개월간 추가 조사가 진행되었다.

1974년 7월 말 법사위원회는 탄핵대상이 되는 각 불법행위에 대해 표결을 진행하여 5건 중 3건에 대한 탄핵소추안이 하원에 제출되었고, 닉슨 대통령은 상원 표결을 앞둔 1974년 8월 9일 대통령직을 사임하였다.

워터게이트 특종 보도로부터 2년 2개월, 국회에서 조사가 진행된 지 1년 6개월만에 탄핵소추안 의결이 있었다.

그러나 박근혜 대통령에 대한 탄핵소추는 2016년 12월 3일 발의되었으나, 탄핵소추가 발의되기 전까지 탄핵소추안에 대한 어떠한 조사도 이루어지지 않았다.

　탄핵소추안이 발의된 지 단 6일만에 탄핵소추안과 관련된 절차에 대한 일체의 설명도 없이 탄핵소추안을 개별항목별로 표결하지 않고 탄핵소추안 전체를 하나로 하여 탄핵소추안 표결을 하여 통과시켰다.

　더군다나 국회가 작성한 탄핵소추안은 국회의 조사가 전혀 이루어지지 않은 상태에서 최순실 등에 대한 공소장 2건, 박 대통령에 대한 헌법재판소 결정문, 언론기사 15건 등을 참고자료로 작성되었고, 해당 자료를 탄핵소추안에 첨부*하였을 뿐이다. 노무현 대통령 탄핵 때도 마찬가지로 충분한 조사 없이 탄핵소추서가 작성되었다.

---

* 첨부자료 21건은 다음과 같다. 1. 최순실, 안종범, 정호성에 대한 공소장, 2. 차은택, 송성각, 김영수, 김홍탁, 김경태에 대한 공소장, 3. 2004년 5월 14일 대통령(노무현) 탄핵 관련 헌법재판소 결정문[2004헌나1 결정], 4. 1997년 4월 17일 일해재단 설립 전두환, 노태우 사건 관련 대법원 판결문[96도3377], 5. 2015년 10월 27일 경제활성법안, 5대 노동개혁법 처리 등을 내용으로 하는 박근혜 대통령 시정연설 국회본회의회의록, 6. 2016년 11월 4일 박근혜 대통령 대국민담화문, 7. 최순실, 김종덕-김상률 인사 개입 관련 기사, 8. 김종, 최순실·장시호 이권개입 지원 관련 기사, 9. 유진룡, 문화체육관광부 승마협회 조사·감사 관련 인터뷰 기사, 10. 장시호, 동계스포츠영재센터 예산 지원 관련 기사, 11. 차은택, 늘품체조 예산 지원 관련 기사, 12. CJ 이미경 부회장 퇴진, 박근혜 대통령 지시한 것이라는 조원동 전 수석 인터뷰 기사, 13. 정윤회 수사 축소 관련 고 김영한 전 민정수석 비망록 기사, 14. 정윤회 국정 농단 의혹 관련 한일 전 경위 인터뷰 기사, 15. 정윤회 문건보도 보복 관련 조한규 전 세계일보 사장 인터뷰 기사, 16. 박 대통령, 각 그룹의 당면 현안 정리한 자료 요청 관련 기사, 17. 국민연금, 삼성물산과 제일모직의 합병 찬성 관련 기사, 18. 홍완선 국민연금 기금운용본부장, 삼성 이재용 부회장과 면담 관련 기사, 19. 2015년 「광복 70주년 특별사면」 실시 보도자료, 20. SK와 롯데, 면세점 추가 설치 특혜 관련 기사, 21. K스포츠재단, 수사정보 사전 인지 의혹 관련 기사.

7

국가와 헌법을 먼저 생각하는
에드먼드 로스 같은 국회위원은 진정 없는가

대한민국에서 있었던 두 번의 탄핵소추, 노 대통령에 대한 탄핵소추는 하지 말았어야 할 탄핵소추이고, 박 대통령에 대한 탄핵소추은 가지 말았어야 할 탄핵소추였다. 노 대통령 탄핵소추는 노 대통령이 정치적 승부수로 야당을 유인한 것이고, 박 대통령 탄핵소추는 야당 측이 기획하여 새누리당 내 비박계를 동조자로 끌어낸 것이다.

그 두 번의 탄핵으로 인해 야기된 정치권 내부의 갈등, 국민 내부의 분열이 향후 어떤 계기를 통하여 해결의 실마리를 찾아갈지 암담하다.

그러기에 우리는 미국 최초로 탄핵소추가 진행된 17대 대통령 앤드류 존슨에 대해 에드먼드 로스 상원의원 등이 탄핵에 반대표를 던진 용기와 심오한 뜻을 되새겨볼 필요가 있다.[*]

• 《미디어워치》, 2016. 12. 2. 〈에드먼드 로스 등은 왜 앤드류 존슨(미국 17대 대통령) 탄핵에 반대했나?〉 중 일부 발췌 및 요약.

앤드류 존슨은 전쟁부(국방부) 장관 에드윈 M.스탠턴을 해임한 것이 '공무원 재직에 관한 법률'을 위반했다는 이유로 탄핵소추되었습니다.

하지만 실제로는 남북전쟁 후 재건정책을 둘러싼 의회와의 갈등 때문이었는데, 존슨은 남북전쟁 후 남부에 대해 유화책을 쓰면서 화합을 통해 연방을 재건하려던 링컨의 유지를 계승하려고 하였으나, 공화당 강경파가 지배하는 의회는 존슨의 유화책에 반대했기 때문입니다.

연방 하원의 탄핵소추안이 통과되었고, 탄핵의결권을 가진 연방상원의원 수는 당시 54명으로 탄핵안이 가결되려면 그중 36표가 필요했는데, 공화당 의원은 42명, 민주당 의원은 12명이었습니다.

그런데 이미 6명의 공화당 의원이 '지금까지 제출된 증거만으로는 존슨을 탄핵하기에 충분하지 못하다'라면서 탄핵 반대 의사를 표명했지만, 36명만 찬성해도 탄핵안은 통과시킬 수 있는 상황이었습니다.

그러나 캔자스 출신 상원의원 에드먼드 G. 로스는 본인은 공화당원이고, 존슨의 정책에 반대하지만, 존슨 대통령이 피고인으로서 가장 공정한 재판을 받게 해야 한다고 믿었습니다.

로스 상원의원은 상원의 탄핵결정투표가 있기 전날 'D.R 안토니와 1,000명'의 유권자들로부터 대통령의 탄핵찬성을 요구하는 전보를 보내왔습니다.

이에 대해 로스는 "나는 여러분들이 나에게 유죄판결에 찬성해라, 혹은 반대를 해라 하고 요구할 권리가 있다고 인정하지 않습니다. 나는 헌법과 법률에 따라서 공정한 결정을 내리겠다는 선서를 했습니다. 그리고 나는, 국가의 최고선最高善을 위해서 내 판단에 따라서 투표할 수 있는 용기를 가져야 한다고 믿습니다"라는 답신을 보냈고, 탄핵안 처리 과정에서 로스는 신념대로 반대표를 던졌습니다.

로스는 본인이 반대표를 던진 이유에 대해 "만약 대통령이 불충분한 증거와 당파적인 이해관계로 인해서 내쫓기게 된다면, 대통령직의 권위는 크게 실추될 것이며, 결국은 입법부의 종속적인 기관으로 지위가 전락하고 말 것이고, 그것은 우리의 훌륭한 정치조직을 타락시켜서, 의회 내의 당파 독재정치를 실현하려고 할 것인데, 그것은 이 나라가 탄생된 이래 가장 교활한 위험이기 때문"이라고 하면서, "만약 앤드류 존슨이 비당파적인 투표에 의해서 무죄 방면되지 않는다면, 미국은 당파에 의한 통치의 위험성을 면치 못했을 것이고, 다수에 동조하는 특징을 나타냄으로써 국가조차 위험 속으로 몰아넣게 되었을 것이다"라고 말했습니다.

로스는 미국 헌정憲政을 지키기 위해 자신의 양심에 따라 탄핵결정에 반대했고, 로스를 비롯해 앤드류 존슨의 탄핵결정에 반대했던 공화당 의원들은 모두 정치생명이 끝났습니다.

그리고 로스는 임기를 마치고 고향 캔자스로 돌아왔을 때 당당하게 "오늘 나를 저주하는 수많은 사람들은, 내일이 오면 나를 축복할 것이다. 왜냐하면, 신神 이외의 그 누구도 나에게 가치를 주었던 투쟁을 이해하지 못한다 해도, 나는 이미 지나간 가장 큰 위험으로부터 이 나라를 구해냈기 때문이다"라고 말했습니다.

후일 존 F. 케네디는 《용기 있는 사람들》이라는 책에서 에드먼드 로스를 비롯해 앤드류 존슨의 탄핵결정에 반대표를 던졌던 의원들에 대해 "로스는 그가 정치적으로 매장당하리라는 것을 알면서도 그의 의무를 다하였다. 로스가 그것을 하기 위해서는 큰 용기가 필요했지만, 그는 그 일을 했다. 그는, 그의 행동이 그 자신에게 파멸적인 결과를 초래하리라는 사실을 알면서도, 애국심으로 그의 양심에 따라서 행동했다. 그는 정당하게 행동했던 것이다"

라고 평가하였습니다.[*]

하지만, 안타깝게도 탄핵을 적극 추진한 민주당이나 정의당 국회의원 그 누구도 당리당략보다 국가와 헌법을 먼저 생각하며 탄핵에 반대했던 에드먼드 로스 상원의원과 같은 국회의원은 단 한 명도 없었다.

지난 2004년 노 대통령 탄핵 당시 새누리당 국회의원 등이 탄핵소추안 통과 후 웃던 모습이 언론에 포착된 것과 같은 상황이 발생하지 않도록 표정 관리에만 급급해했다.

박 대통령 탄핵 1년 후 당시 민주당 원내대표 우상호는 박 대통령에 대한 탄핵은 기획된 탄핵이었다고 말했다. 그러면서 탄핵에 찬성한 새누리당 비박계 의원들이 자신들보다 더 적극적으로 나서는 바람에 탄핵 찬성에 나설 수밖에 없었다면서, 그들을 보고 희희덕거리는 모습을 보였다. 이는 2004년 노 대통령 탄핵 당시 한나라당, 새천년민주당, 자민련의 의석수가 도합 212석이었는데, 탄핵소추의결서에 참석한 의원은 195명뿐이고, 탄핵반대 표결을 한 의원도 2명이 있었던 것과 비교된다.

---

[*] 탄핵결정에 반대했던 테네시 출신 조셉 스미스 포울러는 임기를 마치고 물러나면서 "나는 하나님의 의지에 따라 내 조국과 후손을 위해 행동했을 뿐이다"라고 말했고, 포울러에 대해 케네디는 "그는 '불안한 시기를 틈타 표면에 나타나서 꺼져 가는 혁명의 불길을 계속해서 타게 하려는 정객들에게 끌려다니기를 거부했다"라고 평했다.

결국, 탄핵은 무효다

노무현 대통령과 박근혜 대통령에 대한 탄핵소추는 모두 헌법에서 보장하는 기본권의 주체이기도 한 대통령이 공무담임권과 직업의 자유를 침해하는 공권력의 행사에 해당한다.

따라서, 탄핵소추 과정에서 헌법상 원리인 적법절차의 원리를 준수해야 함에도 불구하고 이를 명백히 위반하였으므로, 국회의 자율권을 고려하더라도 이는 무효이다.

아울러 국회가 다른 헌법 규정상 소추 사유가 되지 않음이 명백하거나 혹은 과거 헌법재판소 결정에 의해 소추 사유가 될 수 없음이 명백한 사유까지 포함시키거나 정치적인 이유로 탄핵사유를 포함시켜 무리하게 탄핵소추한 것은 그 권한을 남용한 것이다.

5
장

박근혜·노무현 대통령 탄핵 재판을 둘러싼

진실 VS 거짓

상반된 조건에서 시작된 탄핵재판

앞서 살펴본 바와 같이 노무현, 박근혜 두 대통령에 대한 국회의 탄핵소추 의결은 적법절차 원칙에 반하고, 이는 탄핵소추 요건을 갖추지 못한 경우에 해당하므로 모두 각하해야 함에도 불구하고 탄핵소추되었다.

하지만, 두 대통령은 근본적으로 다른 입장에서 탄핵재판을 맞이하게 된다.

너무도 달랐던 여론

노 대통령의 경우 청와대의 여론조사 결과 추이에 따르면 출범 초 지지도는 대선 득표율인 48.9%를 크게 웃도는 77%에서 출발했다. 하지만, 최도술 전 청와대 총무비서관의 SK 비자금 수수 의혹과 관련하여 노 대통령이 2003년 10월 "수사가 끝나면 그 결과가 무엇이든 간에 이 문제를 포함해 그동안 축적된 국민 불신에 대해 국민에게 재신임을 묻겠다"라는 이른바 '재신임' 발언으로 승부수를 던진 이후 30% 초반대로 지지도가 떨어졌다.

2003년 12월 방사성폐기물 관리시설 설치문제로 대규모 폭력시위가 발생한 부안사태를 거치고, 불법대선자금 논란과 관련하여 "우리가 쓴 불법자금 규모가 한나라당의 10분의 1을 넘으면 대통령직을 사퇴하고 정계를 은퇴할 용의가 있다"라는 이른바 '10분의 1 발언'으로 인한 논란과 대검중수부의 대통령 측근 불법대선자금 및 비리 수사 등으로 인해 국정지지도는 23.6%까지 추락했다. 그러나 2004년 3월 한나라당과 민주당 주도로 국회에서 노 대통령에 대한 탄핵안이 가결된 직후, 탄핵 역풍을 타고 지지도는 39.4%로 급상승하는 대반전이 일어났다.

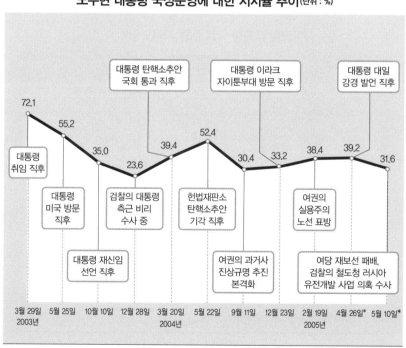

노무현 대통령 국정운영에 대한 지지율 추이(단위 : %)

《동아일보》가 코리아리서치센터(KRC)에 의뢰해 실시한 여론조사 결과.
단 *는 《문화일보》와 한국사회여론연구소(KSCI)가 TNS에 의뢰해 실시한 여론조사 결과. 《동아일보》 2005. 5. 14.

박 대통령의 경우 지지율이 취임 직후 42%로 출발해서 그해 3분기엔 60%까지 치솟기도 했다.

세월호 참사 등으로 지지율이 떨어지기는 했으나, 2015년 말에 국정 지지율이 약 40%에 가까웠고, 2016년도에 들어서면서 개성공단 폐쇄, 옥쇄 파동 등으로 인한 총선 패배, 사드 배치 문제 등을 거치면서 국정 지지도가 하락했지만 9월경까지 여전히 약 30%의 국정 지지율을 유지하고 있었다.

그러나 10월경 JTBC 보도로 촉발된 최순실 게이트 의혹이 확산되면서 한국갤럽 여론조사 결과 11월 초순경 국정지지율이 5%로 급락하고, 탄핵소추를 앞둔 11월 말에는 4%까지 떨어지는 등 최악의 상황을 맞이했다.

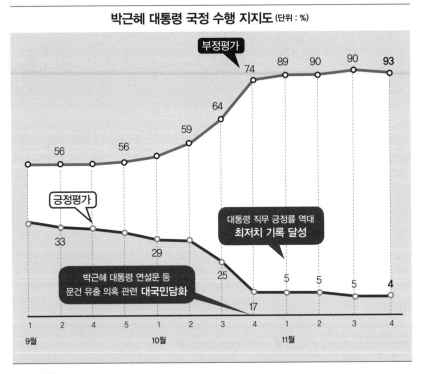

박근혜 대통령 국정 수행 지지도 (단위 : %)

《뉴시스》 참조.

여론조사 결과로 보면 노 대통령의 경우 탄핵기각, 박 대통령의 경우 탄핵찬성 의견이 압도적으로 높았다.

연합뉴스 보도에 따르면 노무현 대통령 탄핵안 발의가 논의되던 2003년 10일 발표된 "한나라당과 민주당의 노 대통령 탄핵안 발의에 대해 어떻게 생각하느냐?"는 인터넷 여론조사 결과, "반대한다"라는 답변이 78.2%(651명), "찬성한다"라는 답변 21.5%(179명)로 나타났다.

노 대통령의 경우 대통령의 정치적 중립성을 위반한 발언에 대해 사과해야 한다는 여론이 팽배하면서도 탄핵반대 여론이 압도적으로 높다는 것은 다수 국민이 "노 대통령이 분명 잘못은 하였지만, 대통령직을 그만두게 할 정도로 잘못한 것은 아니다"라는 의미이다.

CBS라디오 '김현정의 뉴스쇼'의 의뢰로 리얼미터가 공개한 설문 조사에 따르면 박근혜 대통령 탄핵소추안 찬성은 78.2%로 나타났고, 반대 의견은 16.8%였다.

이 결과에서 눈여겨볼 것은 박 대통령의 경우 탄핵이냐 하야냐를 물어보면 하야가 탄핵보다 2배 이상 높게 나오지만, 탄핵이냐 기각이냐를 물어보면 탄핵이 기각보다 압도적으로 높게 나오는 상황이었다는 점이다.

이러한 상황에서 헌법재판소 재판관들은 여론에 휘둘리지 않고 오로지 헌법과 법률에 따라 공정한 재판을 해야 하는 막중한 책무가 주어졌다.

헌법재판소는 입법부, 행정부로부터 독립하여 법원과 성격이 다른 사법적 기능을 담당하고 있으므로 재판의 독립이 중요하고, 재판의 독립은 헌법재판관이 헌법과 법률에 의하여 그 양심에 따라 독립하여 심판하는 것이

• 당시 KBS가 미디어리서치에 의뢰해 전국의 성인남녀 1,000명을 대상으로 같은 시기 실시한 여론조사 결과 역시 "탄핵추진 반대"(65.2%) 의견이 "탄핵추진 찬성"(30.9%) 의견보다 두 배 이상 높았다.

므로, 여론이나 정치적, 사회적 세력으로부터도 독립하여 판단하여야 한다.

따라서, "탄핵소추가 되면 국민들의 탄핵 찬반 여론조사도 나오고, 여론조사가 재판관들 생각에 영향도 주고, 다수 국민이 그렇게 판단한다면 재판관도 그렇게 판단하는 게 옳지 않겠냐?"라는 조대현 전 헌법재판소 재판관의 생각은 매우 문제가 있는 발언이다.

또한, 민심 중 일부였던 '촛불 민심'이 분명 박근혜 대통령 탄핵안을 심판하는 헌법재판관들에게도 영향을 미칠 것이라는 주장도 헌법재판소 재판관의 독립에 정면으로 배치되는 문제 있는 발언이라 할 것이다.

신속 VS 신중, 탄핵 결과를 바꾸다

국회의 탄핵소추 이유서에 의하면 박 대통령에 대한 탄핵사유는 헌법 위배 5건, 법률 위배 4건 등 모두 9건이고, 노 대통령에 대한 탄핵사유는 선거법 위반 등 국법 문란, 측근 비리 등 부정부패, 경제 및 국정 파탄의 3건이었다.

노 대통령의 소추 사유는 그 내용이 특정돼 있었고, 노 대통령이 사실관계를 다투지 않았으므로 헌법재판소가 탄핵 이유에 대한 사실관계를 별도로 따질 필요가 없었다. 즉 탄핵 이유의 사실관계를 피소추자가 다투지 않았기 때문에 헌법재판소가 증거조사 등 심리 절차를 간단하게 진행할 수 있었다.

반면 박 대통령의 경우 거의 대부분의 소추 사유 인정 여부에 대한 다툼이 있었으므로, 증거 및 증거조사 과정이 길어질 수밖에 없었다.

다시 말해 노 대통령 탄핵재판은 속성상 신속하게 진행될 수밖에 없었고, 그 과정에서 신중한 판단을 하기만 하면 되는 상황이었던데 비해, 박 대통령 탄핵재판은 신속성을 강조하기보다는 사실관계 규명 과정부터 증거조사까지 신중한 절차가 요구되었다.

따라서, 헌법재판소장을 비롯한 2명의 헌법재판관이 3월 초까지 임기가 종료되는 사정을 고려하여 신속하게 탄핵재판을 진행할 필요성이 있었다. 그렇다고 해도 절차의 적정성과 심리의 신중성은 포기할 수 없었다.

즉, 탄핵재판 과정에서 구두변론 원칙(헌법재판소법 30조 제1항)에 따라, 형사소송절차를 준용(같은 법 제40조 제1항)하여 피소추인인 박 대통령의 방어권을 충분히 보장해주었어야 했다.

피해자 처분을 다르게 한 검찰

노 대통령과 박 대통령은 탄핵재판 당시 형사소송법상의 신분에 차이가 있었다. 노 대통령은 피의자로 입건되지 않은 상태였던 반면 박 대통령은 이미 피의자로 입건된 상태였다.

노 대통령의 경우 2004년 3월 8일 대검중수부의 불법대선자금 중간수사결과에 의하면 5대 대기업이 제공한 불법대선자금이 이회창 후보 대선캠프 732억 원, 노무현 후보 대선캠프 36억 원이고, 불법대선자금 전체로 보면 이회창 후보 측 823억 원, 노무현 후보 측 113억 원이었다.

그러나 이러한 중간수사결과에 대해 당시 집권한 지 1년밖에 되지 않았던 노무현 캠프 측에 대한 수사가 미진하다는 지적도 있었고, 노 대통령의 당선사례금에 대한 조사가 제대로 진행되지 않았으며, 열린우리당 창당자금 수사와 경선자금 수사도 초보 단계에 있었다.

또한, 검찰은 노무현 대통령이 임기 개시 후 측근들에 의해 이루어진 범죄행위에 대해 노 대통령이 공범이라고 판단하면서도 검찰이 의지를 가지고 적극적인 수사를 진행하고 있지 않은 상황이었다.

대검중수부는 2003년 12월 29일 노무현 대통령과 측근들의 공범관계에 대해 "나름의 결론을 가지고 있으나 대통령의 헌법상 형사소추를 받지 않는 특권, 직무수행의 계속성, 헌법정신 등에 비춰 그 내용을 공개하는 것은 적절하지 않다"라고 밝히면서 노 대통령에 대한 직접 수사와 기소를 유보하고 있었다.

하지만 노 대통령이 최측근인 안희정, 이광재, 최도술 총무비서관, 양길승, 여택수, 그리고 정대철 공동선거대책위원장, 이상수 총무위원장, 이재정 유세본부장 등이 대선 과정 등에서 불법적으로 받아 사용한 불법대선자금에 대해 전혀 관여하지 않거나 몰랐다는 변명은 삼척동자도 믿기 어려웠다.

특히, 노무현 대통령의 분신 같은 이광재가 2002년 11월 9일 서울 리츠칼튼 호텔에서 노 대통령이 문병욱 썬앤문 회장과 동석한 조찬을 마치고 방을 나간 직후 문병욱으로부터 1억 원의 불법정치자금을 수수한 것과 노 대통령의 또 다른 분신인 수행비서 여택수가 2002년 12월 7일 노 대통령과 함께 있는 자리에서 문병욱으로부터 3천만 원의 불법정치자금을 수수한 것은 누가 보아도 그 자체로 공범으로 입건해 즉시 수사하는 것이 가능하였다.

그뿐 아니라, 이후 청와대 행정관으로 임명된 여택수가 롯데로부터 3억 원의 불법자금을 받아 열린우리당에 창당자금으로 제공하는 과정에서 노 대통령의 관여 없이 그가 독자적으로 범행을 저질렀다고 보는 것 역시 상식에 반했다. 이에 대한 수사를 진행함이 마땅했고, 헌법재판 과정에서도 이 부분은 노 대통령 재임기간 중 범행으로 탄핵사유가 될 수 있는 사안이므로 더 철저한 심리가 이루어졌어야 한다.

노 대통령에 대한 불법대선자금 혐의가 비록 대통령 취임 전에 발생한 것이라 탄핵사유로 삼기 어렵지만, 검찰이 조금만 의지를 가지고 수사했더라면 상황은 달라졌을 수도 있다. 박 대통령에 대해 검찰과 특검이 수사한 것처럼 조사하였다면, 노 대통령도 박 대통령처럼 검찰이 안희정, 이광재, 여택수 등의 공범으로 의율하여 기소하는 것이 충분히 가능하였다. 특히, 열린우리당 창당자금 3억과 관련된 부분은 탄핵소추 사유로 인정될 수도 있었다.

그리고 박 대통령 탄핵소추 과정 및 탄핵재판 과정에서 검찰과 특검의 수사상황이 연일 언론에 대서특필된 것처럼 노 대통령의 불법대선자금 공모 여부에 대한 수사가 지속적으로 언론에 보도되었다면 헌법재판소에서 노 대통령에 대한 탄핵결정에 상당한 영향을 미쳐 탄핵이 인용되었을 가능성이 컸을 것이다.

당시 대검중수부는, 박 대통령 탄핵 당시의 검찰이나 특검과는 달리, 노 대통령이 관련자들과 공범이라고 판단하면서도, 무슨 이유에서인지 이 부분에 대한 수사를 미루거나 대외적으로 입장 표명을 하지 않았다. 더구나 중간수사결과 발표시까지 노 대통령을 공개적으로 피의자로 입건하거나 공범으로 의율하지 않았다.

그런 상황이었으니 그때까지의 수사기록이 헌법재판소에 현출되더라도 헌법재판소가 노 대통령에게 그 수사자료를 근거로 탄핵사유가 있다고 인정하기 어려운 상황이었다.

이에 비해 박 대통령은 최순실, 안종범의 직권남용, 강요죄의 공범, 그리고 정호성의 공무상비밀누설의 공범으로 이미 검찰에서 피의자로 입건한 상태였고, 이와 관련한 수사기록이 헌법재판소법 제32조에 위반하여 헌법재판소에 제출되면 해당 피의사실이 탄핵사유로 인정될 수밖에 없는 위기에 처하였다.

서울의 심장이 두 개로 분열되다: 촛불 VS 태극기

2004년 노무현 탄핵 때에도, 2016년 박 대통령 때에도 촛불집회는 있었다. 하지만, 전자의 촛불은 탄핵반대 집회였고, 후자의 촛불은 탄핵찬성 집회였다. 2004년 노 대통령 탄핵 때에는 태극기집회가 없었지만, 2016년 박 대통령 탄핵 때에는 태극기집회가 있다.

2004년도의 촛불집회는 그 집회가 노 대통령 탄핵 결과에 의미 있는 영향을 주지 않았지만, 2016년의 촛불집회는 국회가 박 대통령에 대한 탄핵소추를 발의하게 되는 기폭제 역할을 하였다.

박 대통령 탄핵 당시 촛불집회보다 조금 뒤늦게 시작된 태극기집회에는 보수우파 시민들의 자발적이고 지속적인 참여가 있었고, 참여 수 면에 있어서도 촛불시위를 능가하는 수준이었다.

그러나 무슨 이유에서인지 언론은 촛불집회에 대해서는 적극적으로 보도하면서도 태극기집회에 대해서는 무관심한 태도를 보였다. 일부 언론은 태극기집회에서 우발적으로 발생한 일부 폭력사건을 과장하여 보도하고, 돈을 주고 사람을 동원한 집회라는 근거 없는 보도를 하였다. 헌법재판소도 촛불집회 민심에만 귀 기울이고, 태극기집회의 민심을 외면하면서 박 대통령 탄핵을 결정하였다.

촛불집회

언론에 보도된 대한민국 최초의 촛불집회는 1974년 9월 26일 서울 명동 성당에서 천주교정의구현사제단이 주관한 시국기도회였고, 6월 민주화운동 당시에도 종교계의 주도로 촛불집회가 진행되었다.

그 후 2002년 '미선이 효순이' 사건 때, 인터넷 신문《오마이뉴스》의 기자가 추모의 촛불을 켜자는 주장을 하며 다시 촛불집회가 시작된 것으로 알려져 있다. 2004년 노무현 대통령 탄핵사태 때 일어난 촛불집회 이후 진보좌파가 주요 이슈가 있을 때마다 집회에서 자주 이용하는 시위행태가 되었다.

즉, 촛불집회는 2008년 5월 한-미 쇠고기 협상 촛불집회, 2011년 6월 반값 등록금 공약 논란 촛불집회, 2013년 6월 국가정보원 여론조작 의혹 관련 촛불집회, 2014 세월호 침몰사고 관련 촛불집회 등으로 이어졌다.

그리고 2016년 10월 29일 JTBC의 박근혜-최순실 게이트 보도에 자극받은 국민들이 박근혜 대통령의 하야를 요구하는 촛불집회(박근혜 퇴진 범국민행동 주관)에 참여하기 시작하였다.

특히, 국회에서 탄핵소추가 한창 논의 중이던 12월 3일 개최된 6차 집회에서 주최 측 추산으로 전국적으로 200만 명이 넘는 국민이 참가하여 박 대통령 즉각 퇴진을 외쳤고, 이날 촛불집회의 규모에 놀란 새누리당 비박계 의원들이 사실상 무조건적인 탄핵찬성으로 돌아서는 등 국회가 박 대통령에 대한 탄핵소추를 의결하는 중요한 계기가 되었다.

이후에도 계속되던 촛불집회는 박 대통령이 탄핵된 이후인 2017년 4월 29일 제23차 집회를 마지막으로 공식 종료되었고, 2017년 5월 24일 박근혜 정권 퇴진 비상국민행동은 서울 프레스센터에서 공식 해산을 선언하였다.

태극기집회

태극기집회는 박근혜 대통령이 비선실세 의혹으로 탄핵소추안이 추진될 상황에 처하자 박사모를 주축으로 한 국민총궐기운동본부(탄기국)에서 박근혜의 하야 및 탄핵 반대를 위해 2016년 11월 7일 서울역에서 시작하였다.

이후 국회에서 박 대통령에 대한 탄핵소추안이 통과되자 태극기집회는 '탄핵무효 국민총궐기'라는 이름으로 광화문 일대 청계광장에서 1차 집회를 가지고, 대학로 마로니에 공원까지 행진한 후 2차 시국선언을 하였다.

박 대통령이 탄핵될 위험에 처하자 자발적인 보수우파 국민들의 참여가 기하급수적으로 늘어나면서 2016년 12월 24일 대한문 앞에서 개최된 제6차 태극기집회에는 주최 측 추산 160만 명이 참석하는 등 그 규모 면에서 촛불집회와 비교될 정도로 커졌다.

2017년 1월 7일 제8차 태극기집회는 사상 처음으로 경찰이 추산한 집회 인원수가 촛불집회 인원수보다 높게 추산되기 시작[*]하였다.

2017년 1월 21일 제10차 태극기집회 때에는 탄기국 회원들이 서울시청 앞 광장에 텐트를 설치하였고, 광화문 광장의 세월호 천막을 철거하면 자신들도 텐트를 철거하겠다는 입장을 밝혔다.

태극기집회가 거듭될수록, 헌법재판소의 탄핵재판 선고일이 다가올수록 박 대통령에 대한 탄핵으로 인한 국가 혼란을 걱정하는 자발적인 애국시민들의 참석이 늘어 갔다. 2017년 3월 1일 제15차 태극기집회에서는 역대 최다 인원이 참여하였는데, 당시 태극기집회 참가인원이 세종대로 사거리를 중심으로 동쪽으로는 동대문, 남쪽으로는 숭례문 앞까지 꽉 채웠고, 종로2가까지도 인파가 스크린 앞에 몰려드는 등 사상 최대 규모였다.

그럼에도 불구하고 헌법재판소는 태극기집회를 통해 분출된 민심을 철저하게 외면하였다.

---

[*] 촛불집회는 2만 4천여 명(19:45 기준)인 반면, 태극기집회는 3만 7천여 명(16:05 기준)이었다.

탄핵재판 과정에서 길을 잃은
적법절차 원칙

노무현 대통령과 박근혜 대통령에 대한 국회의 탄핵소추 과정에서 두 대통령에 대한 사인으로서의 기본권이 침해된 것과 마찬가지로, 헌법재판소의 탄핵재판 과정에서는 적법절차의 원리가 구현된 명시적인 헌법재판소 규정 등을 위반하는 등 박 대통령의 절차적 권리를 무시하였다.

헌정은 탄핵재판에 형사소송절차를 준용함

탄핵재판 과정에서 탄핵대상자에게 형사소송법상 피고인에 준하는 절차상의 권리를 보호해주고자 하는 입법자의 의도는 과거 대한민국 헌법에서 탄핵재판을 담당한 기구가 지속적으로 형사소송절차를 적용 내지 준용하도록 규정해온 것을 보면 명확하다.

과거 제1공화국은 탄핵재판을 탄핵재판소에게 맡겼는데, 탄핵재판소법 제20조(법률 제101호, 1950. 2. 21.제정)에 의하면 심판관과 재판에 관여하는 기타 직원의 제척, 기피, 회피, 법정에 있어서의 심리, 조서의 작성과 수속의 비용에 관하여는 형사소송에 관한 법령의 규정을 준용하도록 하였다.

제2공화국에서 탄핵재판을 담당한 것은 헌법재판소였는데, 헌법재판소법(법률 제601호, 1961. 4. 17. 제정) 제24조*(제청과 심판의 절차) 제1, 2항에 의하면 헌법재판소의 재판에 관하여는 본법에 규정한 외에는 민사소송에 관한 법령의 규정을 준용하도록 하면서도, 탄핵재판의 절차에 관하여는 형사소송법의 규정을 준용하도록 하였다.

제3공화국에서는 탄핵재판을 탄핵재판위원회**에서 담당하였는데, 탄핵재판법(법률 제1683호, 1964. 12. 31. 제정) 제16조(증거조사) 제1, 2항에 의하면 심판위원회는 신청에 의하여 또는 직권으로 필요한 증거를 조사하며 법원 기타의 관계기관에 조사를 위촉할 수 있고, 증거 및 증거조사에 관하여는 형사소송에 관한 법령의 규정을 준용하였다.

또한, 제4공화국, 제5공화국에서 탄핵재판을 담당했던 헌법위원회 역시 탄핵재판 과정에서 증거 및 증거조사에 관하여는 형사소송에 관한 법령의 규정을 준용하도록 되어 있다(헌법위원회법*** 제24조(증거조사) 제2항).

그리고 현행 헌법재판소법도 과거 탄핵재판을 담당했던 기관들이 탄핵재판 과정에서 증거 및 증거조사에 관하여 형사소송에 관한 법령을 준용하도록 입법 취지를 받아들여 제40조에서 헌법재판소의 탄핵재판 절차에 관하여는 이 법에 특별한 규정이 있는 경우를 제외하고는 헌법재판의 성질에

• 제24조(제청과 심판의 절차) ① 헌법위원회는 신청에 의하여 또는 직권으로 필요한 증거를 조사하며 법원 기타의 관계기관에 조사를 위촉할 수 있다. ② 증거 및 증거조사에 관하여는 형사소송에 관한 법령의 규정을 준용한다.

•• 탄핵재판위원회는 대법원장을 위원장으로 하고 대법원 판사 3인과 국회의원 5인의 위원으로 구성한다.

••• 법률 제2530호, 1973. 2. 16. 제정, 법률 제3551호, 1982. 4. 2. 일부개정.

반하지 않는 한도에서 형사소송에 관한 법령을 준용하고, 민사소송에 관한 법령이 형사소송에 관한 법령에 저촉되지 않은 경우에 한하여 준용하도록 규정하였다.

따라서, 탄핵재판에 관한 대한민국 헌법 및 법률의 연원을 살펴보더라도 탄핵재판 심리 과정에서 헌법재판의 성질에 명시적으로 반하지 않는 한 형사소송에 관한 법령을 준용하는 것은 너무나도 당연하고, 형사소송에 관한 법령에 반하는 민사소송에 관한 법령은 준용할 수 없으며, 권한쟁의심판이나 헌법소원심판에 준용되는 행정소송에 관한 규정은 더더욱 적용될 여지가 없다.*

형사절차 규정을 제대로 준용하지 않음

탄핵재판은 고위공직자가 권한을 남용하여 헌법이나 법률을 위반하는 경우 그 권한을 박탈함으로써 헌법질서를 지키는 헌법재판이고(헌재 2004. 5. 14. 2004헌나1), 탄핵결정은 대상자를 공직으로부터 파면함에 그치고 형사상 책임을 면제하지 아니한다(헌법 제65조 제4항)는 점에서 탄핵재판 절차는 형사 절차나 일반 징계절차와는 성격을 달리한다.

그리고, 헌법재판소법 제40조에 의하면 헌법재판소의 심판절차에 관하여는 이 법에 특별한 규정이 있는 경우를 제외하고는 헌법재판의 성질에

• 헌법재판소가 소추 사유의 특정성과 관련하여 소추의결서에는 피청구인이 방어권을 행사할 수 있고 헌법재판소가 심판대상을 확정할 수 있을 정도로 사실관계를 구체적으로 기재하면 된다고 보면서도, 헌법이나 형사법이 아닌 법률의 규정이 형사법과 같은 구체성과 명확성을 가지지 않은 경우가 많다는 이유로 탄핵소추 사유를 형사소송법상 공소사실과 같이 특정하도록 요구할 수는 없고, 민사소송 내지 행정소송에 관한 규정이 적용되는 공무원 징계에 있어서의 징계사유의 특정에 대한 대법원 판결을 원용하여 그 대상이 되는 비위 사실을 다른 사실과 구별될 정도로 기재하면 충분하다고 판단한 것은 헌법재판소법 제40조에 반한다.

반하지 않는 한도에서 민사소송에 관한 법령을 준용하되, 탄핵재판의 경우에는 형사소송에 관한 법령을 준용하고, 형사소송에 관한 법령이 민사소송에 관한 법령에 저촉될 때에는 민사소송에 관한 법령은 준용하지 아니하여야 한다(헌법재판소법 제40조 제1항, 제2항).

탄핵재판은 공무원이기도 한 대통령을 그 직에서 파면하는 것이므로 성질상 민사소송 내지 행정소송에 가까운데도, 헌법재판소법이 탄핵재판 과정에서 행정소송에 관한 규정이 아니라 형사소송에 관한 규정을 준용하고 있다.

그 이유는 탄핵제도가 가진 목적이 본질적으로 행정징계 소송과 다르고, 정치적 재판의 성격을 지닌 탄핵재판 과정에서 탄핵대상자가 부당한 탄핵을 당하지 않도록 절차상 권리를 충분히 보호해주어야 한다는 입법자의 의도를 반영하였기 때문이다.

꼭 지켜야 할 형사소송에 관한 규정들

이와 관련하여 헌법재판소법에서 형사소송법 등을 준용한다는 조항에 '헌법재판의 성질에 반하지 아니하는 한도에서'라는 단서가 붙어 있으므로, 헌법재판의 성질을 어떻게 규정하느냐에 탄핵재판에서 형사소송법 준용의 범위와 정도가 달라질 수 있다는 주장이 있다.

그러나 "헌법재판의 성질"은 추상적인 개념으로 구체화하기 어렵고, 탄핵재판 과정에서 피소추자를 피고인에 준하는 수준으로 방어권 등 절차적 권리를 보장해주는 것이 입법자의 의도이므로, 탄핵재판에서 준용하는 형사소송에 관한 규정이 헌법재판의 성질에 명백히 반하지 않는 한 이를 적용해야 한다.

탄핵재판 과정에서 형사소송에 관한 규정을 준용하도록 되어 있고, 이에 배치되는 민사소송에 관한 규정은 배제되므로, 탄핵재판 과정에서 반드시 준수해야 할 형사소송에 관한 규정은 형사소송이 가지는 민사소송과 근본적으로 다른 규정들이라고 보아야 한다.

따라서, 무죄추정의 원칙, 불고불리의 원칙, 공소장변경 절차, 공소장일본주의 규정, 민사와 달리 증거의 증거능력을 요구하는 형사소송 관련 규정*, 증거조사에 관한 규정 등은 반드시 탄핵재판 과정에서 적용되어야 하며, 이는 탄핵이 대통령의 사인으로서의 기본권을 침해하는 것이므로 헌법상 원리인 적법절차 원칙의 구체적인 발현이라 할 것이다.

형사소송규정을 준용하지 않는 구체적인 사례들

무죄추정의 원칙이 제대로 적용되지 않다

피고인이 유죄로 판결을 받기 전까지는 무죄로 추정한다는 원칙으로, 이를 탄핵재판에 준용하면 탄핵소추된 대통령은 헌법재판소에서 탄핵사유가 있다고 결정하기 전까지는 탄핵사유가 인정되지 않는 것으로 추정한다는 원칙이다.

탄핵사유 불인정 추정의 원칙은 대통령 탄핵사유가 헌법과 법률에 규정한 의무에 위반한 것이어야 하고, 적법한 증거조사를 거친 증거에 따라 탄핵사유가 인정되는지 여부를 판단해야 한다는 원칙과 함께 반드시 준용되어야 하는 원칙이다.

이는 탄핵사유를 의심받는 대통령의 방어권을 보장하기 위하여, 탄핵사

• 위법모집증거배제법칙과 전문증거배제법칙 등도 적용되어야 한다.

유 존재를 규명하는 책임은 국회 측에 있으며, 국회 소추위원 측이 제시한 증거 등에 의해 대통령의 탄핵사유에 합리적 의심이 사라져 탄핵사유가 있음을 인정하기까지는 대통령의 탄핵재판상의 권리와 이익을 우선시한다는 원칙이라 할 수 있다.

그러나 헌법재판소 재판관들은 탄핵재판을 본격적으로 시작하기도 전에 언론과 여론에 영향을 받았고, 헌법재판소법에 반하여 송부받은 검찰 기록을 통하여 사실상 탄핵사유가 인정된다는 선입견이 형성된 상태에서 탄핵재판을 신속하게 진행하는 데에만 관심을 보였다. 이는 탄핵사유 불인정 추정의 원칙에 반하는 것으로 볼 수밖에 없다. 이로 인해 국회 소추위원이 박 대통령의 탄핵사유 존재를 입증하는 것이 아니라, 법률대리인단이 소추 사유가 인정되지 않는다는 입증을 해야 하는 이상한 상황이 되어버렸다.

탄핵소추 절차가 형사소송 규정에 위반

박 대통령에 대한 국회의 탄핵소추의결서의 소추 사유는 헌법 위배 행위 5개 항, 법률 위배 행위 4개 항이었다. 대통령 대리인단은 소추 사유 중 헌법 위배 부분은 소추 사유가 추상적이고, 사실관계가 특정*되지 않았다면서 탄핵각하 결정을 했어야 한다고 주장했다.

그러나 헌법재판소는 두 차례에 걸쳐 소추위원 측에 소추 사유를 정리해 달라고 요구했고, 이에 소추위원 측은 헌법재판소의 요구를 받아들여 최종

• '국무위원이 아닌 최순실에게 국무회의의 심의를 거쳐야 하는 사항을 미리 알려주고 심의에 영향력을 행사하도록 하였다'라는 소추 사실은 일시 · 장소가 전혀 특정되지 않는 등 헌법 위배 부분의 소추 사유는 거의 대부분 일시 및 장소가 특정되지 않은 사실들이었다.

적으로 소추 사유 중 법률(형법) 위배 부분을 모두 삭제하고, '최순실 등 비선조직에 의한 국정농단에 따른 국민주권주의와 법치주의 위반' 등 4가지 유형의 헌법 위배로 정리해 제출했다.

그 과정에서 국회의 탄핵소추 의결 당시 가장 중요한 소추 사유인 뇌물수수 부분*에 대해 소추위원 측은 국회의 의결을 받지 않은 채 이런 내용을 소추 사유에서 제외했고, 탄핵결정문의 '6. 사인의 국정개입 허용과 대통령 권한 남용 여부' 중 '가. 사건의 배경' 부분, 미르·K스포츠재단 설립과 운영에 대한 부분 등 탄핵소추의결서에 없는 내용을 탄핵결정문에 추가**하기도 했다.

탄핵소추서 일본주의에 반함

국회가 탄핵소추를 할 때는 탄핵소추서를 헌법재판소에 제출하여야 하고, 헌법재판관이 탄핵소추 대상자의 탄핵사유 존재 여부에 관한 선입견을 갖지 않고 공정하게 탄핵재판을 진행할 수 있도록 하기 위해 탄핵소추서에는 사건에 관하여 헌법재판소에 서류 기타 물건을 첨부해서는 안 된다.***

그러나 박근혜 대통령에 대한 국회 탄핵소추의결서에는 탄핵소추 사유 이외에 신문기사, 공소장 등 21가지 자료를 첨부하였다. 이것들이 증거능력 및 가치가 있는지도 의문이지만, 탄핵소추의결서에 이처럼 탄핵소추 사

• 국회의 뇌물수수 관련 소추 내용은 '박 대통령이 대통령의 직무와 관련하여 3대 대기업(삼성·SK·롯데) 회장들을 상대로 재단에 출연을 요구하고, 그 대기업들로 하여금 박 대통령과 최순실 씨가 지배하는 2개 재단에 360억 원을 출연케 함으로써 결국 박 대통령이 대기업들로부터 뇌물을 수수했다'는 것이었다.

•• 앞서 살펴본 바와 같이 소추위원은 국회 의결 없이 소추 사유 중 일부를 철회하거나 추가할 수 없으므로, 이러한 소추 사유 변경은 중대한 법률위반에 해당한다.

••• 형사소송규칙 118조 : 공소장에는 규정된 서류 외에 사건에 관하여 법원에 예단이 생기게 할 수 있는 서류나 기타 물건을 첨부하거나 그 내용을 인용해서는 안 된다.

유의 존재 여부에 선입견을 줄 수 있는 자료를 첨부한 행위 자체가 탄핵소추서 일본주의에 명백하게 반하므로 이 역시 적법절차 원칙에 반한다.

증거조사 절차도 위반

헌법재판소가 탄핵재판 절차에서 준용해야 할 형사소송 절차의 대원칙은 '공판중심주의'이므로, 탄핵재판 과정에서 증거물 제출, 증인신문, 변호인의 반대 신문 등 증거 조사를 거친 뒤 탄핵소추 사유 인정 여부를 판단해야 한다.

즉, 헌법재판소는 형사소송 절차를 준용하여 탄핵재판을 진행해야 하고, 따라서 탄핵대상자에게 소추 사유 인정 여부를 확인하고, 부인하는 경우 소추기관이 제시하는 증거에 관한 인부를 거쳐 부인하는 증거에 대하여 형사소송절차 규정에 따라 증거조사를 해야 한다.

따라서 국회 측이 제출한 물적 증거는 검찰 공소장 및 관련 신문기사가 거의 전부였고, 형사소송법상 그 증거들은 그 자체로는 증거능력이 없는 전문증거에 불과했다. 박 대통령 측이 동의하지 않는 한 증거조사를 통해서 형사소송법이 정하는 증거능력을 인정받아야 하는데, 헌법재판소가 해당 증거에 대한 증거조사 절차를 제대로 거쳤는지, 국회 측이 제출한 증거가 박 대통령의 탄핵사유 인정의 증거가 되었는지 의문이다.

더군다나 헌법재판소는 제1차 변론기일이 열리기도 전에 검찰과 특검에 관련 수사기록 일체를 제출할 것을 요청하여 미리 검토하였는데, 이는 헌법재판소가 국회를 대신하여 증거를 확보해준 것이다. 이는 탄핵소추위원이 해야 할 일을 적극적으로 나서서 대신해준 것이므로 매우 부적절한 조치이며, 탄핵재판 절차에 준용되는 형사소송 법령에 따른 적법한 증거조사라 할 수 없다. 또한, 헌법재판소는 검찰 수사기록 중 영상으로 녹화된 진술 내용, 변호인 참여하에 작성된 조서에 대해서는 증거능력을 인정하는 등 기존의 판례에 반한 부적절한 증거채택을 진행하면서 박 대통령 측의 반대 신문권을 사실상 박탈했다.

태블릿PC, 증거가 되는가?

테블릿PC는 박 대통령에 대한 여론이 급속히 악화되면서 정치권에서 탄핵소추를 추진하게 만든 계기가 되었다. 이점에 대해서는 국민들이 모두 알고 있다.

그런데 막상 헌법재판 과정에서는 태블릿PC와 관련한 JTBC 보도 내용의 진위 여부가 사실상 다루어지지 않았다.

소송절차의 관점에서만 본다면 태블릿PC가 박 대통령의 탄핵사유를 인정하는지에 대해 의미 있는 증거가 아니라고 볼 여지도 있으나, 태블릿PC 보도가 탄핵에 미친 영향을 고려한다면 헌법재판소에서 탄핵사유의 중대성을 판단하는 과정에서라도 JTBC가 태블릿PC 관련 보도의 진실성은 짚고 넘어갔어야 한다.

더군다나 검찰이 태블릿PC를 디지털 포렌식으로 분석하는 과정에서 무결성도 훼손시켰다는 주장은 지금도 계속 제기되고 있다.

구체적으로 살펴보면 검찰 포렌식 보고서에서 앱(APP) 접속 시간을 살펴보면, 검찰이 포렌식을 하기 전인 2016년 10월 25일 오전 11시 23분부터 오후 5시경까지 무려 6시간 동안 설정 앱을 사용한 것으로 나오고, 10월 30일에는 태블릿PC의 많은 파일이 생성·수정되었다.

그리고 검찰이 포렌식을 할 때는 데이터 변경 방지 장치를 하지 않아 해당 증거의 무결성이 훼손된 것이므로, 태블릿PC에 있던 연설문 등의 증거 능력은 인정되기 어렵고, 따라서 정호성 비서관과 관련된 박 대통령의 일부 탄핵사유도 인정되어서는 안 된다.

안종범 수첩*은 증거가 될 수 있는가?

전문증거는 본인이 직접 겪은 것이 아닌 다른 사람에게 전해 들은 말 또는 전해 들은 말을 기록한 서면 등 간접증거를 말한다.

형사소송법에서는 전문증거의 경우 당사자가 법정에서 직접 진술을 하는 등 절차를 거치지 않으면 증거능력을 인정하지 않는 것이 원칙이므로, 안 수석 수첩의 증거능력에 대해 치열한 법정 공방이 벌어졌다. 지금까지 이에 대한 법원의 판단은 일치되지 않고 있어 대법원의 판단을 기다려야 하는 상황이다.

박 대통령과 최순실의 1심 재판부는 "박 대통령과 면남자 사이 수첩 기재와 같은 내용의 대화가 있었다는 점을 인정할 '간접 사실에 대한 정황증거'로서 증거능력을 인정할 수 있다"라고 판단했지만, 항소심 재판부는 업무수첩 내용 중 '박 대통령이 안 전 수석에게 지시했다'라고 된 부분에 대해서만 증거능력을 인정**하고, 다만 안 전 수석이 '박 대통령과 대기업 총수들과의 면담 내용을 불러줘 받아 적었다'라는 내용***에 대해서는 인정하지

---

* 특검에서는 안종범의 수첩을 "사초(史草)"라는 표현까지 쓰면서 신빙성을 추켜세웠다.
** 수첩 기재 내용 중 박 대통령이 '어떤 내용의 지시를 했다'라는 안 전 수석의 진술을 증명하기 위한 것으로 진술 증거로 사용할 수 있다고 판단.
*** 수첩 기재 내용 중 '박 대통령이 대기업 총수들과 단독 면담을 한 뒤 불러준 대화 내용을 안 전 수석이 적었다'는 부분은 전문증거로서 "진술이 신빙할 수 있는 상태에서 행해져야 한다는 요건을 갖춰야 증거로 사용할 수 있다"라고 판단.

않았다.

하지만 이재용 삼성전자 부회장의 2심 재판부는 안종범 수첩에 대한 증거능력을 인정하지 않으면서, 그 수첩에 적힌 내용의 '진실성'(신빙성)을 인정할 수 없다고 판단했다. 현재까지의 법원 판단대로라면 안종범 수첩이 박 대통령에게는 유죄의 증거로 사용될 수 있고, 이재용 부회장에게는 사용될 수 없다는 것이다.

하지만, 일부에서 주장하듯이 안 수석이 대통령의 지시사항을 지시받은 자리에서 바로 혹은 그 직후 기록한 것이 아니라, 최순실 게이트가 언론에 보도된 이후인 2016년 10월 12일경 사건의 흐름을 정리하는 차원에서 기재한 것이라면 안종범 수첩에 적힌 내용의 '진실성'(신빙성)을 인정하기 어려우므로 박 대통령에 대해 증거로 사용할 수 없다.

검찰의 수사기록에 의하면 안종범 집에서 발견된 업무수첩은 안종범이 2016년 10월 12일 본건 관련된 흐름을 정리하면서 수첩에 기재한 것이라고 한다. 안종범 수석이 2014년 6월 2일 청와대 경제수석으로 부임한 이후의 주요 일정, 특히 대기업과 관련된 일정을 날짜별로 정리해놓은 문건은 안종범이 2016년 11월 2일 국회운영위 출석을 앞두고 대비 차원에서 김건훈 보좌관에게 시간 순서대로 정리를 해보라고 지시를 하여 만들어진 문건[•]이라고 한다.

이처럼 안종범 메모가 그 즉시 메모한 것이 아니라 이후 다른 자료 등을 참조하여 작성한 것이라면 이는 전문증거로서 신빙성이 인정되지 않는 한 증거로 사용할 수 없다.

• 대기업 등 주요 논의 일지와 K스포츠 관련 문건, 언론 제기 의혹 정리 문건 등 세 가지였다고 함.

그런데도, 헌법재판소는 6회 변론기일에서 안종범 수첩 중 본인 확인 부분과 검찰조서 등을 증거로 채택하였는데, 과연 헌법재판소가 해당 부분 작성 시점, 관련자의 진술 등 그 당시까지 확인된 사실을 토대로 안종범 수첩에 대해 증거 채택이 가능한 것인지 의문이다. 실제로 2019년 8월 29일 대법원에서는 안종범 수첩의 증거능력은 인정되지 않는다고 판단했다.

수사기록 등 제출을 요구할 수 없다는 헌법재판소법 제32조 위반

헌법재판소법 제32조의 내용

헌법재판소법 제32조에 의하면 재판부는 결정으로 다른 국가기관 또는 공공단체의 기관 심판에 필요한 사실을 조회하거나, 기록의 송부나 자료의 제출을 요구할 수 있으나, 재판·소추 또는 범죄 수사가 진행 중인 사건의 기록에 대하여는 송부를 요구할 수 없다.

단서규정을 둔 이유는 검찰이 작성한 수사기록에 의존해 헌재의 심리가 이뤄져 검찰이 의도한 방향으로 사실을 인정하게 되는 문제가 발생할 우려가 있기 때문이고, 헌법재판소의 헌법재판연구원이 발간한 "주석 헌법소송법 372쪽"에도 같은 취지의 내용이 있다.

이에 대해 위 조항은 당사자에 국한된 것으로 보아야 하고, 헌재가 넘겨받은 것은 박 대통령에 대한 수사기록이 아니라 공범들의 수사기록이므로 문제가 없다는 주장도 있다.

그러나 해당 규정은 "재판·소추 또는 범죄 수사가 진행 중인 사건의 기록에 대하여는 송부를 요구할 수 없다"라고 규정하고 있고, 기록 관련 대상자를 피소추인으로 한정하지 않고 있으며, 불소추의 특권이 있는 대통령의 경우 위와 같이 해석하면 모든 검찰 기록을 다 받아볼 수 있다는 이상한 결론에 이르게 된다.

더군다나 대통령의 경우 불소추의 특권이 있으므로 대통령 본인에 관한 형사사건이 존재하는 것 자체가 불가능하다.

대통령의 불소추특권에 대해 좀 더 구체적으로 살펴보면 헌법은 대통령이 헌법상 지위에 따르는 권한을 행사하면서 업무를 수행할 수 있게 하려고 대통령에게 형사상 불소추의 특권을 인정하고 있다.

헌법 제84조는 "대통령은 내란 또는 외환의 죄를 범한 경우*를 제외하고는 재직 중 형사상의 소추를 받지 아니한다"라고 규정하고 있으므로, 대통령은 재직 중에 내란 또는 외환의 죄를 범하지 않는 이상 재직 중에는 형사 피고인으로 재판을 받지 않는다.

불소추특권은 대통령으로 재직 기간 동안 헌법상 인정되는 특권이므로, 대통령이 죄를 범한 시점은 재직 중으로 한정되는 것이 아니라 취임 이전의 범죄도 모두 포함**된다.

이와 관련하여 헌법상 불소추특권만을 인정한 것이므로 수사는 가능하고, 임의수사뿐만 아니라 강제수사도 가능하다는 주장도 있다.

그러나 형사소추는 특정 형사사건의 재판을 요구하고 수행하는 일로 수사를 전제로 하고, 수사란 범죄자의 범죄혐의의 유무를 밝혀내서 기소하기 위하여 용의자를 찾아내고 범죄의 증거를 수집해서 보관하는 수사기관의 활동이므로, 임기 중 소추되지 않는 대통령을 상대로 한 수사, 특히 강제수

• 대통령이 내란 또는 외환의 죄를 범한 경우에 소추되는 것은 대통령의 그러한 범법 행위 자체가 대통령의 헌법수호자의 지위를 스스로 부정하는 것이기 때문이다.

•• 내란 또는 외환의 죄 이외의 범죄인 경우에는 죄를 범한 시점이 취임 이전이라 할지라도 재직 중 대통령이 퇴직한 이후에는 형사상 소추가 가능하고, 퇴임시까지 공소시효의 진행이 정지되며, 재직 중이라 하더라도 민사상·행정상의 책임은 면제되지 않는다.

사는 인정될 수 없다.

같은 맥락에서 대통령 본인만이 누리는 특권이므로 공범은 그 대상에 포함되지 않는다. 공범이 기소되었다 하더라도 그로 인해 대통령의 불소추특권이 배제되거나 제한되는 것이 아니므로, 공범에 대한 수사 및 재판을 이유로 수사기관이 대통령의 불소추특권*을 무시하고 대통령에 대한 수사를 진행하는 것은 헌법에 반한다.

따라서 탄핵사유와 동일한 내용의 재판·소추 또는 범죄 수사가 진행 중인 경우에는 그 사건 관련 기록에 대하여 송부를 요구하는 것은 헌법재판소법 제32조를 정면으로 위반한 것이다.

그런데 헌법재판소는 2016년 12월 15일 위 규정을 위반하여 특검 및 검찰에 관련 수사자료 제출을 요청하였고, 박 대통령 측의 수사자료 제출 요청에 대한 이의신청을 기각하였다.

검찰 등이 헌법재판소 제32조 규정으로 인해 수사기록 제출에 신숭한 태도를 보이자 12월 22일에 또다시 특검과 검찰에 수사자료 제출을 요청하였으며, 결국 검찰은 12월 26일에 관련 수사자료를 헌법재판소에 제출하게 되었다.

이로 인하여 원래 탄핵재판에서 소추 사유 증명 책임은 국회 측에 있는데, 박 대통령이 공범으로 기소된 최순실 등에 대한 수사기록을 넘겨받은 헌법재판소가 그 기록을 근거로 재판을 진행하면서 **선입견**을 가지게 되었

• 대통령의 불소추권과 대통령에 대한 탄핵제도를 종합적으로 고려하면 내란 또는 외환의 죄와 같이 대통령이 스스로 헌법수호자의 지위를 부정하는 행위를 한 경우에는 형사소추가 가능하고, 그 외의 사유로는 형사소추되지 않으며, 다만 헌법이나 법률에 위배되는 경우 국민대표기관인 국회의 소추에 의해 탄핵될 수 있다.

다. 따라서 박 대통령 측이 검찰 수사기록이 사실과 부합하지 않는다는 점을 오히려 입증해야 하는 부담을 안게 되는 불합리한 결과를 초래했다.

노 대통령의 경우 오히려 도움이 되었던 피의자로

입건되지 않은 수사기록 제출

혹자는 헌법재판소가 노무현 대통령 탄핵재판 당시에도 검찰에 관련 수사기록 제출을 요구하였고, 검찰이 이에 응하여 자료를 제출하였으므로, 헌법재판소의 수사기록 요구는 문제가 안 된다고 주장한다.

그러나 노무현 대통령 탄핵재판 당시 헌법재판소가 검찰에 수사기록 제출을 요구한 것 역시 헌법재판소법 제32조 위반에 해당하므로 위법한 것이다. 이전에 헌법재판소가 불법적인 행위를 한 것이 유야무야 넘어갔다는 것을 근거로 박 대통령 탄핵재판에서의 불법을 합리화할 수는 없다.

무엇보다도 검찰이 관련 수사기록 제출 당시 노무현 대통령의 측근 비리 수사에서 노무현 대통령과의 공모 여부까지 수사가 이루어지지 않은 상태였으므로, 노 대통령 법률대리인단에서 해당 자료제출을 반대할 이유가 없었다.

실제로 헌법재판소는 노 대통령이 취임한 후에 발생한 최도술, 안희정, 여택수, 양길승의 불법정치자금 수수사실*과 관련하여 변론절차에서 현출된 모든 증거에 의하더라도 노 대통령이 이들의 행위를 지시 또는 방조하였다거나 기타 불법적으로 관여하였다는 사실이 인정되지 않으므로 이를

• 최도술이 청와대 총무비서관으로 재직하는 동안 삼성 등으로부터 4천7백만 원을 수수하였다는 부분, 안희정이 2003년 3월부터 같은 해 8월까지 10억 원의 불법자금을 수수하였다는 부분, 여택수 및 양길승에 관한 부분이다.

전제로 한 이 부분 소추 사유는 이유 없다고 판단하였다.

이에 반해 박근혜 대통령의 경우에는 국회가 박 대통령에 대한 충분한 조사와 검토 없이 졸속으로 탄핵소추를 한 것이고, 제출한 증거자료는 검찰의 공소장과 신문기사가 전부라 해도 과언이 아니었다. 그러나 이미 검찰이 박 대통령을 최순실, 안종범, 정호성과의 공범으로 명시해 입건까지 해둔 상황이었다.

따라서, 관련 검찰 수사기록이 헌법재판소에 현출되어 증거로 채택되는 경우 탄핵사유로 인정될 가능성이 매우 큰 상황이었으므로, 박 대통령에게 결정적으로 불리할 수 있는 검찰 수사기록을 헌법재판소법 제32조를 위반하여 제출하도록 하는 것은 박 대통령의 방어권을 근본적으로 침해하는 것으로 명백한 위법이라 할 것이다.

헌법재판관들의 직권남용 처벌 가능성

이와 같은 헌법재판소의 수사자료 제출 요청은 헌법재판소법 제32조에 정면으로 반하는 것이고, 이와 같은 헌법재판소의 탄핵재판 진행은 오히려 직권남용에 의한 권리방해죄*에 해당될 소지가 크다.

직권남용에 의한 권리행사방해죄는 공무원이 직권을 남용하여 사람으로 하여금 의무 없는 일을 행하게 하거나 사람의 권리행사를 방해하는 죄로서 5년 이하의 징역과 10년 이하의 자격정지 또는 1천만 원 이하의 벌금에 처하도록 되어 있는데(대한민국 형법 제123조), 공무원이 그 직권을 남용하여 국가 또는 지방자치단체 작용의 엄정嚴正을 해하였다는 데에 본죄의 특질이

• 공무원이 직권을 남용하여 폭행·협박으로써 사람의 권리행사를 방해한 경우에는 본죄가 아니라 324조의 죄를 구성하며 그 처벌은 135조의 규정에 따라 그 형의 2분의 1까지 가중한다.

있다.

여기서 말하는 '직권의 남용'이란 일반직무권한에 속하는 사항에 대하여 자기의 직권을 불법하게 행사하는 것, 즉 형식적, 외형적으로는 직무집행으로 보이나 그 실질은 정당한 권한 이외의 행위를 하는 경우를 의미하며, 공무원이 그의 일반적 권한에 속하지 않는 행위를 하는 경우와는 구별된다.

이러한 관점에서 본다면 헌법재판관은 탄핵재판에 관한 직무권한을 가지고 있고, 검찰이나 특검에 수사기록 제출을 요청하는 행위는 형식적, 외형적으로는 직무집행으로 보이지만, 그 실질은 헌법재판소법 제32조에 위반된 것이다. 이로 인해 검찰이 수사기록을 헌법재판소에 제출할 의무가 없음에도 불구하고 그렇게 한 것이므로 직권남용에 의한 권리행사방해죄*에 해당할 가능성이 크다.

이 책이 발간되었을 때 보수우파를 대표할 만한 33명을 고발인으로 하여 9명의 헌법재판관에 대한 고발장은 이미 접수되어 수사진행 중일 것이다.

• 우종창 전 《월간조선》 편집위원이 2017년 3월 14일 헌법재판소 재판관 8명에 대하여 직권남용 등 혐의로 고발하였는데, 직권남용 고발 내용은 결정문 내용이 검찰의 공소사실과 상충하고, 객관적이고 합리적인 증거가 뒷받침되지 않는 추정이라는 취지로 보이는 것 등을 근거로 했다.

3

신속성만을 앞세운 불공정한 탄핵재판

쟁점이 많은 사건, 어떻게 92일만에 탄핵결정을?

대통령에 대한 탄핵소추와 심판권의 행사는 권력분립의 원칙에 따른 견제
와 균형의 테두리를 벗어나지 않도록 대단히 신중하게 이루어져야 한다.
_노 대통령 법률대리인단

노 대통령에 대한 국회의 구체적인 탄핵소추 사유는 3개였고, 박 대통령
에 대한 국회의 구체적인 탄핵소추 사유는 13개였다. 그런데 노 대통령의
탄핵재판은 63일이 소요되었는데 비해 박 대통령에 대한 탄핵은 92일밖에
소요되지 않았다.

노 대통령에 대한 변론기일은 7차례인데 비해 박 대통령은 20차례였으
며, 노 대통령은 실제 출석 증인이 3명인데 비해 박 대통령의 출석 증인은

25명이었던 점을 고려하면 박 대통령에 대한 탄핵재판이 매우 이례적으로 빠르게 진행된 것을 알 수 있다.

더군다나 노 대통령 측은 빨리 선고를 해줄 것을 요청하였고 실제로 법률이 정한 180일의 3분의 1 정도의 기간인 63일 만에 선고되었고, 이에 비해 박 대통령 측은 신중한 탄핵재판을 요청하였고, 결론 종결 이후에도 변론 재개 신청을 내기까지 했으나 기각한 후 탄핵소추 92일만에 선고되었다.

헌법재판소법 제38조(심판기간)에 의하면 헌법재판소는 심판사건을 접수한 날부터 180일 이내에 종국 결정의 선고를 하여야 하므로, 박 대통령에 대한 탄핵재판도 180일 이내에 하는 것이 원칙이다.

그러나 이 규정은 헌법재판의 심판 기간에 관하여 지침을 제시하는 훈시적 규정에 불과하므로, 헌법재판소가 탄핵재판 등 헌법재판을 함에 있어서 위 조항이 정한 심판기간인 180일 이내에 반드시 종국 결정을 선고해야 할 법률상 의무가 있는 것이라고 할 수 없다(헌재 2009. 7. 30. 2007헌마732 참조)*. 따라서 박 대통령에 대해서 그 이상의 충분한 시간을 가지고 탄핵재판을 진행했어야 했고, 실제로 진행이 가능했다.

헌법재판소는 국민이 선출한 박 대통령에 대한 탄핵 여부를 결정하는 재판을 하는 것이고, 대부분 사실관계에 대한 다툼이 있어 많은 증거조사가

---

* 이와 관련하여 한 국민이 헌법재판소가 본인의 헌법소원에 관하여 사건접수일로부터 180일 이내에 종국 결정을 하지 아니한 것이 헌법재판소법 제38조 본문을 위반하여 청구인의 기본권을 침해한다고 주장하며, 위헌 확인을 구하는 이 사건 헌법소원심판을 청구하였는데, 이에 대해 헌법재판소는 공권력의 불행사에 대한 헌법소원은 공권력의 주체에게 헌법에서 유래하는 작위의무가 특별히 구체적으로 규정되어 이에 의거하여 기본권의 주체가 공권력의 행사를 청구할 수 있음에도 공권력의 주체가 그 의무를 해태하는 경우에만 허용되는데(헌재 2013. 5. 30. 2009헌마514 등 참조), 헌법재판소법 제38조 본문은 헌법재판의 심판 기간에 관하여 지침을 제시하는 훈시적 규정이므로 헌법재판소에 그 기간 내에 재판을 해야만 하는 구체적인 작위의무가 도출되지 아니한다'라는 이유로 각하하였다.

필요한 사건이므로 헌법재판소가 헌법재판소법 제38조의 심판 기간을 넘어서라도 신중하게 탄핵재판을 진행할 필요성이 있었다.

특히, 탄핵은 박 대통령이 사인으로서의 공무담임권 등 기본권을 침해당하는 소송이기도 하고, 적법절차의 원칙에 따라 준용하는 형사소송 규정에 따른 증거 및 증거조사를 진행하면서 피소추인인 박 대통령의 방어권도 충분히 보장할 필요성이 있으므로 신중한 재판 진행이 신속성보다 더 중요했다.

쟁점이 훨씬 많은 박 대통령 탄핵재판 시작,
노 대통령과 불과 2일밖에 차이 나지 않아

노무현 대통령에 대한 탄핵재판은 탄핵소추 사유의 사실관계 인정 여부에 대한 다툼은 거의 없었으므로 증거조사 절차가 그다지 요구되지 않았다.

그에 비해 박 대통령에 대한 탄핵재판은 박 대통령 측이 탄핵소추 사유의 사실관계를 인정하지 않았으므로, 노 대통령 때보다 쟁점도 많고, 증인과 사실조회 신청 등도 훨씬 더 많을 수밖에 없었다.

그렇다 보니 헌법재판소는 노 대통령 때에는 2004년 3월 12일 탄핵소추의결서 접수 후 별도의 준비절차를 거치지 않았고, 두 차례의 재판관 회의를 거친 다음 18일 만에 제1차 변론기일을 열었지만, 박 대통령 때에는 2016년 12월 9일 탄핵소추의결서 접수 후 3차례의 준비절차를 거쳐 비로소 제1차 변론기일을 열었고, 재판관회의도 매일 열다시피 했다.

그런데 헌법재판소는 쟁점 정리를 위해 3회에 걸친 준비절차를 거쳤는데도 20일 만에 제1차 변론기일을 열었다. 이는 노 대통령 사건이나 다른 헌법재판소 사건들과 비교해 보면 이례적으로 신속하게 진행된 것으로, 헌법재판소가 매일 재판관 회의를 열고, 3차례의 준비절차도 촉박하게 기일을 잡아 진행하는 등 지나치게 탄핵재판을 서둘렀기 때문이다.

신속한 재판에 매몰된 헌법재판소, 위법한 수사기록 송부요청을 감행

헌법재판소는 박 대통령 탄핵재판 과정에서 1차 준비기일에서 검찰 등에 수사기록을 요구하였고, 검찰 등이 제출을 주저하자, 또다시 수사기록 제출을 요구해서 받은 후 제1차 변론기일 전부터 기록검토에 들어갔다.

그러나 헌법재판소의 이와 같은 수사기록 요청은 헌법재판소법 제32조에도 명백히 반하는 위법이고, 형사소송 절차에 관한 규정을 준용하여 준수해야 할 탄핵소추의견서 일본주의에도 반하는 위법적인 요구이다.

그럼에도 불구하고 헌법재판소가 수사기록을 두 차례나 요구하여 받은 이유는 탄핵재판의 경우 형사소송절차를 준용한 증거 및 증거조사를 하여야 하고, 그 절차에 따를 경우 탄핵재판에 상당한 시간이 소요될 것으로 예상되자, 오로지 신속한 탄핵재판을 진행하기 위한 목적으로 법 위반을 스스로 감내한 것이라고밖에 볼 수 없다. 그리고 이와 같은 헌법재판소의 조치는 탄핵재판을 중립적으로 공정하게 진행하여야 할 헌법재판소가 스스로 소추기관인 국회가 제출해야 할 주요 탄핵증거를 대신 마련해준 것으로, 헌법재판소가 사실상 소추기관의 역할까지 한 것으로 비판받아 마땅하다.

헌법재판소가 주도적으로 탄핵소추 사유 정리

원래 탄핵소추 사유는 국회가 작성하여 헌법재판소에 제출하는 것으로 국회의 고유한 권한이다. 따라서 헌법재판소가 탄핵소추 사유의 유형을 정하고, 국회 측이 그에 따라 탄핵소추 사유를 재정리하는 것은 부적절하다.

그런데 박 대통령 탄핵재판 당시 헌법재판소가 준비기일절차 혹은 변론기일에서 국회 측에 구체적인 가이드라인을 제시하며 적극적으로 소추 사유를 정리하고 나섰다.

국회가 담당해야 하는 탄핵소추 사유 정리에 헌법재판소가 적극적으로 나서는 것 역시 노 대통령 때에는 볼 수 없었던 장면이다. 박 대통령 측에서 헌법재판소가 이와 같이 이례적으로 탄핵소추 사유 정리에 나선 것은 탄핵소추 사유가 특정되지 않았기 때문이라는 주장을 하는 계기가 되었다.

박 대통령 법률대리인은 소추 사유 중 공무상 비밀누설행위 부분은 소추의결서에 '복합 체육시설 추가대상지(안) 검토' 문건 등 공무상 비밀 내용을 담고 있는 문건 47건을 최순실에게 전달한 행위로 기재되어 있을 뿐 문건 47건의 구체적 내역을 구체적으로 특정하여 기재하지 않았다고 지적하였다. 헌법재판소는 소추의결서에 증거자료로 첨부된 정호성에 대한 공소장 중 '정호성과 대통령이 공모하여 공무상 비밀을 누설한 범행' 부분에 문건 47건의 구체적 내역이 기재되어 있고, 청구인과 피청구인은 소추의결서에 기재된 문건 47건이 증거자료에 기재된 문건 47건과 같은 것임을 전제로 제15차 변론기일까지 변론을 진행해 왔으며, 피청구인도 이 부분 소추 사유에 대하여 충분히 방어권을 행사했고, 국회가 2017년 1월 13일 제출한 준비서면을 통해 이 문건 47건의 구체적 내역을 보완하기도 하였으므로, 소추의결서 자체에 문건 47건 목록을 첨부하지 않았다고 하여 이 부분 소추 사유가 특정되지 않아 부적법하다고 볼 수 없다고 판단했다.

박 대통령 법률대리인은 이 사건 소추의결서에 따르면 탄핵사유의 내용과 그에 적용된 헌법위반 또는 법률위반 조항이 모두 복합적으로 나열되어 있어서 과연 각 소추 사유가 무슨 법령 위반인지 특정할 수 없으므로 부적법하다고 주장하였으나, 헌법재판소는 원칙적으로 국회의 소추의결서에 기재된 소추 사유에 의하여 구속을 받고, 소추의결서에 기재되지 않은 소추 사유를 판단의 대상으로 삼을 수 없다고 하면서도, 소추의결서에서 그 위반을 주장하는 '법규정의 판단'에 관하여 헌법재판소는 원칙적으로 구속을 받지 않으므로, 청구인이 그 위반을 주장한 법 규정 외에 다른 관련 법규정에 근거하여 탄핵의 원인이 된 사실관계를 판단할 수 있고, 헌법재판소는 소추 사유를 판단할 때 국회의 소추의결서에서 분류된 소추 사유의 체계에 구속되지 않으므로, 소추 사유를 어떤 연관 관계에서 법적으로 고려할 것인가 하는 것은 전적으로 헌법재판소의 판단에 달려 있다는 이유로 박 대통령 법률대리인의 주장을 받아들이지 않았다. 이 또한 공정한 탄핵재판을 진행해야 할 심판기관인 헌법재판소가 국회를 대신하여 탄핵소추서를 작성해준 것과 다름없는 것으로서, 탄핵소추기관의 역할까지 자발적으로 맡았다는 비난을 면하기 어렵다.

지나치게 세월호 관련 자료 요구에 집착,
입증 책임 없는 박 대통령 법률대리인에게 오히려 소명 요구

박 대통령 탄핵재판 과정에서 헌법재판소는 세월호 사건에 대해 성실하게 직무를 수행할 의무가 탄핵사유가 될 수 없고, 박 대통령의 대응조치에 미흡하고 부적절한 면이 있었다고 하나 대통령이 생명권 보호의무를 위반하였다고 인정하기는 어렵다고 판단했다. 이는 탄핵소추 당시부터 예상된 결과이다.

하지만, 헌법재판소는 탄핵소추 당시부터 기각되리라고 예상하고, 실제로 기각되었던 세월호 관련 자료를 입증책임이 있는 국회 소추위원 측이 아닌 박 대통령 법률대리인단에게 수차례 요구하였다.

헌법재판소는 '세월호 7시간의 행적'은 국회 측이 입증해야 할 사실관계인데도, 박 대통령 측에 '세월호 7시간의 행적'을 정리하여 제출할 것을 요구하였다.

박 대통령 법률대리인단이 2017년 1월 10일 탄핵재판 3회 변론기일에 정리·자료를 제출하였는데도, 헌법재판소는 석명이 부족하다며 세월호 당일 대통령과 국가안보실장 간의 통화기록을 추가로 제출해 달라고 요구하였다.

법률가의 입장에서 참으로 이해할 수 없는 부분이다.

헌법재판소 재판관들이 이미 언론 등을 통해 유포된 유언비어 등에 영향을 받아 세월호 사건에 대한 부정적인 인식을 가지고 있었기 때문에 이러한 있을 수 없는 일이 벌어진 것이라고 해석해야 하는 것일까!

헌법재판소는 박 대통령에게 유리한 증인에 대해 상당수 기각

노 대통령 탄핵재판 때에는 소추위원 측이 신청한 증인이 대부분이었고, 헌법재판소는 소추위원 측이 신청한 29명 중 4명만 증인으로 채택하고 나머지 19명은 기각하였다. 노 대통령을 포함한 6명은 보류하였다가 최종적으로 모두 기각하였다.

그리고 4.15 총선에서 여당인 열린우리당이 승리하자, 헌법재판소는 4월 20일부터 30일까지 10일 사이에 4차례 변론기일을 열어 심리를 종결하고, 2주만인 5월 14일 탄핵에 대한 결정을 하였다.

이에 비해 박 대통령 탄핵 사건의 경우 탄핵재판이 진행되고 있던 상황에서 박한철 당시 헌재소장이 '탄핵재판은 (이정미 재판관의 퇴임 일인) 2017년 3월 13일 전에 선고되어야 한다'라고 미리 선고 일자를 지정했기 때문에 박 대통령 측에서 신청한 많은 증인이 불출석했다.

그러자 헌법재판소에서 불출석하는 증인은 더는 부르지 않겠다는 입장을 밝혀 핵심 증인 고영태 등이 더더욱 헌법재판소에 증인출석을 회피하도록 했으며, 박 대통령 측이 신청한 다수의 증인신청을 기각하였다.

그뿐만 아니라 실체관계가 확인되지 않은 상태에서 변론 종결을 하는 것을 반대하면서 2월 20일 박 대통령 측이 추가로 증인을 신청한 것에 대해 헌법재판소는 근거 없이 재판지연 전략이라는 이유로 모두 기각하고, 그 과정에서 박 대통령 측에서 뒤늦게 주심 재판관 기피신청을 하였으나 이 역시 기각*했다.

박 대통령에게 반드시 필요한 증인

고영태에 대한 증인 신문이 반드시 필요했다

헌법재판소는 박 대통령 측의 증인신청을 상당수 기각하고, 고영태 등은 증인신문하기로 했다.

5.18 민주화유공자인 고규석**의 아들인 고영태는 1998년 방콕 아시안게

• 박 대통령 측은 탄핵재판이 진행되던 2017년 1월 말경 '박 대통령 선친인 박정희 대통령이 집권한 후 강일원 주심 재판관의 부친이 정치적 변동에 따라 큰 어려움을 겪었는데 주심 재판관은 그것이 부당한 일이었다고 생각하는 것으로 안다'라는 내용의 제보를 받고 주심 재판관에게 공정한 심판을 기대하기 어려울 수도 있다고 판단하여 주심 재판관에 대한 기피신청을 검토했다. 그러나 헌법재판소 24조 제3항에 의하면 '변론기일에 출석하여 본안에 관한 진술을 한 때에는 기피신청을 하지 못한다'고 규정돼 있다는 이유로 기각되었다.

•• 고영태의 아버지 고규석은 1980년 5월 21일 5.18 광주민주화운동 당시 신군부에 의한 총격으로 사망한 유공자로, 현재 국립 5.18 민주 묘지 1묘역에 안장되어 있다.

임에서 금메달을 획득한 펜싱 국가대표이자 강남 호스트바 출신*으로 알려졌다. 강남의 한 유흥업소에서 최순실을 알게 된 후 서로의 이름을 격의 없이 부르며 말을 놓는 사이였을 정도로 친했다고 한다. 또한 최순실의 도움으로 박 대통령에게 가방**을 만들어주기도 하였고, 최순실의 핵심 비선 모임의 멤버로 알려진 사람이다.

2014년, 고영태가 차은택을 최순실에게 소개했는데, 이후 최순실이 차은택과 급속도로 가까워지면서 고영태와 멀어졌다.*** 고영태의 사업이 기울고 경제적 곤경이 시작되었지만 최순실이 도움을 주지 않자, 고영태는 최순실에게 배신감을 느끼고 복수를 위해 최순실의 정체를 언론에 제보하기 시작****했다고 한다.

이와 관련해 고영태는 최순실 게이트 청문회에 증인으로 출석해서 최순실과 멀어지게 된 이유를 "정유라의 개를 돌보지 않고 골프를 치러 나갔다가 크게 싸운 것부터 시작했다"라고 증언한 바 있다.

그리고 필리핀에 있다가 귀국한 고영태 등의 제보*****에 의해 2016년 7월 26일 미르재단, K스포츠재단의 비리 관련 기사가 최초로 TV조선에서 나왔고, 이후 JTBC에서 10월 4일 특별취재팀을 구성하여 고영태, 이성한을

---

* '고민우'라는 가명을 사용한 것으로 알려졌는데, 청문회에서 그 이름을 쓴 적이 없다고 부인했다.

** 최순실의 영향 아래에서 2008년부터 가방제조 회사인 '빌로밀로'(Villo Millo)를 운영하였다.

*** 최순실은 고영태가 다른 여자와 같이 있는 것을 보고 크게 싸운 후 자신이 사준 각종 귀금속과 명품들을 도로 가져가기도 했다고 한다.

**** 2014년 12월경 고영태는 최순실과의 관계, 재단 관련 문건을 《조선일보》 측에 제보했으나, 《조선일보》는 워낙 사안이 황당했고 이게 진짜라 해도 제보자의 신변을 보장하기 어렵다는 이유로 보도하지 않았다. 이후 2015년 정부의 정책이 고영태가 가져온 문건대로 실행되는 것을 보고 집중취재에 나서게 되었다.

***** 고영태는 힘도 없고 보호받을 곳도 없는 자신이 엄청난 게이트의 주동자로 몰려서 희생양이 될 수도 있다고 생각했기 때문에 서둘러 귀국해서 해명하려고 했던 것이라고 주장했다.

연이어 접촉하여 받아낸 인터뷰 기사가 나오면서 비선실세로 의심되는 최순실 국정농단 의혹이 확산되었다.

고영태는 검찰수사에 협조했으며, 최순실이 설립한 회사인 '더블루K'가 2016년 10월 이후 K스포츠재단의 돈을 빼돌리는 데 고영태가 창구 역할을 했다는 의혹을 받고 있으나, 이에 대해서는 검찰이 제대로 조사하지 않았다.

2017년 2월 초순경 검찰이 고영태 측근의 컴퓨터에서 발견한 녹음파일 등을 헌법재판소에 제출하였고, 2월 13일 MBC뉴스에서는 고영태 및 측근들이 최순실을 이용해 재단을 장악하려고 한 것으로 강력하게 의심되는 녹취 내용을 단독 보도하였다.

위 내용에 의하면 고영태가 재단 사무총장을 쫓아내고 사무부총장으로 들어가 본인들이 재단을 장악하자고 모의한 것으로 보인다. 또 고영태, 김수현 등은 본인들이 피해자로 보이도록 시나리오를 만들자고 모의하였고, 언론에 제보한 관련 기사가 앞으로 계속 나갈 것이니 주고받은 메일 등을 다 없애고, 휴대폰도 해지하고 유심칩도 찢어버리고 전화기는 한강에 던져버리는 등 관련 증거를 은폐하는 대화까지 나눈다.

만에 하나 박근혜-최순실 게이트가 고영태 등이 K스포츠재단을 장악하기 위해 꾸민 음모에 따라 JTBC 등 언론에 일부 허위 내용이나 자료를 제공하였고, 언론과 취재한 것을 의도적으로 최순실 쪽에 알려 K스포츠재단을 장악하려고 한 것이라면, 그러한 의도를 가진 고영태 등이 제공한 자료 등을 근거로 JTBC 등이 태블릿PC에 관한 보도 등을 하게 된 것이라면 이 사건의 본질이 달라질 수 있다.

따라서, 박 대통령 측 입장에서 고영태는 언론제보 동기, 재단 설립 및 운영과정에서의 역할 등을 반드시 확인할 필요성이 있는 매우 중요한 증인이

고, 헌법재판소 입장에서도 이 사건의 실체를 파악하는 데 필요한 증인이
었다.

헌법재판소, 고영태의 증인 불출석 용인, 결국 증인신청 취소

헌법재판소도 고영태를 증인으로 채택하기는 하였다.

그러나 고영태는 의도적으로 헌법재판소에 출석하지 않았고, 이에 헌법
재판소에서는 2017년 1월 13일 경찰에 고영태의 소재를 확인해줄 것을 요
청하였다.

고영태는 신변 위협 때문에 집을 떠나 있고, 정상적인 생활이 불가능한
상태라고 변명하면서 헌법재판소에는 증인 출석하지 않았으나, 2월 6일 열
린 최순실의 형사재판에는 출석하여 증언했다.

헌법재판소 관계자가 형사 법정에서 고영태에게 헌재 증인 출석요구서를
전달하려고 하자, 고영태는 출석요구서 수령을 거부하면서 헌법재판소 승
인 신문에 출석하겠다고 하였지만, 끝내 헌법재판소에는 출석하지 않았다.

그런데 헌법재판소는 2월 9일 12회 변론기일에서 앞으로 불출석하는 증
인은 원칙적으로 재소환하지 않겠다고 하면서, 심리 종결을 위한 종합 준
비서면을 2월 23일까지 제출할 것을 요구하였다. 헌법재판소의 이러한 결
정은 고영태에게 증인으로 출석하지 않아도 된다는 신호를 보낸 것이나 다
름없었다.

그 와중인 2월 10일 검찰이 헌법재판소에 고영태 관련 녹취파일 2,000
여개를 증거로 제출하면서 고영태 음모론이 공론화되었다.

이에 국회 탄핵소추위원단 측에서 29개 녹취록을 증거로 신청하여 채택
되었고, 박 대통령 법률대리인 측은 29개 녹취록만으로는 부족하고, 나머지

2,000개가 넘는 녹음파일 전체를 확인해볼 필요성이 있다고 주장하였다.

헌법재판소는 파일 대부분이 탄핵재판과는 상관 없고 29개의 녹취록만으로도 충분하다면서 대통령 대리인 측의 요청을 기각했다.

문제는 헌법재판소 측에서 2,000개나 되는 녹취록 내용을 실제로 확인해본 적도 없으면서 어떻게 탄핵재판과 상관없다고 단정할 수 있었는지 의문이다.

그리고 고영태가 헌법재판소에 증인출석을 회피하고 있는데도 더불어민주당 손혜원 의원은 "고영태는 사생활을 침입받는 일은 하기 싫어한다"라며 그의 불출석을 두둔하였다.

탄핵의 광풍이 지나고 난 후 고영태가 인천본부 세관 소속 사무관으로부터 인사청탁을 받고 2,000만 원을 받은 혐의(알선수제) 등으로 구속되자, 안민석 등 더불어민주당 의원 33명이 고영태의 보석허가 탄원서를 내서 실제로 보석 석방되는 일이 벌어졌다.

더불어민주당 국회의원들이 고영태를 "의인"으로 추켜세우며 불법적인 행동으로 구속된 고영태 편을 그렇게 드는 이유가 무엇인지 참으로 궁금하다.

신중한 재판을 위한 박 대통령 측의 재판정지 요청은 거부,
관련 수사기록은 법 위반을 무릅쓰고 요청해서 받음

헌법재판소법 제51조(심판절차의 정지)에 의하면 "피청구인에 대한 탄핵재판 청구와 동일한 사유로 형사소송이 진행되고 있는 경우에는 재판부는 심판절차를 정지할 수 있다"라고 규정되어 있다.

여기서 말하는 탄핵재판 절차를 정지할 수 있는 경우는 피청구인에 대한

"탄핵재판 청구와 동일한 사유"로 형사소송이 진행되고 있는 경우이므로 피청구인 사건만을 의미하는 것이 아니라, 공범으로서 탄핵재판 청구와 동일한 사유인 경우도 포함된다.

그리고 헌법재판소는 형사재판을 담당하는 기관이 아니므로 범죄사실 여부를 종국적으로 확정할 권한이 없으므로, 범죄사실이 탄핵사유로 인정할 만큼 중대하고, 탄핵사유에 다툼이 있어 그 사실 인정 여부에 따라 탄핵재판의 결과가 달라질 가능성이 있는 경우에는 헌법재판소는 심판절차를 중지하고 형사소송 결과가 확정된 후에 그 결과에 따라 탄핵재판 결정을 하는 것이 적절하다.

만에 하나 탄핵재판에서 대통령 파면 사유로 인정한 탄핵사유가 법원에서 무죄로 확정된다면 결과적으로 인정되지 않은 탄핵사유로 인해 탄핵 대상자가 탄핵당하는 결과를 초래하게 되는 점까지 고려한다면 더더욱 헌법재판소는 심판절차를 중지하고 형사소송 결과가 확정된 후에 그 결과에 따라 탄핵재판 결정을 해야 한다.

그러나 헌법재판소가 헌법재판소법이 부여한 것으로 되어 있는 '탄핵재판 정지' 재량권을 사용하지 않고, 헌법재판소법 제32조의 규정은 정면으로 위반하여 검찰로부터 수사기록을 받아 탄핵재판을 진행한 것은 결론을 미리 정해놓고 형식적으로 재판을 신속하게 진행하려 한 것이라는 비판을 받아 마땅하다.

박 대통령의 인권보다 헌법재판관 퇴임 시점이
더 중요한 이상한 탄핵재판

헌법재판소가 박근혜 대통령에 대한 탄핵재판을 시작할 당시 박한철 헌법재판소장은 2017년 1월말, 이정미 헌법재판관은 3월 13일에 그 임기가 종료될 예정이었다.

그런데 박 소장은 퇴임하며 이정미 재판관의 퇴임 전에 탄핵재판 결정을 하는 것이 바람직하다고 발언하였고, 이정미 헌법재판관은 헌법재판소장 직무대행을 맡아 본인 임기만료 사흘 전인 2017년 3월 10일 박 대통령에 대한 탄핵결정을 하였다.

이처럼 이정미 재판관이 퇴임 이전에 탄핵결정을 한 이유는 퇴임 후 대통령권한대행이 후임자를 임명할 수 없어 7명으로 진행되는 헌법재판소가 탄핵에 대한 결론을 내리면 논란의 소지가 있을 수 있기 때문이라고 설명했다.

헌법재판소가 말하는 논란의 소지는 과연 무엇일까?

헌법재판소의 이러한 설명은 박 대통령 측이 당시 헌법재판관 1인이 결원된 상태여서 헌법재판소법 제23조에 따라 사건을 심리할 수는 있지만 8인의 재판관만으로는 탄핵재판 여부에 대한 결정을 할 수 없고, 8인의 재판관이 결정하는 것은 피청구인의 '9인으로 구성된 재판부로부터 공정한 재판을 받을 권리'를 침해하는 것이라고 주장한 것에 대해 헌법재판소가 그 주장을 이유 없다며 반박한 자기주장과도 스스로 모순되는 변명*에 불과하다.

• 박한철 헌재소장, 이정미 헌재소장 권한대행, 김이수 재판관, 이진성 재판관 등 4인은 과거 2014년 '재판관 공석 상태가 장기화돼 공정한 재판을 받을 권리를 침해받았다'라는 헌법소원 사건에서 "공정한 재판을 받으려면 재판부는 9명의 재판관으로 구성돼야 한다"라고 밝혔음에도 불구하고 별다른 이유없이 박 대통령 탄핵재판에서는 다른 입장을 택한 것으로 드러나 '정치적 목적의 탄핵' 논란 소지가 남게 되었다.

헌법재판소는 대통령이 임명하는 3인, 국회가 선출하는 3인, 대법원장이 지명하는 3인 등 모두 9인의 재판관으로 구성되고(헌법 제111조 제2항, 제3항), 입법·사법·행정 3부가 동등하게 참여하는 헌법재판소의 구성방식에 비추어볼 때 헌법재판은 9인의 재판관으로 구성된 재판부에 의하여 이루어지는 것이 원칙이다.

따라서, 재판관 결원이 발생하더라도 시급하게 결정할 필요가 없는 사건이라면 재판관 공석 상황이 해소될 때까지 기다려 9인의 재판관이 결정하는 것이 바람직하다.

그러나 현실적으로는 재판관의 공무상 출장이나 질병 또는 재판관 퇴직 이후 후임 재판관 임명까지 사이의 공백 등 다양한 사유로 일부 재판관이 재판에 참여할 수 없는 경우가 발생할 수밖에 없고, 이럴 때마다 헌법재판을 할 수 없다고 한다면 헌법재판소의 헌법수호 기능에 심각한 제약이 따를 수 있다.

특히, 대통령에 대한 탄핵소추가 의결되면 헌법 제65조 제3항에 따라 대통령의 권한 행사가 정지되면, 헌법재판소장이 임기만료로 퇴임하여 공석이 발생한 현 상황에서 대통령권한대행인 국무총리가 헌법재판소장이나 헌법재판관을 임명할 수 있는지 여부에 관하여는 논란이 있고, 임명 가능하다 할지라도 당시에는 실제로 헌법재판소장이나 헌법재판관 임명절차를 전혀 진행되지 않고 있었으며, 대통령권한대행이 헌법재판소장을 임명할 수 없다는 견해를 따르면 헌법재판소장의 임기만료로 발생한 현재의 재판관 공석 상태를 종결하고 9인 재판부를 완성할 수 있는 방법도 없다.

이에 헌법과 헌법재판소법은 재판관 중 결원이 발생한 경우에도 헌법재판소의 헌법수호 기능이 중단되지 않도록 7명 이상의 재판관이 출석하면 사건을 심리하고 결정*할 수 있음을 분명히 하고 있다.

즉, 헌법 제113조 제1항은 헌법재판소에서 법률의 위헌결정, 탄핵의 결정, 정당해산의 결정 또는 헌법소원에 관한 인용 결정을 할 때에는 재판관 6인 이상의 찬성이 있어야 한다고 규정하고 있고, 헌법재판소법 제23조 제1항은 헌법재판관 7명 이상의 출석으로 사건을 심리한다고 규정하고 있으며, 제36조 제2항은 결정서를 작성할 때 '심판에 관여한' 재판관 전원이 서명날인하여야 한다고 규정하고 있다.

이처럼 헌법재판관 2인이 결원이 되어 7인의 재판관으로 재판부가 구성되더라도 탄핵재판을 심리하고 결정하는 데 헌법과 법률상 아무런 문제가 없다. 새로운 헌법재판소장이나 헌법재판관 임명을 기다리며 현재의 헌정위기 상황을 방치할 수 없는 현실적 제약을 감안하더라도, 이정미 헌법재판관의 퇴임과 관계 없이 충분한 심리를 거친 후 7인의 재판관으로 구성된 재판부가 이 사건에 대해 결정하면 된다.

탄핵의 결정을 하기 위해서는 재판관 6인 이상의 찬성이 있어야 하는데 결원 상태인 2인의 재판관은 사실상 탄핵에 찬성하지 않는 의견을 표명한 것과 같은 결과를 가져오므로, 재판관 결원 상태가 오히려 피청구인에게 유리하게 작용할 것이라는 점에서 피청구인의 공정한 재판받을 권리가 침해된다고 보기도 어렵다.

- 헌법재판소법 제23조(심판정족수)

  ① 재판부는 재판관 7명 이상의 출석으로 사건을 심리한다.

  ② 재판부는 종국심리(終局審理)에 관여한 재판관 과반수의 찬성으로 사건에 관한 결정을 한다. 다만, 다음 각 호의 어느 하나에 해당하는 경우에는 재판관 6명 이상의 찬성이 있어야 한다.

  1. 법률의 위헌결정, 탄핵의 결정, 정당해산의 결정 또는 헌법소원에 관한 인용결정(認容決定)을 하는 경우

  2. 종전에 헌법재판소가 판시한 헌법 또는 법률의 해석 적용에 관한 의견을 변경하는 경우

따라서, 헌법재판소가 박 대통령 측의 증인신청이나 고영태 관련 녹음파일 감정 등을 애써 무시하고, 이정미 헌법재판관 퇴임 전에 무리하게 변론을 종결한 후 탄핵결정을 한 것은 헌법재판소의 자율적인 소송진행권을 고려하더라도 박 대통령이 보장받아야 할 탄핵재판 절차에서의 방어권과 절차적 권리를 근본적으로 침해한 것이다.

비록 외부에 공개되지는 않았지만, '8인 재판관일 경우와 달리 7인 재판관일 경우에는 실제와 다른 탄핵재판 결과가 나올 수 있었기 때문이 아닌가?'라는 합리적 의심을 하지 않을 수 없다.

이것이 바로 헌법재판소가 스스로 말한 '논란의 소지'가 아닐까?

4

헌법재판의 독립은 아직 멀었다

2016년 3월, 북한의 《노동신문》에 이미 "우리는 박근혜를 탄핵한다"라는 제목의 기사가 게재되었다고 하는데, 그 후 1년만에 탄핵소추와 탄핵 의결이 이루어졌다.

까마귀 날자 배 떨어진 것인가?

북한은 민주당이 "최순실TF"를 만들기 한 달 전인 2016년 6월부터 난수방송을 재개하였고, 그때부터 12월까지 박 대통령을 비판하는 북한의 빈도수가 급격히 증가하는 상황에서 탄핵소추가 이루어졌다.

헌법재판소는 탄핵재판 과정에서 신속성만을 강조하면서 실체적 진실발견을 애써 외면하고 검찰로부터 불법적으로 제출받은 수사기록에 의존해 심증을 형성하였으며, 적법절차의 원칙을 위반해가면서 탄핵재판을 진행하였다.

밖에서는 박영수 특검이 하루가 멀다 하고 수사상황을 매일 언론을 통해 정례 브리핑을 하면서 여론몰이하였으며, 국회에서도 여당 전직 대표인 문재인 의원이 '헌재가 탄핵소추안을 기각하면 다음은 혁명밖에 없다'라며 당 차원에서 '탄핵 총력전'을 벌였다.

그리고 박 대통령 관련한 악성 루머를 통해 국민들은 박 대통령을 '세월호 7시간 동안 굿이나 하고 시내 호텔에서 밀회를 한 개념 없는 최순실의 아바타'로 오해하여 "탄핵"에 동조하였다.

그러한 잘못된 정보에 기인한 오해들이 여론에 크게 반영되는 당시 상황에서 법치주의는 실종되고, 헌법재판의 독립은 꿈속의 희미한 옛 추억이 되어버렸다.

6
장

탄핵재판의 결론,
이미 예정되어 있었다

1

박 대통령 탄핵,
사실상 검찰에서부터 결정되었나?

노 대통령, 검찰의 신중한 수사가 사실상 면죄부

노무현 대통령의 경우 헌법재판소에 제출된 검찰 수사기록 등이 탄핵사유를 인정하는데 아무런 영향을 미치지 않았고, 결과적으로는 오히려 도움이 되었다.

노 대통령과 관련한 불법대선자금 범죄혐의는 거의 대부분 노 대통령이 대통령에 취임하기 이전에 발생한 것이고, 탄핵은 재직 중 그 직무에 관하여 헌법이나 법률을 위반한 경우에 한하여 인정되었다. 따라서 불법대선자금 수사기록이 노 대통령의 탄핵에 직접적인 영향을 주지 않는 것은 너무나도 당연한 결과이다.

재직 기간 중의 측근비리 부분도 대검중수부에서 노 대통령 공모 부분에 대해 적극적으로 수사를 진행하지 않았고, 중간수사결과 발표시 피의자로 입건하거나 공소장에 공범으로 기재하지 않는 등 검찰은 신중의 신중을 거듭하는 조심스런 행보를 보였다.

박 대통령의 인정된 탄핵사유는 검찰의 공범 발표 내용과 동일

이에 비해 박 대통령의 경우에는 검찰이 최순실, 안종범, 정호성을 구속 기소 하면서 해당 공소장에 박 대통령을 공범으로 명시하였다. 그리고 박 대통령을 피의자로 입건한 상태에서 탄핵소추 및 탄핵재판이 진행되었으며, 탄핵사유는 모두 헌법재판소에 제출된 검찰 수사기록에 근거하였다.

즉, 국회의 탄핵소추 사유 중 헌법재판소가 검찰로부터 받은 수사 기록에는 관련 자료가 없었던 공무원 임명권 남용 위반 부분, 언론자유 침해 부분, 생명권보호의무와 성실한 직책수행의무 위반 부분은 모두 기각되었다.

하지만 탄핵사유로 인정된 사인의 국정개입 허용과 대통령 권한남용 부분, 좀 더 구체적으로 설명하면 ① 최순실의 이익을 위해 대통령의 지위와 권한을 남용한 부분, ② 박 대통령이 직접 또는 경제수석비서관을 통하여 대기업 임원 등에게 미르와 K스포츠에 출연할 것을 요구한 부분, ③ 박 대통령의 지시와 묵인에 따라 최순실에게 공무상 비밀이 포함된 문건들이 유출된 부분은 모두 검찰 수사기록이 있으며, 모두 검찰이 중간수사결과에서 박 대통령을 최순실, 안종범, 정호성의 공범으로 공개한 공소사실 내용과 일치한다.

헌법재판소 결정문에 검찰의 공소사실이 인용

헌법재판소는 위와 같이 사인의 국정개입 허용과 대통령 권한남용으로 인정한 세 가지 사실을 탄핵사유로 인정하면서 그 이유를 모두 검찰의 공소장 기재 내용으로 인용하고 있다. 구체적으로 언급한 검찰의 기소 내용은 다음과 같다.

① 최순실의 이익을 위해 대통령의 지위와 권한을 남용

• 케이디코퍼레이션 관련

검찰은 최순실과 안종범이 현대자동차로 하여금 케이디코퍼레이션과 제품 납품계약을 체결하도록 한 행위가 직권남용권리행사방해와 강요죄에 해당한다고 보고 최순실과 안종범을 기소하였다. 검찰의 공소장에는 피청구인은 최순실 및 안종범과 공모하여 대통령의 직권과 경제수석비서관의 직권을 남용하였고, 이에 두려움을 느낀 현대자동차 부회장 김○환으로 하여금 납품계약을 체결하도록 하여 의무 없는 일을 하게 한 것으로 기재되어 있다.

• 플레이그라운드, 더블루케이 관련

최순실과 안종범은 (1)플레이그라운드의 케이티 광고대행사 선정 및 광고제작비 수령, 현대자동차 광고 수주, (2)더블루케이의 그랜드코리아레저 장애인 펜싱팀과 포스코 펜싱팀 계약 체결, 롯데그룹의 K스포츠에 대한 70억 원추가 지원 등과 관련하여 직권남용권리행사방해 및 강요죄로 기소되었다.

검찰의 공소장에는 피청구인이 최순실, 안종범과 공모하여 대통령의 직권과 경제수석비서관의 직권을 남용함과 동시에 이에 두려움을 느낀 기업 임직원 등으로 하여금 의무 없는 일을 하도록 하였다고 기재되어 있다.

② 대통령이 직접 또는 경제수석비서관을 통하여 대기업 임원 등에게 미르와 K스포츠에 출연할 것을 요구한 사실 관련

최순실과 안종범은 기업들로부터 미르에 출연하도록 한 행위와 관련하여

직권남용권리행사방해 및 강요죄로 구속 기소되었다.

검찰의 공소장에는 피청구인은 최순실 및 안종범과 공모하여 대통령의 직권과 경제수석비서관의 직권을 남용하였고, 이에 두려움을 느낀 전경련 임직원과 기업체 대표 및 담당 임원 등으로 하여금 미르에 출연하도록 하여 의무 없는 일을 하게 한 것으로 기재되어 있다.

최순실과 안종범은 기업들로부터 K스포츠에 출연하도록 한 행위와 관련하여 직권남용권리행사방해 및 강요죄로 구속 기소되었다.

검찰의 공소장에는 피청구인은 최순실 및 안종범과 공모하여 대통령의 직권과 경제수석비서관의 직권을 남용하였고, 이에 두려움을 느낀 전경련 임직원과 기업체 대표 및 담당 임원 등으로 하여금 K스포츠에 출연하도록 하여 의무 없는 일을 하게 한 것으로 기재되어 있다.

③ 국정에 관한 문건 유출 지시 · 묵인

정호성은 2013년 1월경부터 2016년 4월경까지 공무상 비밀 내용을 담고 있는 문건 47건을 최순실에게 전달하여 공무상비밀누설죄를 저질렀다는 공소사실로 2016년 11월 20일 기소되어 서울중앙지방법원에서 형사재판을 받고 있다.

검찰은 정호성이 피청구인의 지시를 받아 공무상 비밀을 누설한 것이라고 보고 공소장에 피청구인과 정호성이 공모하여 법령에 의한 직무상 비밀을 누설하였다고 기재하였다.

최순실은 행정각부나 대통령비서실의 현안과 정책에 관한 보고 문건 등을 통해 피청구인의 관심사나 정부의 정책 추진 방향 또는 고위공무원 등 인사에 관한 정보를 미리 알 수 있었다. 최순실은 이와 같이 파악한 정보를 토대로 공직자 인선에 관여하고 미르와 K스포츠 설립 및 그 운영 등에 개입하면서 개인적 이익을 추구하다가 적발되어 직권남용권리행사방해죄 등 혐의로 구속 기소되었다.

만약이라는 가정은 참으로 무의미하지만, 돌이켜보면 박 대통령 탄핵재판 과정에서 검찰의 수사기록이 헌법재판소에 제출되지 않았다면 헌법재판소가 지금과 같은 결론을 내렸을까라는 의문이 든다.

즉, 헌법재판소가 헌법재판소법 제32조를 위반하면서 무리하게 검찰로부터 수사기록을 받으려고 하지 않았더라면, 혹은 검찰이 법에 따라 해당 기록을 헌법재판소에 넘겨주지 않았더라면 헌법재판소가 그렇게 서둘러 탄핵결정을 할 수 없었을 것이다.

그리고 수사기록이 없는 상태였다면 이정미 헌법재판관 퇴임 전에 박 대통령에 대한 탄핵결정을 할 수 없었고, 그때 부득이 결정했다면 뇌물죄를 탄핵사유에 포함시키지 못한 것처럼 탄핵 인용 결정을 하기 어려웠을 것이다.

결국, 박 대통령에 대한 탄핵은 검찰의 탄핵소추 당시까지의 수사상황이 결정한 것이나 다름없다.

참고로 헌법재판소에서 박 대통령 탄핵사유로 인정된 내용 중 미르재단, K스포츠재단 설립 관련 강요죄 부분은 대법원에서 무죄취지로 파기환송되었다.

2

헌법재판소의 잘못된 사실 인정

재단법인 미르와 K스포츠 설립, 과연 최순실의 사익을 위한 것인가?

국민 대다수는 지금도 여전히 박 대통령이 최순실을 위해 재단법인 미르와 K스포츠를 설립한 것으로 잘못 알고 있다.

헌법재판소도 박 대통령이 최순실을 위해 두 개의 재단을 설립한 것은 아니라고 판단하였는데도, 그동안 언론의 보도 등을 통해 영향을 받은 대다수 국민들은 지금도 그렇게 오해하고 있다.

박 대통령은 대통령 취임 전부터 문화융성과 스포츠 진흥에 큰 관심을 보였고, 그것은 대통령 선거 공약에도 포함되었다. 2013년 중국을 방문했을 때 리커창 중국 총리와 문화재단 설립을 위한 양해각서를 교환하였다.

2015년 2월에 박 대통령은 수석비서관에게 '문화와 체육 관련 재단법인을 설립하는 방안을 검토하라'고 지시해 청와대 비서실은 이에 대한 검토 보고서를 작성하였다. 그 후 박 대통령이 대기업 경영권자와의 개별 면담에서 문화와 체육 관련 재단 설립에 지원을 요청하게 되었다.

2015년 10월에 리커창 중국 총리 방한을 앞두고 전에 교환한 양해각서에 맞는 문화재단을 뒤늦게 설립해야 했다. 문제는 실무 차원에서 그 일이 제대로 추진되지 못하고 있던 상황에서 안종범 등 관계자들이 급하게 업무를 추진하면서 여러 가지 무리한 일들이 벌어진 것이다.

박 대통령은 그 과정의 문제점을 알지 못했고, 안종범 수석도 박 대통령에게 이러한 문제점을 보고하지 않았다.

박 대통령이 그 사실을 알았다면 무리한 방법으로 일을 추진하지는 않았을 것이다. 핵심 당사자인 최순실도 헌법재판소 증인으로 출석하여 박 대통령이 사전에 자신의 관여를 알지 못하였다고 증언하였다.

최순실이 더블루케이 명의의 연구용역제안서를 K스포츠재단에 제출하여 사업용역비 7억 원을 편취하려 하였으나 재단 사무총장 등의 반대로 미수에 그쳤고(사기미수로 기소), 재단 자금 유용이 원천적으로 불가능하며, 탄핵 당시 재단 자산이 96%가 남아 있었던 사정까지 고려하면 박 대통령이 최순실의 사익을 위해 재단법인 미르나 K스포츠재단을 설립하였다는 주장은 더더욱 근거가 없다.

따라서, 이를 박 대통령의 탄핵사유로 삼는 것은 매우 부적절하다.

재단 기금 출연은 형법상의 강요인가?

전국경제인연합(전경련)은 대기업들의 모임 단체로서 역대 정권에서 수재의연금, 연말 이웃돕기 성금 등과 같은 각종 형태의 기금을 모금해왔고, 모금 기준은 대기업들의 매출액 기준으로 할당되었으며, 전경련 소속 대기업들은 위와 같은 용도로 사용하고자 매년 사회협력기금을 준비해왔다.

따라서, 박 대통령이 종전의 예에 따라 안종범 수석을 통해 대기업 회장들에게 재단 출연을 요청하였고, 대기업들은 전경련의 출연 금액 요청에 대해 별다른 이의를 제기하지 않고 통상의 기부금으로 생각하고 출연을 한 것이다. 일부 대기업들은 기업의 경영 애로 또는 문화 관련 사업에 많은 기여를 하고 있다는 등의 이유로 출연을 거부하거나 출연 분담금을 깎기도 했다.

이런 사정을 종합하면 이를 두고 형법상의 강요에 해당한다고 보는 것은 매우 위험한 발상이다.

'기업으로서는 피청구인의 요구를 수용하지 않을 수 없는 부담과 압박을 느꼈을 것이고, 이에 응하지 않을 경우 불이익이 있을지 모른다는 우려 등으로 사실상 피청구인의 요구를 거부하기 어려웠을 것으로 보인다'라는 헌재 결정문 내용은 부적절하다.

더더욱 문제가 되는 것은 앞서 설명한 대로 리커창 총리 방한과 관련하여 미르재단을 급하게 만드는 과정에서 발생한 문제에 대해 박 대통령이 알지 못했기 때문에, 이에 대해 안종범 수석과 형법상의 공범으로 인정할 수 없는데도, 헌법재판소가 이를 탄핵사유로 본 것은 매우 잘못된 것이다.

그럼에도 불구하고 전경련을 통한 미르재단 및 K스포츠재단 기금출연이 강요죄로 기소된 것은 당시 전경련 사무총장의 납득할 수 없는 진술 때문인 것으로 보이고, 전경련과 특정 정치 세력과의 관계 등을 고려한다면 다분히 의도적으로 박 대통령에게 불리한 진술을 하였을 가능성을 배제할 수 없다.

이 부분도 김무성 의원의 향기가 난다고 지적하는 사람들이 있다.

실제로 2019년 8월 29일 대법원은 최순실에 대한 대법원 판결에서 미르재단 및 K스포츠재단 출연 관련 강요죄 부분에 대해 사실상 무죄를 확정한 바 있다.

수사과정에서 당시 전경련 사무총장이 검찰의 입맛에 맞는 진술을 한 이유, 반드시 진상규명이 필요하다.

또 다른 문제들

헌법재판소는 기본적으로 검찰이 박 대통령을 최순실, 안종범, 정호성과의 공범으로 의율한 공소사실을 모두 탄핵사유로 인정하였고, 인정 근거도 거의 대부분 검찰의 수사기록에 의존하였다.

하지만 국회가 무리하게 탄핵소추 사유로 포함시킨 뇌물 부분은 당시 검찰에서 조사가 이루어지지 않았다.

헌법재판소는 이를 인정할 마땅한 증거가 없었으므로 기각을 하면 되었다.

그런데 이상하게도 국회는 탄핵소추 사유서 변경을 통해 뇌물 부분은 사실상 탄핵소추 사유에서 제외하였다.[*] 그 이유는 헌법재판소가 당시 검찰로부터 받은 수사기록만으로는 박 대통령의 뇌물죄를 인정하기 어려웠는데, 신속하게 탄핵결정을 하려다 보니 원칙대로라면 뇌물 부분에 대해 기각해야 하지만, 그 결과에 대해 헌법재판관들이 부담을 느꼈기 때문인 것으로 보인다. 이 부분에 대해서 헌법재판관들의 고백성사가 필요하다.

• 이 책에서는 형사 재판 과정의 자세한 내용을 다루고 있지 않으나, 이에 대해 궁금하신 분들은 채명성 변호사가 이미 출간한 《탄핵 인사이드 아웃》이나 최순실의 변호인인 이경재 변호사가 발간 예정인 《416호 법정》을 일독해보기를 권한다.

3

헌법과 법률을 위반한
헌법재판소의 탄핵요건 추가

중대성 요건이 대통령 탄핵에 필요한가?

헌법재판소는 헌법재판소법 제53조 제1항의 '탄핵재판 청구가 이유 있는 때'란, 모든 헌법이나 법률에 위배한 때를 의미하는 것이 아니라, 공직자의 파면을 정당화할 정도로 '중대한' 법 위반의 경우를 의미한다고 보았다.

그 이유에 대해 다음과 같이 설명하고 있다.

헌법 제65조 제1항의 탄핵사유가 인정되는 모든 경우에 자동적으로 파면 결정을 하도록 규정하고 있는 것으로 해석하면 파면 대상자의 법 위반 행위가 확인되는 경우 법 위반의 경중을 가리지 않고 헌법재판소가 파면 결정을 해야 하고, 직무 행위로 인한 모든 사소한 법 위반을 이유로 파면을 해야 한다면, 이는 탄핵 대상자의 책임에 상응하는 헌법적 징벌의 요청 즉, 법익형량의 원칙에 위반된다.

특히, 대통령의 경우 국가의 원수이자 행정부의 수반이라는 막중한 지위에 있고(헌법 제66조), 국민의 선거에 의하여 선출되어 직접적인 민주적 정당성을 부여받은 대의기관이라는 점에서(헌법 제67조) 다른 탄핵 대상 공무원과는 그 정치적 기능과 비중에 있어서 본질적인 차이가 있으며, 이러한 차이는 '파면의 효과'에 있어서도 근본적인 차이가 있다.

즉, 대통령에 대한 파면 결정은 헌법이 규정하고 있는 다른 탄핵 대상자들과 달리 국민이 선거를 통하여 대통령에게 부여한 '민주적 정당성'을 임기 중 다시 박탈하는 효과를 가지고, 직무수행의 단절로 인한 국가적 손실과 국정 공백, 국론의 분열 현상으로 인한 정치적 혼란을 가져올 가능성이 크다.

대통령을 제외한 다른 공직자의 경우에는 파면 결정으로 인한 효과가 일반적으로 적기 때문에 상대적으로 경미한 법 위반행위에 의해서도 파면이 정당화될 가능성이 크다. 대통령의 경우에는 파면 결정에 따르는 국가적 손실이 크기 때문에 파면 결정을 하기 위해서는 이를 압도할 수 있는 숭대한 법 위반이 존재해야 한다.

헌법재판소 주장은 틀렸다
법조문 어디에도 그런 요건은 없다

헌법재판소법은 제53조 제1항에서 "탄핵재판 청구가 이유 있는 때에는 헌법재판소는 피청구인을 당해 공직에서 파면하는 결정을 선고한다"라고 명시적으로 규정하고 있으며, 이를 달리 해석할 합리적인 이유가 없다.

헌법재판소도 문리적 해석상으로는 헌법재판소법 제53조 제1항은 헌법 제65조 제1항의 탄핵사유가 인정되는 경우에 파면 결정하도록 규정하고 있는 것으로 해석된다는 점을 인정하였다.

따라서, 헌법재판소의 해석론을 통해 탄핵요건을 추가한 것은 헌법이나 법률에 반한다.

헌법재판소에 그런 재량권을 준 적 없다

국회는 탄핵 대상자에게 탄핵소추 사유가 인정되더라도 탄핵소추 여부를 결정할 재량권을 가지고 있다. 그러나 헌법재판소법 제53조 제1항에 의하면 헌법재판소는 탄핵재판 청구가 이유 있는 때에는 반드시 탄핵을 선고하도록 입법자가 명령하고 있다.

국민이 직접 선출한 헌법기관이 아닌 헌법재판소가 국민 대표기관인 국회의 의사에 반하는 결정을 하는 것이 바람직하지 않으며, 더군다나 법률의 문리적 해석에 명백하게 반하는 해석론을 통해 다른 요건을 추가하여 탄핵 여부에 대한 재량권을 갖는 것은 인정할 수 없다.

즉, 국민대표기관인 국회가 헌법이 정한 탄핵소추 요건에 해당된다고 판단하여 국회에서 의결하였고, 헌법재판소도 그 탄핵소추 사유가 인정된다고 하면서도, 헌법과 법률에 근거가 없는 중대성 사유를 별도의 탄핵 인정 사유로 추가하는 것은 국민 대표기관인 국회의 입법 권한과 탄핵소추 권한에 정면으로 반한다.

우리가 모델로 삼은 독일도 중대성을 탄핵사유로 인정하지 않았다

대한민국 헌법재판소의 모델은 독일이다. 따라서 대통령에 대한 탄핵인용 요건에 대한 헌법재판소의 태도가 적절한지 여부는 연방대통령에 대한 연방하원 또는 연방상원의 탄핵소추심판 규정과 우리나라 탄핵사유 규정과 비교 검토해볼 필요성이 있다.

독일의 경우 연방하원이나 연방상원은 기본법 또는 기타의 연방 법률의 고의적 침해를 이유로 연방대통령을 연방헌법재판소에 연방하원 재적의원의 4분의 1 이상 또는 연방상원 표결권의 4분의 1 이상의 다수로 탄핵소추할 수 있고, 탄핵소추의 의결은 연방하원 재적의원의 3분의 2 또는 연방상원 표결권의 3분의 2의 다수를 필요로 한다(독일기본법 제61조 제1항). 연방헌법재판소는 연방대통령이 기본법 또는 기타의 연방 법률을 고의로 침해하였다고 확정할 경우 그에 대해 대통령직의 상실을 선언(독일기본법 제61조 제2항)한다.

그러나 연방상원이나 하원의 탄핵소추 발의 및 탄핵소추 의결, 연방헌법재판소의 탄핵 의결 사유가 모두 "기본법 또는 기타의 연방 법률을 고의로 침해"한 경우로 동일하며 별도 사안의 중대성을 탄핵재판의 별도 요건으로 규정하고 있지 않다.

이는 헌법재판소가 국민 대표기관인 연방하원이나 상원의 탄핵소추 발의와 의결을 존중하여 탄핵재판을 결정하도록 한 것이기 때문이다.

법익형량 원칙은 탄핵재판에서 고려할 내용이 아니다

헌법재판소가 중대성을 탄핵사유로 추가해야만 하는 가장 큰 이유로 "직무 행위로 인한 모든 사소한 법 위반을 이유로 파면해야 한다면, 이는 탄핵 대상자의 책임에 상응하는 헌법적 징벌의 요청 즉, 법익형량의 원칙 위반"을 들고 있다.

그러나 탄핵제도는 권력분립 및 권력의 제한과 통제라는 헌법의 원리에 따라 인정되는 제도로 공무원에 대한 징계제도와는 그 목적이 근본적으로 구분된다.

대통령 이외에 헌법이 정한 탄핵 대상자는 탄핵사유와 동일한 사유로 공무원법에 따른 징계대상자도 될 수 있고, 두 절차는 시간을 달리하여 혹은 병행하여 동시에 진행될 수도 있다.

그 과정에서 탄핵대상자이자 징계대상자이기도 한 공무원에 대해 징계 수위를 정함에 있어 공무원 징계와 관련 규정 및 대법원 판례에 따라 파면할 위험성에 처한 공무원에 대해 파면할 정도로 사안이 중대한지 여부를 검토하는 것은 너무나도 당연합니다.

그렇다고 해서 공무원 징계제도와 그 성질 및 목적을 달리 하는 탄핵재판 과정에서도 동일한 중대성 여부가 탄핵사유로서 검토되어야 한다고 볼 수는 없다.

탄핵재판에서 중대성 판단은 불필요하다

결론적으로 공무원의 직무집행에 있어서 헌법이나 법률에 위배한 '모든' 행위가 탄핵대상이며 '중대한' 위반행위만이 탄핵대상이 되는 것은 아니다.

그리고 헌법재판소가 헌법과 법률에 대한 해석권을 남용하여 사안의 중대성을 탄핵소추 내지 탄핵재판의 요건으로 추가하는 것은 헌법과 법률에 위반되는 것으로, 오히려 헌법재판소 재판관이 탄핵소추의 대상이 될 수 있다.

가사 헌법재판소가 지적한 탄핵제도의 남용 가능성을 방지하기 위하여 탄핵요건에 '중대한 위반행위'로 제한하는 것이 필요하다고 하더라도, 해당 공무원의 직무집행에 있어서의 헌법 또는 법률위반 행위가 파면까지 가야 할 정도로 중대한 것인지 여부를 판단할 권한은 헌법재판소가 아니라 국민이 직접 선출한 국회가 가지는 것으로 보아야 한다.

국회가 탄핵소추를 의결하였고 해당 소추 사유가 헌법이나 법률에 위배된 사실이 인정된다면, 특별한 다른 사정이 없는 한 사안의 중대성에 해당되는 것으로 간주된다.

헌법재판소는 탄핵소추 절차의 합헌성과 적법성 여부, 탄핵소추된 구체적 위반행위 사실의 존재 여부를 판단하면 되고, 더 나아가 중대성 해당 여부까지 판단할 권한은 없다.

그럼에도 헌법재판소가 헌법과 법률 어디에도 규정되어 있지 않은 중대성을 탄핵의 요건으로 인정하여 스스로에게 판단의 재량권까지 부여한 것은 헌법과 법률에 위반된다.

4

두 대통령에 대한 중대성 판단, 헌법재판소의 잘못

헌법재판소는 대통령에 대한 탄핵시 사안의 중대성을 탄핵사유로 인정하면서, 노 대통령에 대해서는 사안의 중대성이 인정되지 않는다고 했다. 반대로 박 대통령에 대해서는 사안의 중대성이 인정된다고 판단했다.

그러나 헌법재판소가 스스로 내세운 중대성 판단 기준에 의하더라도 헌법재판소의 노 대통령과 박 대통령에 대한 사안의 중대성 판단은 매우 심각한 잘못과 오류가 있다.

중대성 판단이란?

중대성 판단 기준은 두 단계를 거쳐야 한다.

대통령의 법 위배행위가 헌법질서에 미치는 부정적 영향과 해악이 중대한지 여부, 대통령을 파면함으로써 얻는 헌법수호의 이익이 대통령 파면에 따르는 국가적 손실을 압도할 정도로 큰지 여부이다.

대통령에 대한 파면 결정은, 국민이 선거를 통하여 대통령에게 부여한 '민주적 정당성'을 임기 중 다시 박탈하는 효과를 가지며, 직무수행의 단절로 인한 국가적 손실과 국정 공백, 국가 신인도 하락은 물론이고, 국론의 분열 현상을 야기할 수 있다. 즉, 대통령을 지지하는 국민과 그렇지 않은 국민 간의 분열과 반목으로 인한 정치적 혼란을 가져올 수 있다.

'파면으로 인한 국가적 손실을 감내하고서라도 대통령을 파면할 정도로 중대한 법 위반인지'에 관한 탄핵재판 절차가 공직자의 권력 남용으로부터 헌법을 수호하기 위한 제도라는 관점과 파면 결정이 대통령에게 부여된 국민의 신임을 박탈한다는 관점이 중요한 기준으로 제시될 수 있다.

즉, 탄핵재판 절차가 궁극적으로 헌법의 수호에 기여하는 절차라는 관점에서 본다면, 파면 결정을 통하여 헌법을 수호하고 손상된 헌법질서를 다시 회복하는 것이 요청될 정도로 대통령의 법 위반행위가 **헌법수호의 관점에서 중대한 의미를 가지는 경우**에 비로소 파면 결정이 정당화된다.

대통령이 국민으로부터 선거를 통하여 직접 민주적 정당성을 부여받은 대의기관이라는 관점에서 본다면, 대통령에게 부여한 국민의 신임을 임기 중 다시 박탈해야 할 정도로 대통령이 **법 위반행위를 통하여 명백하게 국민의 신임을 저버린 경우**에 한하여 탄핵사유가 존재하는 것으로 판단된다. 탄핵재판 절차를 통하여 궁극적으로 보장하고자 하는 헌법질서, 즉 '자유민주적 기본질서'의 본질적 내용은 법치국가원리의 기본요소인 '기본적 인권의 존중, 권력분립, 사법권의 독립'과 민주주의 원리의 기본요소인 '의회제도, 복수정당제도, 선거제도' 등으로 구성되어 있다(헌재 1990. 4. 2. 89헌가13, 판례집 2, 49, 64). 대통령의 파면을 요청할 정도로 '헌법수호의 관점에서 중대한 법 위반'이란, **자유민주적 기본질서를 위협하는 행위로서 법치국가원리와 민주국**

가원리를 구성하는 기본원칙에 대한 적극적인 위반행위를 뜻한다.

그리고 '국민의 신임을 배반한 행위'란 ① 대통령이 헌법상 부여받은 권한과 지위를 남용하여 뇌물수수, 공금의 횡령 등 명백하게 부정부패행위를 하는 경우, ② 공익실현의 의무가 있는 대통령으로서 명백하게 국익을 해하는 활동을 하는 경우, ③ 대통령이 권한을 남용하여 국회 등 다른 헌법기관의 권한을 명백하게 침해하는 경우, ④ 국가조직을 이용하여 국민을 탄압하는 등 국민의 기본권을 명백하게 침해하는 경우, ⑤ 선거의 영역에서 국가조직을 이용하여 부정선거운동을 하거나 선거의 조작을 한 경우이다. 이때는 대통령이 자유민주적 기본질서를 수호하고 국정을 성실하게 수행하리라는 믿음이 상실되었기 때문에 더 이상 그에게 국정을 맡길 수 없을 정도에 이르렀다고 판단하여 파면은 정당화된다.

헌법재판소는 노무현을 어떻게 판단했는가

헌법재판소는 노 대통령이 ① 기자회견에서 특정 정당을 지지하는 발언을 함으로써 선거에서의 '공무원의 중립의무'를 위반한 사실, ② 중앙선거관리위원회의 선거법 위반 결정에 대하여 유감을 표명하고 현행 선거법을 폄하하는 발언을 한 사실, ③ 재신임 국민투표를 제안함으로써 법치국가이념 및 헌법 제72조에 반하여 대통령의 헌법수호의무를 위반한 것으로 보면서도 각 사유들에 대해 법 위반의 중대성이 인정되지 않는다고 판단했다.

'선거에서의 중립의무' 위반

첫째, 노 대통령이 기자회견 자리에서 기자들의 질문에 응하여 자신의 정치적 소신이나 정책구상을 밝히는 과정에서 답변 형식으로 소극적, 수동적,

부수적으로 이루어졌다. 둘째, 대통령에게 헌법적으로 허용되는 '정치적 의견표명'과 허용되지 않는 '선거에서의 중립의무 위반행위' 사이의 경계가 불분명하다. 셋째, 자유민주적 기본질서를 구성하는 '의회제'나 '선거제도'에 대한 적극적인 위반행위에 해당한다고 할 수 없다. 이 세 가지 등을 헌법재판소는 근거로 공직선거법 위반행위가 헌법질서에 미치는 부정적 영향은 크다고 볼 수 없다고 판단하였다.

'준법의지를 의심케 하는 대통령의 언행'

노 대통령이 현행 선거법을 경시하는 발언을 한 것이 가벼운 위반행위라 할 수 없다. 그리고 중앙선거관리위원회의 결정에 대하여 소극적·수동적으로 반응하는 과정에서 발생한 법 위반행위이고, 자유민주적 기본질서에 역행하고자 하는 적극적인 의사를 가지고 있다거나 법치국가 원리를 근본적으로 문제 삼는 중대한 위반행위라 할 수 없다고 판단했다.

'재신임 국민투표 제안'

노 대통령이 위헌적인 재신임 국민투표를 강행 시도를 하지 않은 점, 재신임에 대하여 국민투표가 포함되는지에 대한 학계의 논란이 있는 점 등을 고려하면 헌법질서에 미치는 부정적인 영향이 중대하다고 볼 수 없다고 판단했다.

노 대통령에 대한 헌법재판소 판단은 오류 투성이다

'선거에서의 중립의무' 위반은 중대

헌법재판소는 노 대통령의 '선거에서의 중립의무' 위반이 기자회견 자리에서 기자들의 질문에 응하여 자신의 정치적 소신이나 정책구상을 밝히는 과정에서 답변 형식으로 소극적, 수동적, 부수적으로 이루어진 것이라고 주장하나, 이는 사실과 다르다.

헌법재판소에서 탄핵사유로 인정한 기자회견에서 특정 정당을 지지한 행위는 2004년 2월 18일 경인지역 6개 언론사와의 기자회견과 2004년 2월 24일 한국방송기자클럽 초청 기자회견에서의 발언인데, 당시 기자의 질문에 노 대통령이 대답하는 기자회견 형식으로 진행된 것은 사실이다.

당시 해당 기자가 노 대통령에게 그와 관련된 질문을 하게 된 이유는 노 대통령이 2003년 12월 19일 이른바 노사모가 주최한 '리멤버 1219' 행사에 참석하여 "시민혁명은 계속되고 있다. 다시 한 번 나서 달라"고 발언하고, 2003년 12월 24일 측근들과의 회동에서 "민주당을 찍으면 한나라당을 돕는다"라고 발언한 것으로 인해 4.15 총선을 앞두고 대통령의 정치적 중립의무에 대한 정치적 이슈가 발생하였기 때문이다.

이에 민주당의 조순형 대표가 대통령의 정치적 중립성 위반을 경고하면서 탄핵 가능성을 내비치기도 하였다. 한나라당도 이를 문제 삼는 상황에서 노 대통령은 2004년 1월 14일 연두기자회견에서, "개혁을 지지한 사람과 개혁이 불안해 지지하지 않은 사람들이 있어서 갈라졌고, 대선 때 날 지지한 사람들이 열린우리당을 하고 있어 함께 하고 싶다"라고 발언하고, 2004년 2월 5일 강원지역 언론인 간담회에서도 "'국참 0415' 같은 사람들의 정치참여를 법적으로나 정치적으로 허용하고 장려해주어야 한다"라고 발언하는 등 노 대통령 스스로 의도적으로 대통령의 정치적 중립의무에 대한 갈등을 더더욱 조장하였다.

이와 같은 상황에서 두 번의 기자회견에서 대통령의 정치적 중립성에 반하는 위헌적인 발언을 한 것은 결코 소극적, 수동적, 부수적 행위가 아니다. 오히려 법조인이기도 한 노 대통령이 대통령에게 헌법적으로 허용되는 '정치적 의견표명'과 허용되지 않는 '선거에서의 중립의무 위반행위' 사이의 경계가 불분명한 점을 악용하여 이 문제를 정치적으로 쟁점화한 것이다. 다시 말해 4.15 총선을 열린우리당에게 유리하게 만들려는 정치적 의도를 가지고, 적극적, 지속적, 공개적으로 대통령의 중립의무 위반의 소지가 있는 발언을 한 것이므로 사안이 매우 중대하다.

국회의원 선거를 앞두고 대통령의 정치적 중립의무를 쟁점화하고, 야당의 탄핵소추를 유도한 노 대통령의 행위는 여론을 통해 국민 대표기관인 국회의 구성을 노 대통령이 원하는 방향으로 이끌어가려고 한 것이므로, 이는 불법적인 사전 선거운동을 통해 '의회제'나 '선거제도'에 대한 부정적인 영향을 미치려고 하는 적극적인 위반행위에 해당한다.

'준법의지를 의심케 하는 대통령의 언행'도 중대

정치적으로 문제가 되는 노 대통령의 발언에 항의한 야당이 중앙선거관리위원회에 공선법위반에 대한 판단을 요구하였고, 2004년 3월 3일 중앙선거관리위원회가 대통령의 위 발언들이 선거중립의무에 위반했다고 판정하고 중립의무 준수를 요청하였다. 이 상황에서 노 대통령은 선관위의 결정이 만족스럽지 않더라도 즉시 반발하지 않고 자중하는 모습을 보였어야 한다.

그러나 노 대통령은 그다음 날 대변인을 통하여 중앙선관위의 결정을 존중하지만 납득할 수 없다면서 반발한 것을 물론, 한 발 더 나아가 현행 선거법을 '관권선거시대의 유물'로 폄하하면서 중앙선관위의 결정에 납득할 수 없다는 입장을 밝혔다.

2004년 3월 5일 새천년민주당의 '노 대통령의 사과 및 재발 방지 약속요구'에 대해서도 부당한 정치적·정략적인 압력이라며 사과를 거부하였다.

위와 같은 전후 사정을 보면 노 대통령은 결코 중앙선거관리위원회의 결정에 대하여 소극적, 수동적으로 반응하는 과정에서 헌법기관 경시 등의 행동을 한 것이 아니다.

오히려 적극적으로 대변인을 통해 바로 헌법기관인 중앙선관위의 결정을 정면으로 반박한 것이며, 헌법재판소만이 가진 위헌법률 판단에 대한 권한을 침해하여 현행 선거법을 '관권선거시대의 유물'로 폄하하는 발언까지 더한 것은 법치주의 및 권력분립의 원리에 대한 근본적인 침해이다.

위 발언들이 행해진 구체적인 상황을 정치적 중립의무를 위반한 발언을 하게 된 이유까지 종합적으로 고려해보면 노 대통령이 자유민주적 기본질서에 역행하고자 하는 적극적인 의사를 가지고 법치국가원리를 근본적으로 문제 삼는 중대한 위반행위를 하였다고 봄이 상당하다.

재신임국민투표 제안 역시 중대

대통령은 헌법의 대통령제와 대의제의 정신에 부합하게 국정을 운영해야 하고, 헌법 제72조의 국민투표*의 대상인 '중요정책'에는 대통령에 대한 '국민의 신임'이 포함될 수 없으며, 대통령이 이미 지난 선거를 통하여 획득한 자신에 대한 신임을 국민투표의 형식으로 재확인하고자 하는 것은 헌법

• 선거는 '인물에 대한 결정' 즉, 대의제를 가능하게 하기 위한 전제조건으로서 국민의 대표자에 관한 결정이며, 국민투표는 직접민주의를 실현하기 위한 수단으로서 '사안에 대한 결정' 즉, 특정한 국가정책이나 법안을 그 대상으로 하므로, 국민투표의 본질상 '대표자에 대한 신임'은 국민투표의 대상이 될 수 없다.

제72조의 국민투표제를 헌법이 허용하지 않는 방법으로 위헌적으로 사용하는 것이다.

그리고 대통령이 헌법상 국민에게 자신에 대한 신임을 국민투표의 형식으로 물을 수 없을 뿐만 아니라, 특정 정책을 국민투표에 붙이면서 이에 자신의 신임을 결부시키는 대통령의 행위도 위헌적인 행위로서 헌법적으로 허용되지 않으며, 명시적으로 규정된 국민투표 외에 다른 형태의 재신임 국민투표를 헌법은 허용하지 않는다.

따라서, 노 대통령이 자신에 대한 재신임을 국민투표의 형태로 묻고자 것은 헌법 제72조에 의하여 부여받은 국민투표부의권을 위헌적으로 행사하는 경우에 해당한다. 국민투표제도를 본인의 정치적 입지를 강화하기 위한 정치적 도구로 남용해서는 안 된다는 헌법적 의무를 위반한 것이다.

또한, 여소야대의 정국에서 위헌적인 재신임 국민투표를 통해 직접 국민에게 호소하는 방법을 통하여 직접민주주의로 도피하려고 한 것이므로 헌법 제72조뿐 아니라 법치국가이념에도 반하므로 법 위반이 중대하다.

그 중대성은 대통령이 위헌적인 재신임 국민투표를 제안하였으나 이후 실행되지 않았다 할지라도 달라진다고 볼 수 없고, 오히려 전후 사정을 고려하면 노 대통령은 적극적으로 재신임 국민투표를 추진하고자 하였으나 사정이 여의치 못해 부득이 실행에 옮기지 못한 것뿐이다. 노 대통령이 이에 대한 사과와 반성의 자세를 보인 바 없으므로 제안에 그치고 실행에 나가지 못하였다는 사정을 정상 참작의 사유로 삼기 어렵다.

이후 재신임 국민투표 추진이 어려워지자 노 대통령은 "4.15 총선을 통해 재심임을 받겠다", "본인의 불법대선자금이 한나라당의 10분의 1을 넘으면 사퇴할 뿐 아니라 정계은퇴하겠다"라고 하며 국민이 선출한 대통령으로서 자신에 대한 신임을 헌법이 보장하지 않는 다른 방법으로 국민들에게 묻겠다고 하는 등 위헌적인 재신임 국민투표를 제안하는 반헌법적인 태도를 지속적으로 보였다.

노 대통령의 행위는 민주주의 원리를 구성하는 헌법상 기본원칙에 대한 적극적인 위반행위로서 헌법질서에 미치는 부정적인 영향이 중대하다.

인정되는 탄핵사유를 종합하면 더더욱 중대성 위반에 해당

헌법재판소는 노 대통령의 헌법 및 법률위반 행위를 세 가지로 나눈 후 각각의 사유가 중대성 위반에 해당하지 않는다는 논리를 구성하고 있다.

탄핵사유의 중대성을 판단함에 있어 사유를 개별적으로 판단할 것이 아니라, 인정되는 사유를 종합적으로 고려하여 중대성 여부를 판단하였어야 한다.

무엇보다도 노 대통령의 세 가지 탄핵사유는 대통령의 헌법수호 의무위반으로 포섭될 수 있고, 이러한 헌법수호 의무위반 행위에 더하여 명백하게 국민의 신임을 저버린 행위까지 있는지 여부로 중대성을 판단했어야 한다.

즉, 노 대통령이 기자회견에서 특정 정당을 지지하는 발언을 함으로써 선거에서의 '공무원의 중립의무'를 위반하고, 이에 대해 중앙선거관리위원회가 선거법 위반 결정을 하자 적극적으로 반발하면서 현행 선거법을 폄하하는 발언을 하여 법치주의를 위반하고, 법치국가이념 및 헌법 제72조에 반하여 재신임 국민투표를 제안한 일련의 행위들은 모두 대통령의 헌법수호의무를 위반한 사실로 보아야 한다.

이와 같은 헌법수호의무를 위반한 행위들을 하게 된 경위, 각 행위들 간의 관련성 등을 종합적으로 고려하여 전체적으로 법 위반의 중대성 여부를 판단하면 노 대통령이 헌법과 법률에 위반한 탄핵사유의 중대성은 마땅히 인정되었을 것이다.

헌법재판소는 박근혜 대통령을 어떻게 판단했는가

헌법재판소는 박 대통령의 헌법과 법률 위배행위는 국민의 신임을 배반한 행위로서 헌법수호의 관점에서 용납될 수 없는 중대한 법 위배행위이고, 박 대통령의 법 위배행위가 헌법질서에 미치게 된 부정적 영향과 파급효과가 중대하므로, 박 대통령을 파면함으로써 얻는 헌법수호의 이익이 박 대통령 파면에 따르는 국가적 손실을 압도할 정도로 크다고 판시했다.

한 번도 다루어지지 않은 공익실현의무 위반 등장

박 대통령이 최순실에게 공무상 비밀이 포함된 국정에 관한 문건을 전달했고, 공직자가 아닌 최순실의 의견을 비밀리에 국정운영에 반영한 위법행위가 대통령으로 취임한 때부터 3년 이상 지속되었고, 국민으로부터 위임받은 권한을 사적 용도로 남용하여 적극적·반복적으로 최순실의 사익 추구를 도와주었으며, 그 과정에서 대통령의 지위를 이용하거나 국가의 기관과 조직을 동원하였다는 점에서 법 위반의 정도가 매우 중하다고 보았다.

박 대통령은 최순실의 국정개입을 허용하면서 이 사실을 철저히 비밀에 부쳤고, 그에 관한 의혹이 제기될 때마다 부인하며 의혹 제기 행위만을 비난하여, 권력분립원리에 따른 국회 등 헌법기관에 의한 견제나 언론 등 민간에 의한 감시 장치가 제대로 작동될 수 없었다고 판단했다.

이와 같은 박 대통령의 일련 행위는 대의민주제의 원리와 법치주의의 정신을 훼손한 것으로서 대통령으로서의 공익실현의무를 중대하게 위반한 것으로 결론 내렸다.

근거도 없이 헌법수호 의지가 드러나지 않았다고 단정

헌법재판소는 박 대통령은 최순실의 국정개입 등이 문제로 대두되자 2016년 10월 25일 제1차 대국민담화를 발표하면서 국민에게 사과하였으나, 그 내용 중 최순실이 국정에 개입한 기간과 내용 등은 객관적 사실과 일치하지 않는 것으로 진정성이 부족하였다고 보았다.

또한 이어진 제2차 대국민담화에서 박 대통령은 제기된 의혹과 관련하여 진상규명에 최대한 협조하겠다고 하고 검찰 조사나 특별검사에 의한 수사도 수용하겠다고 발표하였다. 그러나 검찰이나 특별검사의 조사에 응하지 않았고 청와대에 대한 압수수색도 거부하여 박 대통령에 대한 조사는 이루어지지 않았다.

위와 같이 헌법재판소는 박 대통령이 본인의 헌법과 법률 위배행위에 대하여 국민의 신뢰를 회복하고자 하는 노력을 하는 대신 국민을 상대로 진실성 없는 사과를 하고 국민에게 한 약속도 지키지 않았고, 이 사건 소추 사유와 관련하여 박 대통령의 이러한 언행을 보면 박 대통령의 헌법수호 의지가 분명하게 드러나지 않는다고 판단했다.

헌법재판소 판단의 문제점

말만 그럴듯한 공익실현의무

국회는 소추의결서에 5개 유형의 헌법 위배행위와 4개 유형의 법률 위배행위를 적시하여 이 사건 심판을 청구하였으나, 헌법재판소의 요청으로 국회는 소추 사유를 사실관계를 중심으로 ① 비선조직에 따른 인치주의로 국민주권주의와 법치국가원칙 등 위배, ② 대통령의 권한 남용, ③ 언론의 자유 침해, ④ 생명권 보호 의무 위반, ⑤ 뇌물수수 등 각종 형사법 위반의 5가지 유형으로 재정리하였다.

이후 국회는 헌법재판소의 요청에 따라 5개 유형으로 정리한 소추 사유를 ① 최순실 등 비선조직에 의한 국정농단에 따른 국민주권주의와 법치주의 위반, ② 대통령의 권한 남용, ③ 언론의 자유 침해, ④ 생명권 보호의무와 직책성실 수행의무 위반 등 4가지 유형으로 소추 사유를 다시 정리하였고, 헌법재판소는 그중 최순실 등 비선조직에 의한 국정농단 부분을 유일하게 탄핵소추 사유로 인정하였다.

그런데 소추 사유에 의하면 최순실 등 비선조직에 의한 국정농단으로 인해 헌법상 국민주권주의와 법치주의를 위반한 것으로 되어 있으나, 헌법재판소는 탄핵사유가 대의민주제의 원리와 법치주의의 정신을 훼손한 행위로서 대통령으로서의 공익실현의무를 중대하게 위반한 것이라고 판단하였다.

탄핵재판 과정에서 단 한 번도 거론된 적이 없는 공익실현의무위반이라는 것이 과연 헌법상 인정되는 의무인지도 의문이고, 공익실현의무위반이 어떻게 국민주권주의(혹은 대의제 원리)와 법치주의 위반과 연결되는지에 대해 헌법재판소는 납득할 만한 설명을 하고 있지 못하였다.*

공익실현의무 위반을 근거로 탄핵할 수 있는가?

헌법재판소는 박 대통령의 공익실현의무 위반에 대해 다음과 같이 설명

• 헌법재판소는 소추 사유를 정리하면서 최순실 등 비선조직에 의한 국정농단으로 인해 헌법상 국민주권주의와 법치주의를 위반한 것이라고 정리해놓고, 결정 당시에는 국민주권주의가 어디론가 사라졌다.

했다.

공무원은 대의민주제에서 주권자인 국민으로부터 국가권력의 행사를 위임받은 사람이므로 업무를 수행할 때 중립적 위치에서 공익을 위해 일해야 하며, 헌법 제7조 제1항은 국민주권주의와 대의민주주의를 바탕으로 공무원을 '국민 전체에 대한 봉사자'로 규정하고 공무원의 공익실현의무를 천명하고 있다.

대통령은 행정부의 수반이자 국가 원수로서 가장 강력한 권한을 가지고 있는 공무원이므로 누구보다도 '국민 전체'를 위하여 국정을 운영해야 한다. 헌법 제69조는 대통령이 취임에 즈음하여 '헌법을 준수'하고 '국민의 복리 증진'에 노력하여 '대통령으로서의 직책을 성실히 수행'할 것을 선서하도록 함으로써 대통령의 공익실현의무를 다시 한 번 강조하고 있다.

대통령은 '국민 전체'에 대한 봉사자이므로 특정 정당, 자신이 속한 계급·종교·지역·사회단체, 자신과 친분 있는 세력의 특수한 이익 등으로부터 독립하여 국민 전체를 위하여 공정하고 균형 있게 업무를 수행할 의무가 있다(헌재 2004. 5. 14. 2004헌나1).

대통령의 공익실현의무는 국가공무원법 제59조, 공직자윤리법 제2조의2 제3항, '부패방지 및 국민권익위원회의 설치와 운영에 관한 법률'(다음부터 '부패방지권익위법'이라 한다) 제2조 제4호 가목, 제7조 등 법률을 통해 구체화되고 있다.

박 대통령의 이러한 일련의 행위는 최순실 등의 이익을 위해 대통령으로서의 지위와 권한을 남용한 것으로서 공정한 직무수행이라 할 수 없으므로, 헌법 제7조 제1항, 국가공무원법 제59조, 공직자윤리법 제2조의2 제3항, 부패방지권익위법 제2조 제4호 가목, 제7조를 위배하였다.

■ 노 대통령 탄핵재판시 말했던 공익실현의무와는 전혀 내용이 다름

헌법재판소는 노 대통령에 대한 탄핵결정시 '국민의 신임을 배반한 행위'로 5가지를 예시한 바 있다.

① 대통령이 헌법상 부여받은 권한과 지위를 남용하여 뇌물수수, 공금의 횡령 등 명백하게 부정부패행위를 하는 경우

② 공익실현의 의무가 있는 대통령으로서 명백하게 국익을 해하는 활동을 하는 경우

③ 대통령이 권한을 남용하여 국회 등 다른 헌법기관의 권한을 명백하게 침해하는 경우

④ 국가조직을 이용하여 국민을 탄압하는 등 국민의 기본권을 명백하게 침해하는 경우

⑤ 선거의 영역에서 국가조직을 이용하여 부정선거운동을 하거나 선서의 조작을 한 경우

위 내용에 따르면 대통령이 헌법상 부여받은 권한과 지위를 남용하여 뇌물수수, 공금의 횡령 등 명백하게 부정부패행위를 하는 경우, 공익실현의무가 있는 대통령으로서 명백하게 국익을 해하는 활동을 하는 경우에는 국민의 신임을 저버린 것이라고 정의하고 있고, 이에 따르면 공익실현의무위반은 국익을 해하는 활동을 하는 경우이다.

그런데 박근혜 헌법재판소는 노 대통령 때와 달리 공익실현의무를 '국민의 복리 증진'에 노력할 의무나 '대통령으로서의 직책을 성실히 수행'할 의무와 헌법 제7조 제1항의 대통령으로서 국민 전체를 위하여 국정을 운영할

의무로 해석하고 있다. 이는 과거 노 대통령 때 헌법재판소가 스스로 개념 규정한 공익실현의무 내용을 합리적 이유 없이 전혀 다르게 해석한 것이므로, 이는 잘못된 해석이다.

■ 헌법재판소가 의도적으로 대통령의 성실한 직무수행 의무를
  규정한 헌법 제69조를 누락한 이유?

박 대통령의 탄핵사유인 사인의 국정개입 허용과 대통령 권한 남용 여부는 "헌법수호의무위반"에 해당하지 않음은 명백하고, 노 대통령 탄핵재판 시 헌법재판소가 또 다른 탄핵사유로 제시한 '국민의 신임을 배반한 행위' 유형에도 명백하게 해당하지 않는다.

즉, 대통령이 헌법상 부여받은 권한과 지위를 남용한 것이 사실이더라도 탄핵사유에 의하면 박 대통령이 단 한 푼의 돈도 받은 사실이 없고, 국고에 손실을 준 사실도 없다.

언론에 의해 부풀려진 국정농단이라는 과대포장의 진실은 박 대통령이 최순실에게 이용당한 측면이 강하다는 것이므로 이를 두고 박 대통령이 뇌물수수, 공금의 횡령 등 명백하게 부정부패행위를 하는 경우라고 보기 어렵다.

또한, 사인의 국정개입 허용과 대통령 권한 남용 여부가 명백하게 국익을 해하는 활동이라고 할 수도 없으며, 그 외에 다른 유형에도 전혀 해당하지 않는다.

이에 헌법재판소는 궁여지책으로 노 대통령 파면 결정 시 언급한 적이 있는 공익실현의 의무 내용을 변형시키면서 헌법 제7조 제1항, 제69조를 근거조항으로 내세우게 된다.

하지만, 헌법재판소는 공익실현의무의 근거를 설명하면서 헌법 제69조에서 대통령이 취임에 즈음하여 '헌법을 준수'하고 '국민의 복리증진'에 노력하여 '대통령으로서의 직책을 성실히 수행'할 것을 선서하도록 함으로써 대통령의 공익실현의무를 다시 한 번 강조하고 있다고 설명하면서도, 결론 부분에서 박 대통령이 위반한 헌법과 법률 조항을 적시하면서 헌법 제69조를 누락하였다.

이는 헌법재판소가 실수로 누락한 것이 아니라 스스로 논리상 문제가 있음을 알고 있었기 때문이다.

즉, 헌법수호의무 위반은 탄핵사유가 되지만, '국민의 복리증진에 노력할 의무'나 '대통령으로서의 직책을 성실히 수행할 의무' 등은 비록 헌법상 의무이지만 그 성질상 탄핵사유가 되지 못한다는 사실을 헌법재판소는 너무나도 잘 알고 있었다.

그래서 헌법재판소가 의도적으로 해당 규정을 결정문에서 누락한 것으로 보인다.

- 공익실현의무는 직무를 성실히 수행할 의무에
  포섭되는 내용으로 독자적인 헌법상 의무라고 보기 어려움

헌법재판소는 공익실현의무의 근거로 헌법 제69조가 대통령이 취임에 즈음하여 '헌법을 준수'하고 '국민의 복리 증진에 노력'하여 '대통령으로서의 직책을 성실히 수행'할 것을 선서하도록 함으로써 대통령의 공익실현의무를 다시 한 번 강조하고 있다고 보고 있다.

그런데, 헌법 제69조에 의하면 "직책을 성실히 수행할 의무"에는 헌법준수, 국가보위, 조국의 평화적 통일 노력, 국민의 자유와 복리증진 노력, 민

족문화창달 노력 등이 포함되고, "국민의 복리증진을 위한 노력", 즉 공익실현의무는 "직책을 성실히 수행할 의무"에 포함된 내용이다.

제69조에 열거된 의무 중 '헌법을 수호해야 할 의무'는 헌법 제66조 제2항에서 대통령에게 "헌법을 수호할 책무"를 부여하였으므로 탄핵사유가 되는 것과 달리, 대통령의 '직책을 성실히 수행할 의무'는 비록 헌법적 의무에 해당한다. 헌법수호 의무와 달리 규범적으로 그 이행이 관철될 수 있는 성격의 의무가 아니므로 원칙적으로 사법적 판단의 대상이 되기는 어렵고, 직책을 성실히 수행할 의무의 일부인 공익실현의무 역시 사법적 판단의 대상이 되기 어렵다.

한편, 헌법재판소는 박 대통령이 최순실의 국정개입을 허용하고 국민으로부터 위임받은 권한을 남용하여 최순실 등의 사익 추구를 도와주는 한편 이러한 사실을 철저히 은폐한 것이 대의민주제의 원리와 법치주의의 정신을 훼손한 행위라고 주장하였다. 최순실의 국정개입 허용이 대의민주제의 원리 훼손이라는 주장은 지나치게 논리 비약적이고, 사적 이익 추구 역시 위법적이라고 해서 그것이 바로 국가기구가 헌법과 법률에 따라 그 권한을 행사하여야 한다는 법치주의에 반한다는 주장 역시 논리 비약에 불과하다.

박 대통령이 공익실현의무를 중대하게 위반하였음을 이유로 탄핵의 중대성이 인정된다는 헌법재판소의 판단은 잘못이다.

■ 공무원은 국민 전체의 봉사자라는 헌법 제7조 제1항의 책임은
　정치적·윤리적 책임에 불과함

헌법은 제7조에서 공무원을 "국민 전체에 대한 봉사자"라고 규정하면서 공무원의 "국민에 대한 책임"을 말하고 있다.

일반적으로 "국민 전체에 대한 봉사자"란 공무원이 사적 이익의 추구자가 아니라 공공이익을 위해 봉사하는 자이고, 일부 정파政派의 봉사자가 아니라 국민 전체의 봉사자로서 정치적으로는 중립을 지켜야 함을 뜻하는 것이라고 해석한다. 공무원이 국민에 대해 지는 책임은 법적 책임이 아니라 정치적·윤리적 책임이라는 설이 다수설이다.

따라서, 공무원의 국민에 대한 책임은 헌법이나 법률에 그 책임이 명시적으로 규정되어 있는 경우에는 법적 책임을 물을 수 있으나, 그렇지 않은 경우에는 정치적·윤리적인 책임만 질 뿐이다.

이 규정을 근거로 헌법재판소가 공익실현의무라는 새로운 헌법적 의무를 만들어내서 박 대통령에 대한 탄핵사유를 인정하는 것은 매우 부적절한 결론이다.

■ 헌법재판소 논리에 의하더라도 국민 전체의 봉사자 책무 위반,
　직무를 성실하게 수행할 의무 위반을 탄핵사유로 삼을 수 없음

헌법재판소는 공익을 실현할 의무를 구체적으로 정의하지 않고, 헌법 제7조 제1항, 헌법 제69조를 근거로 내세우고 있을 뿐이다.

헌법 제7조 제1항은 "공무원은 국민 전체에 대한 봉사자이며, 국민에 대하여 책임을 진다"라고 규정하고 있고, 헌법 제69조는 "헌법을 준수하고 국가를 보위하며 조국의 평화적 통일과 국민의 자유와 복리의 증진 및 민족문화의 창달에 노력하여 대통령으로서의 직책을 성실히 수행할 것을 국민 앞에 엄숙히 선서합니다"라고 규정하고 있다.

헌법재판소는 공무원이 국민 전체에 대한 봉사자로서 부담하는 '국민의 복리 증진'에 노력할 의무나 '대통령으로서의 직책을 성실히 수행'할 의무,

국민 전체를 위하여 국정을 운영할 의무 등이 공익실현 의무에 해당하는 것으로 보고 있다.

앞서 살펴본 바와 같이 '국민의 복리 증진'에 노력할 의무나 '대통령으로서의 직책을 성실히 수행'할 의무는 탄핵소추 사유가 될 수 없는 대통령의 헌법상 의무이고, 헌법 제69조가 헌법 제7조 제1의 공무원의 '국민 전체에 대한 봉사자'라는 규정이 천명한 공무원의 공익실현의무를 강조한 것이라면, 헌법 제69조의 '국민의 복리 증진'에 노력할 의무나 '대통령으로서의 직책을 성실히 수행'할 의무와 헌법 제7조 제1항의 대통령으로서 국민 전체를 위하여 국정을 운영할 의무는 실질적인 면에서 동일하다.

따라서, 헌법 제7조 제1항, 제69조에 따른 대통령으로서 소위 공익실현의 의무는 그 성질상 탄핵사유가 될 수 없다고 봄이 상당하다.

■ 국가공무원법 등이 대통령 공익실현의무를 구체화하고 있다고 보기 어려움

헌법재판소는 대통령이 '국민 전체'에 대한 봉사자로서 '국민의 복리 증진'에 노력하여 '대통령으로서의 직책을 성실히 수행'해야 할 공익실현의무가 구체화된 법률로 국가공무원법 제59조, 공직자윤리법 제2조의2 제3항, '부패방지권익위법' 제2조 제4호 가목, 제7조 등을 들었다.

국가공무원법 제59조는 "공무원은 국민 전체의 봉사자로서 친절하고 공정하게 직무를 수행하여야 한다"라고 하여 공정한 직무수행의무를 규정하고 있다. 공직자윤리법 제2조의2 제3항은 "공직자는 공직을 이용하여 사적 이익을 추구하거나 개인이나 기관·단체에 부정한 특혜를 주어서는 아니"된다고 규정하고 있다. 부패방지권익위법은 제2조 제4호 가목에서 "공직자가 직무와 관련하여 그 지위 또는 권한을 남용하거나 법령을 위반하

여 자기 또는 제3자의 이익을 도모하는 행위"를 부패행위로 규정하고 있고, 제7조에서 "공직자는 법령을 준수하고 친절하고 공정하게 집무하여야하며 일체의 부패행위와 품위를 손상하는 행위를 하여서는 아니 된다"라고하여 공직자의 청렴의무를 규정하고 있다.

위 법령들의 내용을 살펴보면 공익실현의무 위반보다는 대통령이 헌법상부여받은 권한과 지위를 남용하여 뇌물수수, 공금의 횡령 등 명백하게 부정부패행위를 하는 경우를 구체화한 법률이라고 보는 것이 더 설득력 있다.

아무런 근거 없는 헌법수호 의지 비판

헌법재판소는 박 대통령이 본인의 헌법과 법률 위배행위에 대하여 국민의 신뢰를 회복하고자 하는 노력 대신 국민을 상대로 진실성 없는 사과를하고 국민에게 한 약속도 지키지 않았고, 검찰 조사나 특별검사에 의한 수사도 수용하겠다는 약속을 지키지 않았으며, 청와대에 대한 압수수색도 거부한 것을 문제 삼아 박 대통령의 헌법수호 의지가 분명하게 드러나지 않는다고 판단하면서 이를 중대성을 인정하는 근거로 삼았다.

■ 진정성 있는 사과

하지만 헌법재판소가 대통령 사과의 진정성을 지적한 것은 오해에 근거한 잘못된 지적이다.

박 대통령이 제1차 대국민담화 이후 세 번에 걸쳐 진정성 있게 사과하였고, 탄핵소추 이전에 국회를 방문해 본인의 진퇴, 국무총리 추천 등을 포함한 모든 결정권을 넘겼으며, 스스로 사태에 책임을 지고 하야할 의사까지밝히는 등 국민의 의사에 부합하는 결정을 하고자 노력했다.

제1차 대국민담화에서 밝힌 내용 중 일부(국정개입 기간, 내용 등)가 사실과 다른 부분도 있으나 전체적으로는 진실에 부합했다.

박 대통령이 1차 대국민담화를 발표하게 된 원인이 된 JTBC의 최순실 국정개입 의혹 보도였으나, 그 보도 내용의 신빙성 의혹이 제기되고 있으며, 무엇보다도 헌법재판소가 박 대통령에게 자기부죄거부의 권리가 있다는 사실을 잘 알고 있으면서 제1차 대국민담화에서 진실을 있는 그대로 이야기하지 않았다는 점만 문제 삼는 것은 헌법적 가치에 반한다.

위 사정을 종합적으로 고려하면 헌법재판소가 지엽적인 이유를 내세워 박 대통령 사과의 진정성을 지적한 것은 매우 부적절하다.

더군다나 노 대통령은 대통령의 정치적 중립성에 반하는 발언을 지속적, 의도적으로 하였고, 야당이 수차례 사과와 재발 방지를 요구하는데도 단한 번도 사과하지 않았을 뿐만 아니라, 중앙선관위 결정을 무시하고 공선법을 구시대의 폐습이라고 경시하는 태도를 보였는데도 탄핵결정 당시 이를 문제 삼지 않아 놓고 박 대통령에게 헌법수호 의지가 없다고 지적한 것은 매우 잘못이다.

■ 청와대는 압수수색을 거부하지 않았다

헌법재판소는 청와대가 검찰의 압수수색을 거부한 것을 문제 삼고 있다.

2016년 10월 29일부터 30일 이틀간 검찰특별본부는 최순실 국정농단 등 의혹과 관련해 청와대에 대한 압수수색을 시도하였으나, 결국 영장을 집행하지 못하고 자료를 임의로 제출받았으며, 당시 이를 비판하는 여론이 높았다.

청와대가 압수수색을 거부한 것이 잘못인지 여부는 압수수색 거부가 법적으로 문제가 있는지부터 우선 살펴야 하는데, 형사소송법 제110조에 의하면 '군사보호시설의 기관장은 군사상 비밀을 이유로 압수수색을 거부'할 수 있고, 청와대가 군사보호시설에 해당하므로 압수수색 거부가 가능하다.

과거 2005년 9월 노무현 정부실세들의 유전개발 개입 의혹사건과 관련하여 청와대에 대한 압수수색이 시도되었으나, 당시에도 영장을 집행하지 못하고 청와대로부터 컴퓨터 및 전산자료를 임의제출 받았다.

2012년 11월 이명박 대통령의 내곡동 사저부지 의혹사건에서도 압수수색 영장을 집행하지 못하고 청와대 경호처 등 관련 기관의 자료를 임의로 제출받았다.

2017년 2월 박영수 특검이 청와대에 대하여 압수수색을 시도하였으나, 같은 이유로 거부되고 관련 자료를 청와대로부터 임의제출 형식으로 받았다.

따라서, 박 대통령이 형사소송법과 그때까지의 청와대 압수수색에 대한 대응 관행에 따라 검찰이 직접 청와대를 압수수색하는 것을 거부하였는데 임의제출 형식으로 검찰에 자료를 넘겨준 것을 비난하는 것은 형평성에 어긋난다.

헌법재판소가 이를 문제 삼아 헌법수호 의지가 없다고 판단한 것은 도저히 이해할 수 없는 결론이다.

■ 검찰조사 불응은 검찰의 책임

헌법재판소는 박 대통령이 제2차 대국민담화에서 제기된 의혹과 관련하여 진상규명에 최대한 협조하겠다면서 검찰 조사에 응하겠다는 약속을 지키지 않은 것을 문제 삼고 있다. 그러나 이는 사실과 다르고 전혀 근거도 없다. 박 대통령은 약속대로 검찰 조사를 받기 위해 변호인을 통하여 검찰과 일정을 조율하고 있었고, 원래 검찰은 최순실의 기소 시한인 20일 이전인 18일에 소환조사할 예정이었다.

그 과정에서 박 대통령의 변호인인 유영하 변호사가 17일 오후 "변론 준비에 어느 정도 시간이 필요하고 현직 대통령의 신분을 감안하면 대통령과 관련된 의혹을 전반적으로 조사한 뒤 모든 사항을 정리해서 한꺼번에 조사를 받는 것이 좋겠다"라면서 소환 일자를 다음 주로 연기할 것을 요청하였다.

이러한 요청은 헌법 제84조의 대통령 불소추특권과 피의자 신분이 아닌 박 대통령이 검찰에 충분히 요청할 수 있는 내용이다.

그런데 검찰이 최순실, 안종범, 정호성 등을 구속기소하면서 박 대통령을 공범으로 특정하고, 참여연대 등이 11월 15일 접수한 뇌물혐의 등의 사건에 사건번호를 부여하는 등 박 대통령을 헌정사상 최초로 피의자로 입건된 대통령으로 만들었다.

이 문제로 인해 검찰과 박 대통령 변호인 간의 갈등이 심화되어 결국 그 다음 주에 조사받지 못하게 된 것이므로, 그 책임은 검찰에 있다.

헌법재판관들도 참고인이 수사기관에 출석할 의무가 없다는 것 정도는 알 텐데 말이다.

■ 특검조사 불응도 특검의 잘못

헌법재판소는 박 대통령이 특검수사에 불응한 것도 잘못이라고 지적하며 헌법수호 의지가 없는 한 사례로 들고 있다. 이 역시 잘못된 판단이다.

박 대통령은 당초 약속한 대로 특검조사를 받을 예정이었으나, 특검 측에서 비공개 약속을 어기고 사전에 합의되지 않은 조사과정 영상녹화를 요구하였기 때문에 부득이 특검 측의 요구를 거부하면서 조사받지 못하게 된 것이다.

특검과 박 대통령 측은 조사장소와 형식, 공개 여부 등에 대한 협의를 진행하여 2월 9일 청와대에서 비공개로 대면조사를 하기로 합의했으나 결국 결렬되었다.

그 이유는 앞서 설명한 것처럼 특검이 비공개 조사 약속을 어겼고, 형사소송법상 근거 없는 조사과정에 대한 녹음·녹화를 끝까지 요구하였기 때문이다.

박 대통령 변호인 유영하 변호사는 특검 브리핑 이후 입장자료를 통해 "(특검이) 기존의 합의 내용과 다르게 참고인 조사임에도 불구하고 녹음과 녹화를 고집하는 등 받아들이기 어려운 무리한 요구를 계속해옴에 따라 협의가 무산된 것"이라고 밝혔다.

형사소송법 221조 제1항에는 참고인 조사시 영상녹화의 경우, 당사자의 동의를 받아야 한다고 규정하고 있고, 박 대통령의 변호인이 공정성 등에 대해 사전 혹은 사후에 어떠한 이의도 제기하지 않겠다고 약속했음에도 특검이 원칙에 없는 녹음 및 녹화를 요구하며 특검에서 조사받지 못한 것임으로 책임은 특검에 있다.

■ 대국민 약속 위반, 오히려 노 대통령

실제로 대국민 약속을 위반한 것은 노무현 대통령이었다.

노무현 대통령은 2003년 12월 14일 청와대 정당 대표 회동에서 불법정치자금 규모가 한나라당의 10분의 1을 넘으면 정계를 은퇴할 것이라고 발언하였고, 2004년 3월 8일 검찰의 불법대선자금 중간수사결과 발표에 의하면 10분이 1이 넘는 것으로 인정되었다.

하지만 노 대통령은 아무런 설명도 사과도 없었고, 대통령직을 사퇴하고서도 정계은퇴하지도 않았으므로 대국민 약속을 위반한 것이다.

이에 비해 박 대통령의 경우 본인에게 귀책사유가 있는 약속위반이라고 볼 수 없고, 오히려 검찰이나 특검의 책임이라고 볼 만한 충분한 사정이 있다.

결과적으로 박 대통령이 약속을 위반한 것이라고 하더라도 노 대통령의 대국민 약속위반 행위와 비교할 때 이는 조족지혈에 불과하다.

그런데 박 대통령에 대해서는 근거 없이 약속위반을 문제 삼고 노 대통령에 대해서는 이를 문제 삼지 않았을 뿐만 아니라 오히려 면죄부를 주었다.

박 대통령에 대한 중대성위반 판단은 잘못

이상과 같은 사정을 종합하여 보면, 박 대통령의 헌법과 법률 위배행위가 국민의 신임을 배반한 행위로서 헌법수호의 관점에서 용납될 수 없는 중대한 법 위배행위라고 보기 어렵다.

박 대통령의 법 위배행위가 헌법질서에 미치게 된 부정적 영향과 파급효과가 노무현 대통령에 비해 중대하다고 보기도 어렵다.

따라서, 국민으로부터 직접 민주적 정당성을 부여받은 박 대통령을 파면함으로써 얻는 헌법수호의 이익이 대통령 파면에 따르는 국가적 손실을 압도할 정도로 크다고 인정하기 어렵다.

특히, 박 대통령이 검찰과 특검에 응하지 않는 이유, 청와대에 대한 압수수색을 거부한 이유는 합리적인 이유가 있고, 노 대통령과 비교할 때 박 대통령이 약속을 더 심하게 위반하였거나 사과의 진정성이 없었다고 보기 어려운데도, 헌법재판소가 이를 문제 삼아 박 대통령에게 헌법수호의 의지가 보이지 않는다고 판단한 것은 매우 주관적이고 자의적인 판단으로 마땅히 비판받아야 한다.

5

노 대통령의 탄핵결정문 다시 쓰기

헌법재판소가 박 대통령의 탄핵사유에 대해 중대성이 있다고 판단한 논리에 따라 노무현 대통령의 탄핵사유를 판단해보면 노 대통령이 오히려 탄핵되었어야 한다.

헌법재판소의 박 대통령에 대한 탄핵 인용 이유를 원용하여 노 대통령에 대한 탄핵결정문을 요약하여 다시 써보면 다음과 같다.

노무현 대통령은 2003년 12월경부터 지속적으로 대통령으로서의 선거중립의무에 반하는 것으로 의심될 만한 발언들을 지속하여 왔고, 야당 측의 탄핵추진 가능성 경고 및 사과 요구를 무시하면서 의도적으로 공선법위반 행위를 하였다.

그 문제점을 중앙선관위가 지적하자 이에 수긍하지 않고 오히려 대변인을 통해 중앙선관위를 비판하고 공선법을 "관권선거시대의 유물"로 폄하하는 등 대통령의 지위에서 공개적으로 헌법과 법률을 준수하지 않는 행위를 하였다.

그뿐만 아니라 노 대통령은 국민투표를 통해 대통령의 재신임을 평가하는 것이 헌법상 불가능하다는 사실을 잘 알고 있음에도 불구하고, 2003년 10월 13일 대통령의 재신임 국민투표 제안을 하였는 바, 이는 헌법 제72조에 반한다.

위와 같은 노 대통령의 헌법과 법률 위배행위는 대통령으로서의 헌법수호 의무 위반에 해당한다.

노무현 대통령은 대통령이자 사법시험을 합격한 법률전문가로서 누구보다도 헌법과 법률이 가지는 의미를 잘 알고 있음에도 불구하고, 헌법에 반하는 대통령 재신임 투표를 제안하여 국론을 분열시키고, 4.15 총선을 의식한 정치적인 동기를 가지고 누구보다도 정치적 중립을 지켜야 할 대통령임에 노 _l에 반하는 말언을 의노석, 지속석으로 하였다.

그뿐 아니라 헌법기관인 중앙선관위의 지적을 적극적으로 반발하며 분쟁을 야기하였고, 더 나아가 공선법을 "관권선거시대의 유물"이라고 폄하하며 이를 지키지 않을 수도 있다면서 국민대표기관이 만든 법률에 대해 적대적인 태도를 취한 것은 대의민주제의 원리와 법치주의의 정신을 훼손한 행위로서 헌법수호 의무를 중대하게 위반한 것이다.

노무현 대통령은 중앙선관위가 노 대통령 발언이 공선법에 위반된다고 지적을 받고 오히려 반발하였고, 야당의 사과 요구를 무시하는 등 자신의 헌법과 법률 위배행위에 대하여 국민의 신뢰를 회복하고자 하는 노력을 하지도 않았고, 진정성 있는 사과를 할 생각도 의지도 없었으며, 오히려 4.15 총선을 통하여 국민의 심판을 받겠다면서 국민과 야당이 요구하는 사과를 외면하고 야당을 자극하여 탄핵소추에 나서게 하였다.

더군다나 노무현 대통령은 2003년 12월 14일 청와대 정당 대표 회동에서 본인 측의 불법정치자금 규모가 한나라당의 10분의 1을 넘으면 정계를 은퇴할 것이라고 공언하였고, 2004년 3월 8일 현재 검찰수사 결과 7분의 1 수준에 이르렀으므로 대통령을 사직하고 정계 은퇴를 하여야만 한다.

그러나 노 대통령은 본인 스스로 공언한 정계은퇴 발언을 지키지 않는 등 국민과 야당에게 한 약속을 전혀 지키지 아니하였는 바, 이는 국민의 신임을 배반한 행위에 해당하며, 이 사건 소추 사유와 관련하여 노 대통령의 이러한 언행을 보면 헌법수호의지가 분명하게 드러나지 않을 뿐 아니라 오히려 헌법 무시를 넘어서 헌법 파괴적인 의지마저 엿보인다.

이상과 같은 사정을 종합하여 보면, 노 대통령의 이 사건 헌법과 법률 위배행위는 국민의 신임을 배반한 행위로서 헌법수호의 관점에서 용납될 수 없는 중대한 법 위배행위라고 보아야 한다.

노무현 대통령의 법 위배행위가 헌법질서에 미치게 된 부정적 영향과 파급효과가 중대하므로, 국민으로부터 직접 민주적 정당성을 부여받은 노무현 대통령을 파면함으로써 얻는 헌법수호의 이익이 대통령 파면에 따르는 국가적 손실을 압도할 정도로 크다고 인정된다.

피청구인 노무현을 대통령에서 파면한다.

6
소수 의견 공개의 문제점

탄핵재판에 참여한 재판관 전원이 자신의 의견을 실명으로 표시해야 한다는 사실이 과거와 달리 변수로 작용했을 가능성도 있다.

2004년 노 대통령 탄핵재판 당시에는 소수 의견 및 해당 의견을 낸 재판관의 이름도 공개되지 않았고, 당시 소수 의견의 내용을 결정서에 포함시킬지 여부를 놓고 논쟁을 벌였으나, 결정서에는 담지 않는 것으로 정리°되

• 다수 의견은 노 대통령 탄핵 당시 헌법재판소법 제34조 제1항에 의하면 헌법재판소 심판의 변론과 결정의 선고는 공개하여야 하지만, 평의는 공개하지 아니하도록 되어 있고, 헌법재판소 재판관들의 평의를 공개하지 않는다는 의미는 평의의 경과뿐만 아니라 재판관 개개인의 개별적 의견 및 그 의견의 수 등을 공개하지 않는다는 뜻이며, 개별 재판관의 의견을 결정문에 표시하기 위해서는 이와 같은 평의의 비밀에 대해 예외를 인정하는 특별규정이 있어야만 가능한데, 법률의 위헌심판, 권한쟁의심판, 헌법소원심판에 대해서는 평의의 비밀에 관한 예외를 인정하는 특별규정이 헌법재판소법 제36조 제3항에 있으나, 탄핵재판에 관해서는 평의의 비밀에 대한 예외를 인정하는 법률규정이 없으므로 탄핵재판 사건에 관해서 재판관 개개인의 개별적 의견 및 그 의견의 수 등을 결정문에 표시할 수는 없다고 보았다.
이에 대해 헌법재판소법 제34조 제1항의 취지는 최종결론에 이르기까지 그 외형적인 진행 과정과 교환된 의견 내용에 관하여는 공개하지 아니한다는 평의의 과정의 비공개를 규정한 것이지, 평의의 결과 확정된 각 관여 재판관의 최종적 의견마저 공개하여서는 안 된다는 취지라고 할 수는 없고, 동법 제36조 제3항은

었다.

그러나, 탄핵재판과 정당해산심판의 경우 심판에 관여한 재판관의 의견 표시 의무에 대한 명시적 근거가 없어 소수 의견을 결정문에 표시하지 못하는 문제점에 대한 시정요구가 있어 제36조 제3항 중 "법률의 위헌심판, 권한쟁의심판 및 헌법소원심판"을 "심판"으로 개정하여 탄핵재판에 대해서도 소수 의견을 표시할 수 있도록 했다.

그런데, 당시 상황에서는 헌법재판관들이 '광장의 촛불 민심'에만 떠밀려 법리가 아닌 정치적 결정을 내릴 가능성이 크고, 그런 상황에서 소수 의견으로 탄핵 기각 의견을 낼 수 있는 용기 있는 재판관을 기대하기 어려우므로 다수 의견에 반대하는 소수 의견을 제대로 표시하기 어려웠을 것으로 보인다.

실제로 박 대통령에 대한 탄핵소추 결정서에는 재판관 김이수, 이진성의 보충의견과 안창호의 보충의견이 있었다.

전자는 성실한 직책수행의무 위반이 탄핵사유가 되고, 박 대통령이 국민의 생명과 안전을 보호하여야 할 구체적인 작위의무가 발생하였음에도 자신의 직무를 성실히 수행하지 않았으므로 헌법 제69조 및 국가공무원법 제56조에 따라 대통령에게 구체적으로 부여된 성실한 직책수행의무를 위반한 경우에 해당하지만, 이 사유만 가지고는 국민이 부여한 민주적 정당성을 임기 중 박탈할 정도로 국민의 신임을 상실하였다고 보기는 어려워

탄핵재판과 정당해산심판에 있어 일률적으로 의견표시를 강제할 경우 의견표시를 하는 것이 부적절함에도 의견표시를 하여야만 하는 문제점이 있을 수 있기 때문에 이를 방지하고자 하는 고려에 그 바탕을 둔 법 규정으로서, 탄핵재판에 있어 의견을 표시할지 여부는 관여한 재판관의 재량판단에 맡기는 의미로 보아 해석해야 다수 의견과 다른 의견도 표시할 수 있다는 견해도 있었다.

파면 사유에 해당한다고 볼 수 없다는 취지였다.

후자는 법정 의견과 동일하다면서도, 이른바 '제왕적 대통령제imperial presidency'로 비판되는 우리 헌법의 권력구조가 이러한 헌법과 법률 위반행위를 가능하게 한 필요조건이라고 보고, 이를 명확히 밝히는 것이 이 사건 심판의 헌법적 의미를 분명하게 드러내고 향후 헌법개정의 방향을 모색하는 데 필요하다는 취지로 개진한 보충의견이었다.

하지만 탄핵이 인용되어서는 안 된다는 소수 의견은 전혀 없었다.

그래서 소수 의견을 공개하도록 한 법 규정으로 인해 8:0이라는 예상치 못한 만장일치 탄핵결정이 나왔다고 보는 견해들도 있다.

7
장

모든 것이
잘못된 탄핵

여론이 무시된 탄핵소추

국민들은 노 대통령 탄핵은 여론에 반하는 탄핵소추이고, 박 대통령에 대한 탄핵은 여론에 부합하는 탄핵소추라고 오해하고 있다.

이는 일면만의 진실로 박 대통령에 탄핵소추 역시 국민과 여론에 반하는 것이었다.

노무현의 탄핵

노 대통령은 국민 다수가 대통령으로서의 중립의무 위반 발언에 대해 사과할 것을 요구했는데도 사과를 거부하면서 정치적 승부수를 던져 탄핵을 유도했다. 이러한 노 대통령의 행동은 국민의 뜻에 반한다.

2004년 3월 8일자 《연합뉴스》 〈'탄핵반대', '사과수용' 여론 높아〉 기사에 의하면 노무현 대통령에 대한 야권의 탄핵발의 추진에 대한 일반 국민의 여론은 반대가 찬성보다 우세하였지만, 야당의 노 대통령 대국민담화 및 재발 방지 요구에 대해서도 국민 여론은 찬성이 반대보다 훨씬 높았다.

즉, 위 기사에서 인용한 코리아리서치 조사결과에 의하면 노 대통령의 대국민담화 및 재발 방지를 요구한 야당의 주장에 대해선 "수용해야 한다"라는 응답자가 51.2%로, "선거를 의식한 공세이므로 받아들일 필요 없다"라는 응답자 39%보다 11.2% 많았고, 《중앙일보》조사결과에서도 "노 대통령이 국민에게 사과하고 재발 방지를 약속해야 한다"라는 응답이 61%로, "야당의 정치공세이므로 그럴 필요 없다"라는 응답 37%보다 24%나 많았다.

그리고 리서치플러스 조사결과에서는 "노 대통령의 열린우리당 지지 발언에 문제가 있다"라는 응답이 59.3%로 "문제가 없다"라는 응답자 30.4%보다 두 배 가까이(29.8% 차이) 높았다.

결국 노 대통령 탄핵소추를 앞둔 국민들의 생각은 "노 대통령의 발언은 잘못되었으니 사과해야 한다. 그렇다고 야권이 탄핵을 추진해서는 안 된다. 국민들의 뜻에 따라 노 대통령이 사과하고, 국회도 탄핵 추진을 하지 말라"였다.

그런데 노 대통령은 사과를 요구하는 국민들의 마음을 고려하지 않고, 의도적으로 사과를 거부해 야당을 자극한 것이다. 이러한 노 대통령의 행동은 결코 국민의 여론에 부합하는 행동이었다 할 수 없다.

야당도 의도적으로 사과 요구를 거부하고 중앙선관위 등 헌법기관 및 공선법에 대해 부정적인 태도를 보이는 노 대통령의 정치적 의도를 간파하고, 탄핵이라는 최후의 방법만은 자제해 달라는 국민 여론을 받아들였어야 했다.

이 문제를 계속 정치 쟁점화하면서 4.15 총선에서 국민들에게 평가를 받았다면 아마도 총선 결과는 열린우리당의 과반수 획득이라는 결과로 귀결되지 않았을 것이다.

따라서, 남상국 사장의 투신자살로 급격히 악화된 여론을 빌미로 야당이 노 대통령에 대한 탄핵소추 의결에 나선 것 역시 국민 여론에 반하는 행동이었다.

박근혜 탄핵

2016년 11월 4일 《일요시사》의 〈'최순실 사태' 박근혜 지지율 5%, 최저치 깼다〉 기사에 의하면 여론조사 전문기관 한국갤럽이 11월 1일부터 3일까지 국내 거주 중인 만19세 이상 남녀 1,005명을 상대로 한 설문조사*에서 박 대통령의 지지율은 5%로 역대 최저치를 기록했고, 부정평가는 무려 89%까지 치솟았다.

그리고 CBS라디오 '김현정의 뉴스쇼'의 의뢰로 리얼미터가 11월 16일 전국 성인 525명을 대상으로 박근혜 하야-탄핵에 찬성하는지를 물은 결과 73.9%가 찬성한다고 답했다.** 박근혜 대통령이 제1차 대국민사과 성명을 발표했던 10월 25일 조사 때 하야 또는 탄핵찬성이 42.3%, 11월 2일 조사 때 55.3%, 11월 9일 조사 때 60.4%였던 것이 일주일 사이 또다시 13.5%나 폭증하였다.

최순실 게이트가 일파만파로 확대되면서 민심은 대통령 임기 보장을 전제로 한 '2선 후퇴-거국내각' 구상을 외면하였고, 그 상황에서 박 대통령이 택할 수 있는 선택은 '하야'하거나 '탄핵소추'를 받는 두 가지 중 하나였다.

• 위 조사의 표본오차는 95%, 신뢰수준에 ±3.1%P. 응답률은 27%. 자세한 내용은 중앙선거여론조사공정심의위원회 홈페이지를 참고.

•• 2016. 11. 17. 《노컷뉴스》, 〈[여론] '박근혜 사퇴·탄핵' 여론 더 올라 '60%→73.9%'〉 기사 참조.

즉, 박 대통령이 즉각 하야하거나 혹은 여야가 합의한 권한대행 총리에게 전권을 이양해 거국내각을 구성하고 속한 일정에 따라 사임하거나 국회가 나서서 탄핵소추를 하거나 하는 방법 중 하나를 선택해야 하는 상황이었다.

그 상황에서 당시 국민의 여론은 탄핵보다는 박 대통령이 스스로 하야하는 것이 바람직하다는 의견이 훨씬 다수였다.

'사퇴 선언을 먼저 하고 국회 추천 총리와 과도내각이 구성된 후에 즉각 사퇴해야 한다'라는 질서 있는 퇴진이 더 높았고, 탄핵이 훨씬 더 적었다.

11월 9일 여론조사 때에는 자진 사퇴가 41.9%, 탄핵이 18.5%였는데, 11월 17일 여론조사 때에는 자진 사퇴가 53.7%, 탄핵이 20.2%로 나타났다. 11월 9일 조사에서 자진 사퇴 및 하야 여론이 60.4%에서 73.9%로 13.5% 늘어났고, 그중 대부분(11.8%)은 자진 사퇴 여론이 증가한 것이다.

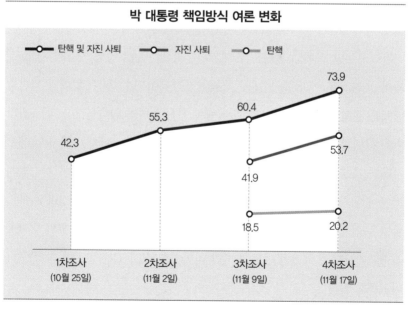

리얼미터 조사결과 그래프

즉, 당시 국민 여론은 자진 사퇴였지, 탄핵을 통한 강제 하야가 결코 아니었다. 박 대통령은 국민 여론을 존중하여 11월 4일 2차 대국민담화를 발표하면서 검찰 조사 협조와 특검 수용을 선언했다. 11월 8일 국회를 방문하여 김병준 국무총리 내정을 사실상 철회하면서 "국회가 추천한 총리를 임명해 달라는 야권의 요구를 수용하겠다"는 의사를 밝혔다.

그리고, 11월 27일 전직 국회의장·국무총리 등 원로들이 박근혜 대통령에게 내년 4월 하야를 촉구하고, 11월 28일 새누리당 친박 중진의원들도 박근혜 대통령에게 명예 퇴진을 제안하자, 박 대통령은 이 제안을 받아들여 11월 29일 3차 대국민담화를 통해 "대통령직 임기 단축을 포함한 진퇴 문제를 국회의 결정에 맡기겠다"라고 밝혔다.

박 대통령의 입장은 민심을 있는 그대로 받아들이는 것이었고, 새누리당도 12월 1일 '박근혜 대통령 17년 4월 퇴진, 6월 조기 대통령선거'를 당론으로 채택하면서 정치적 해결을 통한 방안을 모색하고자 하였다.

돌이켜보면 실제로 진행된 탄핵재판은 헌법재판소에서 박 대통령의 절차적인 권리를 무시하면서까지 서둘렀지만, 2017년 3월 10일이나 되어서 탄핵을 결정하였는데, 이는 박 대통령이 민심에 따라 약속한 2017년 4월의 자진 사퇴와 비교해보면 시간상으로 불과 한 달밖에 차이가 나지 않았다.

탄핵 과정에서 정치권이 보여준 분열과 반목으로 인해 공생이 가능할지 걱정이다. 국민들도 촛불과 태극기로 분열되어 서로에 대한 불신을 회복할 방법을 쉽게 찾기 힘든 점을 고려하면 국회가 탄핵소추라는 최후의 수단을 선택하기보다는 국민의 여론에 따라 하야하는 질서 있는 퇴진이 순리가 아니었을까 싶다.

당시 상황은 탄핵소추가 아닌 2017년 4월 자진 사퇴라는 정치적 해법이 충분히 가능한 상황이었다.

그런데 김무성, 유승민을 중심으로 한 새누리당 내부의 비상시국 준비위원회 소속 국회의원들이 겉으로는 촛불 민심을 말하지만, 실제로는 자신들의 정치적인 이해관계 때문에 사실상 탄핵소추에 참여하기로 함으로써 국민의 뜻과 달리 국회의 탄핵소추가 진행된 것이다.

이러한 비박계의 행동은 새누리당 당론뿐만 아니라 당시의 국민 여론에 정면으로 배치되는 무책임한 행동이었다.

결국, 야3당과 새누리당 일부 비박계 의원들은 대통령의 자신 사퇴를 원하는 다수 국민의 여론을 무시하고, 정략적인 탄핵소추를 추진하여 대한민국 국민들이 선출한 대통령이 또다시 헌법재판소에서 탄핵재판을 받고 실제로 탄핵당하게 하는 헌정사의 비극을 초래한 것이므로 마땅히 비난받아야 한다.

새누리당 내부의 친박계 의원들 역시 자신의 정치적인 이익을 위해 몸을 사리기에만 급급하여 질서 있는 퇴진을 원하는 국민의 뜻을 외면하고 당론을 바꾸어 탄핵소추안 의결시 자유투표를 하도록 정한 것 역시 비난받아야 한다.

결국 박 대통령에 대한 탄핵소추 과정에서 여야를 막론하고 정치권이 보인 모습은 나라와 국민의 여론, 그리고 바람직한 헌정질서 유지를 위한 대의보다는 각자의 입장에서 정치적인 계산을 하는데만 급급한 매우 실망스러운 것이었다.

국민의 눈으로 볼 때는 정치권에 속해 있는 모두가 오십보백보로 대한민국 정치발전을 위해 물갈이되어야 할 청산의 대상임을 확인한 것이라 할 수 있다.

잘못된 뉴스가 잘못된 여론을 만들다

국민이 주인이다. 그러면 여론은 국민의 뜻인가?

국회나 헌법재판소가 여론을 반영해야 하는가는 주권이론과 관련하여 매우 의미 있는 질문이다.

주권이론은 크게 국민주권이론과 인민주권이론으로 나누어진다.

국민주권이론은 국가를 구성하는 시민의 상위 개념으로 하나의 통일체로서의 국민을 인정하고, 전체 국민이 선출한 대표자가 국정을 책임지는 대의제 원리가 도출되며, 당선된 대표자는 국민의 대표자로서 자유롭게 국민의 의사를 대표하며, 자유위임의 문제점을 극복하기 위해 권력분립의 원리를 따라야만 한다.

이에 반해 인민주권주의는 개별적인 시민 위의 우월적 존재로서 전체로서의 국민을 부인하고, 주권의 주체는 구체적인 개개인의 총합이므로 직접민주제가 원칙이며, 당선된 대표자는 선출한 시민의 통제를 받고, 권력분립의 원리는 필수적 원리가 아니라고 본다.

대한민국 헌법 제1조는 대한민국은 민주공화국이고, 모든 주권은 국민으로부터 나온다고 규정하여 국민주권주의*를 선언하고 있다.

대한민국 헌법은 국민주권주의 원칙하에서 대의제를 채택하고 있고, 법률이 정한 국민들에게 선거권을 주어 대통령 선거, 국회의원 선거, 지방의회 선거 등에 참여하여 대표자를 선출하도록 하며, 예외적으로 국민투표제 등 직접 민주주의제를 채택하고 있다.

정보사회에서 인터넷 보급 등으로 인해 이제는 직접민주제 실현이 가능하다는 주장도 있고, 다양한 정보를 접하는 국민들의 지적 수준이 과거보다 향상되었으므로 오프라인에서 촛불집회, 태극기집회와 같이 광장을 통해 분출되는 여론이 국민주권주의의 관점에서 존중되어야 한다는 주장도 나름 설득력이 있다.

구체적인 증거나 근거를 통하여 확인된 사실관계를 토대로 만들어진 다양한 정보를 정치적 계파성을 가지지 않는 시민이 상식적이고 건전한 판단으로 총체적으로 표출한 것이 여론이라면 국회, 헌법재판소도 그 여론을 가급적 존중하는 것이 어찌 보면 당연하다.

• 국민주권주의는 국가를 구성하는 시민의 상위 개념으로 국가를 인정한다. 이에 반해 인민주권주의는 시민 위의 우월적 존재로서 국가를 부인하고, 각 개인이 주권 일부를 가진다고 본다.

박 대통령을 둘러싼 여론, 과연 제대로 된 정보를 바탕으로 형성되었는가?

> 선동은 한 줄로 가능하지만 이를 반박하려면
> 수십 장의 문서와 증거가 필요하다.
> 그리고 그것을 반박하려 할 때면 사람들은 이미 선동당해 있다.
> _괴벨스

노 대통령에 대한 탄핵소추 및 심판 과정을 살펴보면 당시 노 대통령의 탄핵사유 및 관련 내용에 대해 국민들에게 사실관계가 왜곡된 정보가 전달될 개연성이 없었고, 언론 역시 근거 없는 추측 등을 보도하는 일이 거의 없었다.

따라서, 국민들이 노 대통령에 대한 탄핵사유에 대해 합리적이고 상식적인 판단을 할 수 있는 상황이 그런대로 조성되었다. 그러나 박 대통령의 경우에는 국민들에게 왜곡된 정보가 전달되었고, 이로 인해 국민의 여론이 하야 내지 탄핵으로 쏠리게 되면서 탄핵사유도 철저한 검증 없이 사실로 받아들여졌다.

우선 박 대통령 탄핵 당시 촛불집회 참가자에 대한 여론조사 분석 결과를 보자.

내일신문-서강대 현대정치연구소가 2016년 11월 26일 광화문 촛불집회 참가자 2,058명에게 물어본 결과 '뉴스를 접하고 스스로 판단했다'는 답이 80.5%로 압도적이었고, 당시까지 총 5회의 촛불집회에 참석한 횟수도 1회가 48.8%로 압도적으로 높았으며, 친구나 직장 동료와 함께 온 경우가 49.9%로 가장 높았다.

그리고 위 조사에 의하면 '박근혜 대통령 탄핵 촛불' 참여자들의 정치적 성향은 '쇠고기 촛불'에 비해 오히려 보수적인 성향을 띄고 있는 것으로 나타났다.

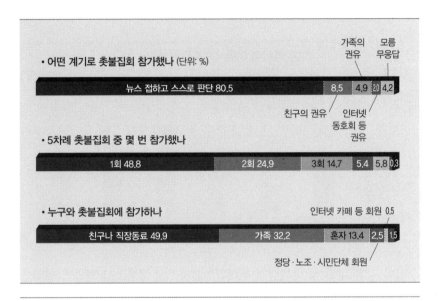

'박근혜 촛불'과 '쇠고기 촛불' 이념성향 비교 (단위 : 점)

의견	쇠고기 촛불	박근혜 촛불
집단을 위해 자기 이익을 양보한다(7점 척도)	3.08	5.51
테러방지 위해 개인정보 침해 불가피(7점 척도)	2.00	3.87
양극화 해결보다 성장이 우선(5점 척도)	1.66	2.8
북한은 적대적 대상이다(5점 척도)	1.70	2.21

점수가 낮을수록 진보, 높을수록 보수

또한, 촛불집회에 참석한 국민들은 촛불에 떠밀려 광장으로 불려나온 야당이 '당리당략으로 임한다'고 느끼는 사람이 압도적으로 많았는데, '야당이 국민보다 자신들의 정치적 이익을 먼저 생각하고 있다'는 주장에 대해 응답자의 72.7%가 동의한다고 답했다.

즉, 국민 열망을 따르지 않는 청와대와 여당뿐만 아니라 야당에 대해서도 그리 신뢰하지 않고 있음을 보여주며, 촛불 민심을 특정 정치 세력에 대한 지지로 혼동하지 말라는 경고이기도 하다.

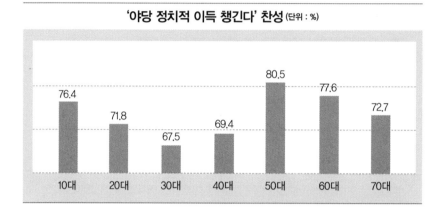

'야당 정치적 이득 챙긴다' 찬성 (단위 : %)

이와 같은 내일신문-서강대 현대정치연구소의 여론조사 결과에 의하면 촛불집회에 참석한 국민은 탄핵을 추진하는 야당에 대해 신뢰하지 않고, 보수적인 성향의 사람들도 상당히 많았으며, 언론에서 보도되는 내용이 진실이라고 믿고 나온 평범한 국민들이 대다수였던 것으로 보인다.

그런 전제하에서 촛불집회에 참석한 국민들에게 이 시점에서 다음과 같은 질문을 던지게 된다.

당신께서 언론보도를 통하여 접한 내용 중 진실이라고 생각하는 것은 무엇인가?

당신께서 진실이라고 생각하는 내용이 사실이 아니라면 그래도 박 대통령의 하야나 탄핵에 찬성할 것인가?

촛불시위에 참여한 대다수의 국민들은 선량한 대한민국의 시민들이라고 믿는다.

그런데 촛불집회 참석자들이 박 대통령에 대해 언론이 쏟아낸 수많은 거짓과 왜곡, 선동과 선정적 기사 및 논평들이 있었고, 제대로 검증을 거치지 않고 의혹들을 언론에서 앞다퉈 기정사실화하여 보도하였다는 사실을 알고 있었다면 어떤 선택을 했을까?

그리고 보도가 사실이 아니라는 것이 드러난 후에도 그 잘못된 보도 행태를 자성하고 바로잡기 위한 노력을 하기보다는 또 다른 새로운 의혹들을 마구 쏟아낸 것이었다면 과연 어떤 입장을 택하였을까?

그래서 본인이 부지불식간에 언론과 정치권에 의해 과장되고 부풀려진 근거 없는 사실을 진실이라고 믿었고, 그것이 본인의 박 대통령에 대한 하야 내지 탄핵 의사에 영향을 미쳤다는 사실을 알게 된다면 어떤 태도를 보였을까?

안타깝게도 앞서 살펴본 것처럼 세월호 관련한 온갖 유언비어, 정윤회 관련 의혹, 그리고 허위조작의 하이라이트인 세월호와 정윤회를 연결시킨 7시간 밀회설, 입수 경위가 불분명하고 보도 내용에 문제가 많았던 JTBC의 최순실 사용 태블릿PC 관련 보도 등으로 인해 객관적인 사실이 있는 그대로 국민들에게 전달되지 않았다.

또한, 언론도 구체적인 사실에 근거한 합리적인 보도를 하기보다는 추측성 보도를 통해 책임감 없는 의혹 제기를 하였다. 이로 인하여 국민들은 무엇이 객관적인 진실인지 제대로 판단할 여유 없이 마구 쏟아지는 의혹들을 대부분 사실일 것이라고 받아들이게 되었으며, 이것이 대통령의 탄핵 여론에 커다란 악영향을 미쳤다.

앞서 설명한 세월호 유언비어 이외에 최순실과 관련한 근거 없는 유언비어도 쉼 없이 쏟아져 박 대통령에 대한 부정적 인식을 확산시켰는데, 대표적인 유언비어를 살펴보면 다음과 같다.

최순실의 꼭두각시, 세월호 7시간 동안 밀회를 즐기다

최순실 게이트가 터지면서 세월호 사건, 정윤회 문건 파동 사건 등을 통하여 형성된 박 대통령에 대한 부정적인 인식이 최순실 집안 관련 유언비어와 결합되어 박 대통령을 형편 없는 대통령으로 만들어버렸다.

여과되지 않는 유언비어들이 눈덩이처럼 커지면서 최순실이 박 대통령 뒤에서 국정농단을 하는 사람이고, 박 대통령은 권력실세인 최순실의 꼭두각시에 불과하였으며, 세월호 7시간 동안 최순실의 남편이자 최태민의 사위인 정윤회와 롯데호텔에서 밀회를 즐긴 정신 나간 대통령으로 인식하게 만들었다.

그 실망이 너무나도 큰 만큼 박 대통령에 대한 비난의 강도도 커졌다. 박 대통령에 대한 하야 내지 탄핵에 선뜻 동조하고 나서게 되었다.

그렇다.

언론이나 SNS를 통하여 국민들이 박 대통령을 형편 없는 사람으로 생각하게 만든 그 내용들이 만약 사실이라면 박 대통령이 국민들로부터 비난받고 탄핵당하고 하야하는 것이 마땅할 수도 있다.

하지만, 실제로는 작은 사실들이 과장되고, 사실이 아닌 것이 마치 진실로 받아들여지는 광란의 분위기였고, 그 속에서 박 대통령은 탄핵의 희생양이 된 것이다. 전자가 최순실이 국정농단한 것이라는 왜곡이고, 후자가 근거 없는 유언비어들이다.

최순실이 국정농단했다?

국민들에게 박근혜 대통령의 탄핵 원인을 한마디로 말하라고 하면 아마도 "최순실에 의한 국정농단"이라고 말할 것이다.

그만큼 국정농단이라는 기괴한 단어는 국민의 뇌리 속에 일상화되어 있다.

이러한 잘못된 인식을 토대로 촛불집회 등에서 일부 국민들은 "대한민국은 최순실 공화국이 아니다"라며 비난했다.

그리고 최순실이 모든 것을 처리하고, 박 대통령은 주사를 받고 쓰러져 있는 야매 대통령이라고까지 비난하는 그림이 SNS에 실리기도 했다.[*]

박 대통령에 대한 탄핵 직후인 2017년 3월 말 〈역사교훈극 비선실세 순실이〉라는 연극이 대학로에서 공연되었고, 일부 종편에서 그 공연 사실을 보도하기도 하였다.

국정농단이라는 단어가 주는 부정적 이미지

언론과 당시 야당들은 최순실 게이트를 국정농단이라는 프레임으로 박 대통령을 공격하였다.

하지만 국정농단이란 권리나 이익을 독점하여 나라의 정치를 좌지우지한다는 의미인데, 그 단어 자체가 개인이 사익을 위해 국정에 온갖 나쁜 일을 저지른 매우 부정적인 표현이다.

사실 "농단"이라는 표현이 주는 그 음습한 느낌은 그 자체로 매우 부정

• 《굿모닝충청》 2018. 1. 4. 〈오늘의 SNS〉 박근혜 대통령 국정농단을 풍자한 화제의 만평.

적이고 편파적이다.

그런데 편 나누기를 하는 정치권은 그렇다치고 정치적 중립성을 유지해야 하는 언론이 "게이트" 등과 같은 비교적 중립적인 표현을 사용하지 않고 "국정농단"이라는 편파적이고 부정적인 이미지의 단어를 굳이 사용한 이유는 무엇일까?

이는 국민들에게 그 대상자인 박 대통령과 최순실에 대한 나쁜 인식을 심어주기 위한 의도(?)로 보인다.

최서원 아닌 최순실로 호칭한 이유

언론에서 최순실이 개명을 통하여 본명이 최서원임에도 불구하고, 굳이 이전 이름인 최순실 사용을 고집하는 이유는 무엇일까?

헌법재판소 결정문에 나와 있는 최서원이라는 이름은 국민에게 낯설지만, 최순실이라는 이름은 너무나도 익숙하다.

그 이유는 언론을 통해 국정농단의 주인공 이름을 최순실이라고 지속적으로 들었기 때문이다.

최서원보다는 최순실이 지적 수준이 낮은 동네 아줌마 같은 이미지이고, 박 대통령이 바로 그런 수준 낮은(?) 사람의 사익을 챙겨주기 위해 국정을 농단했다는 부정적인 이미지로 연결시키기 위해, 언론이 의도적으로 최순실이라는 이름을 사용하였다.

하지만 공식적인 언론에서 의도적으로 개명한 이름을 사용하지 않고, 개명 전 이름인 최순실을 사용한 것은 상식과 기본에 어긋난 것이다.

이 부분에 대해서는 모든 언론이 당사자에게 사과해야 한다. 부득이 최순실이라는 이름을 사용하는 저자인 우리도 개인적으로 미안함을 느끼며 당사자에게 정식으로 유감을 표한다.

이에 동의하지 않는 언론은 손혜원 의원도 개명 전 이름인 손갑순이라고 부르는 것이 마땅하다.

헌법재판소에서도 국정농단은 인정되지 않았음

결국 국민들은 동네 아줌마 같은 느낌의 최순실과 국정농단이라는 단어를 언론을 통해 반복적으로 들으면서 구체적인 국정농단의 내용보다는 국정농단이라는 단어가 주는 부정적인 이미지에 영향을 받았고, 이로 인해 실제 있는 사실보다도 더 나쁘게 박 대통령을 평가하였을 가능성이 크다.

하지만, 헌법재판소에서 탄핵결정을 할 때 인정한 탄핵사유, 그리고 이후 재판 과정에서 법원에서 인정한 공소사실을 액면 그대로 받아들인다 하더라도 최순실이 상당수의 고위공직자를 멋대로 임명하거나 해임하고, 거의 모든 국가기밀도 제한 없이 열람하고, 대통령이 최순실을 위해 미르재단과 K스포츠재단을 설립하여 사익을 챙기는 등 국정농단이라 부를 정도는 아니었다. 더군다나 박 대통령이 무속에 빠져 최순실에게 정신적으로 지배당하고 꼭두각시였다는 주장에 대해서는 헛웃음만 나온다.

최순실의 국정개입과 일부 공직자의 최순실 사익추구 협조?

헌법재판소는 최순실이 일부 국정에 개입했다고 보고 있으나, 과연 그와 같은 행위를 두고 국정개입이라 단정할 수 있는지 의문이고, 일부 문제가 있는 사안을 두고 마치 최순실이 국정 전반에 개입한 것처럼 보는 것은 더더욱 문제이다.

한편, 헌법재판소 결정문 등에 의하면 문화체육관광부 제2차관 등 일부 공직자가 최순실의 사익추구에 협조한 것은 사실인 것으로 보인다.

헌법재판소 결정문에 의하면 '최순실이 추천한 일부 공직자는 최순실의 이권 추구를 돕는 역할을 하였다. 문화체육관광부 제2차관으로 임명된 김종은 내부 문건을 최순실에게 전달하고, 최순실의 요구사항을 정책에 반영하는 등 최순실에게 적극적으로 협력하였다. 최순실의 추천으로 민관합동 창조경제추진단 단장으로 임명된 차은택의 지인들은 최순실의 요구사항대로 미르를 운영하는 등 최순실의 사익 추구에 적극적으로 협조하였다'라고 되어 있다. 그러나 이 부분은 박 대통령이 전혀 알지 못하고, 최순실과 해당 고위공무원과의 유착문제이므로, 이를 탄핵의 근거로 삼을 수 없다.

참고로, 노무현 대통령 탄핵 사건에서는 헌법재판소가 수사 기록상 노 대통령의 공모가 인정되지 않은 부분에 대해서는 탄핵사유로 인정하지 않았는데, 박 대통령의 헌법재판소 결정문에 의하면 박 대통령이 전혀 관여하지 않은 최순실이나 수석비서관의 잘못까지도 헌법위반 사실로 인정하여 박 대통령에게 책임을 물은 것은 명백한 잘못이다.

노 대통령 사위, 국민 4,138명을 모아 손해배상청구소송 제기

노 대통령의 사위인 곽상언 변호사(사법연수원 33기)는 2017년 1월 국정농단 사태로 국민들이 입은 정신적 고통과 피해에 대한 박 대통령의 민사 손해배상 책임을 요구하며 일반 국민을 상대로 소송인단을 모집해 소송을 제기했다.

당시 손해배상청구 소송 참여자는 4,138명이고, 청구금액은 1인당 50만

• 2016년 12월에도 노 대통령 사위인 곽상언 변호사를 포함한 국민 4,900여명이 같은 소송을 제기했으나, 이에 대해서는 아직 결론이 나오지 않았다.

원씩 도합 20억 원이었다.

노 대통령의 사위는 변호사로서 불법행위에 대한 손해 입증을 위해 그 흔한 진단서도 제대로 제출하지 않는 등 손해배상청구 소송을 정치적인 공세에 이용한 것으로 보인다.

즉, 박 대통령의 법률대리인들은 '박 대통령을 국정농단한 나쁜 대통령이라는 이미지를 만들기 위한 것으로 정당한 민사소송이라기보단 정치 투쟁과 선전의 도구에 가깝다'며 원고들의 청구를 각하해야 한다고 지적했다.

이에 대해 법원은 2019년 5월 23일 원고들의 청구를 모두 기각하여 박 대통령이 승소하였다.

언론이 상상력을 가미한 최순실 국정농단의 진실과 실체

박 대통령은 의상 준비와 같은 남성 보좌관들이 하기 어려운 일들을 개인적인 인연이 있는 최순실에게 도움을 받았다.

그리고 일부 공직자의 경우 최순실이 추천하기도 하였으나 최순실의 추천 때문에 그 사람을 공직에 무조건 임용한 것은 아니었다.

연설문 작성시 민심 수렴 차원에서 최순실에게 일반 국민의 관점 내지 감성적인 표현 부분에서 일부 도움을 받았을 뿐 중요한 내용에 대해 의견을 나눈 경우는 거의 없었다. 또한 최순실의 의견이 일방적으로 반영된 것이 아니라 정호성 비서관이 타당하다고 생각하는 내용만 보고에 포함하였고, 최종적으로 실제로 반영되지 않는 경우가 많았다.

박 대통령은 대통령으로서 국정을 운영하면서 본인의 이익을 챙기기 위해 단 한 푼의 뇌물도 받은 적이 없고, 형제자매 등과의 왕래도 끊고 국정 운영을 해왔다.

최순실은 박 대통령 임기 초기에는 조심스럽게 행동한 것으로 보이나, 사회적으로 문제가 되었던 정윤회 사건이 검찰에서 원하는 방향으로 잘 해결되고, 정윤회와도 공식적으로 이혼하였으며, 김기춘 비서실장도 청와대를 떠나면서 최순실에 대한 감시와 통제의 끈이 느슨해졌다.

박 대통령의 임기가 얼마 남지 않으면서 최순실과 주변 사람들이 대통령과의 관계를 이용해 사익을 추구할 생각을 가지게 된 것으로 보는 것이 진실에 부합한다.

실제로 최순실 게이트에서 문제가 된 미르재단 설립, K스포츠재단 설립 등 대부분의 내용들은 정윤회 사건이 처리된 이후에 발생하였고, 청와대 내부 문건은 정윤회 사건 이후 최순실에게 유출하지 못하도록 했는데 정호성 비서관이 최순실과의 개인적인 인연 등으로 인해 업무 처리에 중심을 잡지 못하여 일부 문건이 2016년 4월까지 넘어간 것으로 보인다.

그리고 최순실의 딸 정유라의 이화여대 부정입학이나 최순실과 삼성 간의 승마지원 등은 박 대통령이 전혀 모르는 상태에서 최순실이 저지른 범죄이다.

야당의 음모와 언론의 오보 등으로 인하여 최순실이 박 대통령을 정신적으로 지배하면서 박 대통령의 뒤에 숨어 국정을 좌지우지하고, 박 대통령은 최순실의 꼭두각시에 불과했다고 오해한 국민들의 분노를 악용한 탄핵소추는 잘못된 것이다. 탄핵재판 과정에서 헌법재판관 그 누구도 최순실의 국정농단을 문제 삼은 바 없고, 다만 박 대통령이 최순실의 사적인 부탁을 들어주었는지 여부만이 관건이었을 뿐이다.

최태민 일가와 연계한 추측성 보도

최태민은 한국의 라스푸틴

《중앙일보》는 2016년 10월 27일 〈"최태민은 한국의 라스푸틴" 2007년 미 대사관 외교전문〉이라는 제목의 기사를 보도했다.

이 보도는 전후 설명 없이 〈기밀 외교문서에서, 美대사관 "최태민은 한국의 라스푸틴"〉이라는 식의 제목으로 확산되었다.

하지만, 이 기사는 미국 대사관이 국내 소문에 대해서 쓴 내용을 기밀 문서에서 인용한 것이었는데, 마치 미 대사관이 직접 최태민을 라스푸틴이라고 평가한 것처럼 오역誤譯했음이 밝혀졌다.

박지원 의원의 미륵 논란

평화당의 박지원 의원은 박 대통령의 사과와 관련하여 "미르재단과 K스포츠재단을 연결해 '미륵'"이라 하고, "미륵은 최순실의 부친인 최태민이 자신을 부른 호칭"이라고 하였다.

"박근혜 대통령이 최태민·최순실 두 사람의 사교邪敎에 씌어 이런 일을 했다고밖에 볼 수 없다"라는 막말까지 하였다.

최순실 언니 실세설

2016년 10월 22일 《경향신문》이 최순실 씨의 전 남편인 정윤회 씨 아버지와 인터뷰를 했는데, 그 인터뷰에서 정 씨의 아버지는 "최순실의 둘째 언니(최순득)가 박 대통령과 성심여고 동기동창입니다"라고 말했다.

《경향신문》은 이 내용을 그대로 독자들에게 전달했는데, '박 대통령과의 고교동창으로 알려진 최순득'이라는 인물이 주목받으면서 '진짜 실세는 최

탄핵 정국 최태민 일가와 연계한 보도

일자(2016)	기사 제목 및 주요 내용
10.26	최측근, 취임식 때 숭례문을 오방색 천으로 덮자며 압력
10.28	국회서 청와대 굿판 의혹까지 꺼낸 野
10.28	주한 미대사관, 2007년 본국에 보낸 보고서에 "최태민은 한국의 라스푸틴… 박 후보를 지배"
10.31	정부 상징 오방난… 최 개입설 각종 문양 무속신앙과 연계 의혹
10.31	정부 상징에 태극무늬, 오방색… 무속신앙 반영?
11.3	저서 6권 분석… 곳곳 '우자, 하늘, 산'
11.3	최태민, 朴 통해 공천개입 의혹
11.8	부친 재산이 최씨 일가 종잣돈… 최태민 추징법 만들어야
11.8	최태민 의붓아들 조순제 육성 "朴 100% 꼭두각시"
11.9	최태민, 박근혜 영애 때부터 국모 주입
11.18	최태민 일가, 박 대통령 능에 넣고 26년 선예노 기입 론 10억 뜯어내
11.18	7인회 김용환, 박 대통령에게 최태민 조언했다가 팽 당해
11.22	김기춘, 87년 육영재단 분규 때 최태민 측 수차례 만났다
11.24	최순득, 연예인들 초대해 김장값 명목 돈 챙겨
11.28	최순실, 순득 또 다른 단골병원… 대통령도 이용
11.29	최순실, 단골 목욕탕서 주사제 상습 투약
11.29	대통령 입맛까지 잡은 최씨 자매
11.29	박근혜 영애 시절에도 최태민 청탁받고 업체 대출 민원
11.3	도올 "朴은 최순실 아바타, 무당춤 춘 것"
12.13	최순실이 이 나라 대통령이었다
12.14	최순실은 청와대판 볼드모트?
12.23	최순실 재산 10조 원 추정

순득이다'라는 주장까지 일파만파 퍼져나갔으며,《조선일보》등 상당수 매체에서도 보도*되었다.

그러나, YTN은 "(성심여고와의 전화통화를 통해) 지난 1970년에 졸업한 성심여고 8회 졸업생 명단에는 최순득이나 최순덕이라는 이름은 없는 것으로 확인됐다"라며 최순득과 박 대통령이 동기동창이라는 이야기는 '잘못된 사실'이라고 보도했다.

이처럼 조금만 확인해보면 사실 여부를 쉽게 알 수 있는 내용에 대해 대부분 언론이 최소한의 진실검증도 하지 않고 경쟁적으로 잘못된 보도를 쏟아내는 과정에서 발생한 오보였다.

참고로《주간경향》은 박 대통령이 2006년 면도칼 피습 때 최순득(최순실 언니) 집에 머물며 치료받았다고 보도했고, 이후《조선일보》등 다수의 언론은 이를 인용 보도했으나 이 역시 사실무근**으로 드러났다.

• 《조선일보》는 10월 31일자 조간신문에 〈"순실이는 언니 지시대로 움직이던 '현장 반장'… 진짜 실세는 최순득"〉이라는 제목의 인터뷰 기사를 보도했고,《동아닷컴》도 채널A의 최순득 씨의 딸 장유진 씨 측근의 인터뷰를 소개하며 "최순득 씨 역시 성심여고 동창인 박 대통령과 친분이 두텁다"라고 전했으며,《서울신문》,《매일경제》,《한국경제》등도 최순득 씨가 박 대통령과 성심여고 동기동창이라고 보도했다.

•• 최순득의 딸 장시호 씨는 '최순실 국정농단 사태 진상규명을 위한 국정조사 특별위원회' 제2차 청문회에서 "저희 집에 머문 적이 없다"고 밝혔다.

최순실 아들 청와대 근무설

손석희 사장의 JTBC가 '태블릿PC' 관련 보도로 국민적 의혹을 불러일으킨 직후인 2016년 10월 29일 《시사저널》은 〈"최순실 아들 청와대 근무했다"〉며 '단독기사'를 보도*했다.

[단독] "최순실 아들 청와대 근무했다"

1985년 이혼한 최순실, 前 남편 사이의 아들 청와대 총무구매팀 근무 의혹

'비선실세'로 지목된 최순실 씨는 1982년 김영호 씨와 결혼해 3년 만에 이혼했다. 정윤회 씨는 2014년 이혼한 두 번째 남편이다. 그런데 최씨와 이혼한 김씨 사이에 아들 김○대씨가 있었다. 본지 취재 결과, 30대 중반인 김씨는 현 정부 들어 청와대 총무 구매팀에서 '최소' 2014년 말까지 근무했고 현재는 그만둔 상태다. 그가 청와대에 근무했다는 의혹이 불거져 파문이 예상된다. 〈편집자주〉

'비선실세'로 지목된 최순실 씨가 첫 번째 결혼기간에 낳았던 아들이 박근혜 정부 청와대에서 '최소한' 2014년 12월말까지 5급 행정관으로 근무했다는 의혹이 새롭게 제기됐다. 그동안 최씨의 국정농단 의혹 중 하나로 딸 정유라 씨에 대한 특혜의혹이 제기되고 있으나, 최씨 아들과 관련한 의혹이 불거진 것은 이번이 처음이다. 최씨 아들의 존재 및 그와 관련한 의혹들은 국정농단 사건을 뒷받침할 수 있는 중요한 근거라는 점에서 또 다른 파장이 예상된다.

이 기사는 최순실의 입김이 청와대 내에서 절대적이며 그가 나라를 흔들고 있다는 왜곡된 이미지를 만드는 데 영향을 미친 기사 중 하나였다.

그러나 최순실 아들이 청와대에 근무했다는 《시사저널》 기사가 논란의 여지가 없을 만큼 '가짜뉴스'인 이유는 최순실에게 아들이 없기 때문**이다.

• 이 기사의 부제목은 〈1985년 이혼한 최순실, 前 남편 사이의 아들 청와대 총무구매팀 근무 의혹〉이다.

•• 펜앤드마이크, 2018. 11. 22. ['가짜뉴스' 만든 언론인] ⑬ '최순실 아들 靑근무' 오보 시사저널 김지영-박혁진 등.

최순실, 대통령 전용기 수시 사용

2016년 11월 15일 채널A는 "아무런 공식직함도 없는 민간인 최순실 씨가 대한민국 대통령 전용기를 수시로 타고 다녔다는 의혹"에 대해 보도하면서 최순실이 지난 5월 박 대통령의 이란 순방 당시 전용기에 동승했다고 덧붙였다.

그러나 1호기에 탑승하려면 보안 패스가 필요하며 비행기 어디에서도 남의 눈에 띄지 않게 있을 수 없을뿐더러 70여 명이나 되는 취재기자들의 좌석 통로를 지나다녀야 하는 비행기 구조상 동승은 있을 수 없다고 설명했다.

채널A는 문제의 기사가 사실이 아닌 것이 밝혀지자 오보에 대한 공식적인 해명이나 사과도 없이 기사를 삭제했다.

최순실 청와대 관저에서 잠잤다는 의혹

2016년 11월 1일 채널A는 〈"최순실 청와대 관저에 잠까지 잤다"〉는 기사를 보도했고, 그다음 날 "청와대로 들어간 3개의 침대 중 최 씨가 이용한 침대는 어느 것이었을까요?"라는 앵커의 논평과 함께 〈침대 2개는 청와대 관저로 갔다〉는 제목의 기사를 보도했다.

채널A*는 최순실의 청와대 출입 의혹과 청와대가 구입한 침대를 엮어 최순실이 침대를 사용하였다는 의혹을 제기하였다.

두 건의 보도는 모두 '전직 청와대 고위 인사'라는 확인할 수 없는 인물의

• 그 외에도 채널A는 "기재부는 이외에도 미르, K스포츠재단에 흘러 들어간 정부 예산이 얼마나 있는지 모든 부처의 예산집행 내역을 구체적으로 조사 중", "건설업계가 만든 사회공헌재단을 제3의 미르 재단" 등과 같은 허위보도를 하고, "차은택이 박근혜 대통령의 '보안 손님'"이란 근거 없는 선정적 보도도 하였으나, 박 대통령에 대한 탄핵 광풍 속에서 해당 보도들은 모두 "아니면 말고" 식으로 넘어갔다.

주장을 근거로 작성되었으나, "(침대 3개 중) 1개는 이명박 정부 말에 구입했던 것이고, 1개는 (대통령이 휴가를 갔던) 저도로 갔고, 나머지 1개는 지금 대통령이 쓰고 있다"라는 청와대의 해명을 통해 사실무근임이 밝혀졌다.

최순실의 통일대박 아이디어 제공 의혹 등

11월 중순 모 언론이 "통일 대박은 최순실 씨 아이디어"라는 미확인 보도를 하였으나, 통일대박은 현경대 전 의원의 서울대 법대 동기인 신모 중앙대 교수의 2012년 책에서 처음 사용되어 현 전 의원이 확산시킨 것이다.

그리고 박 대통령이 연설문에서 사용한 "우주와 혼" 관련 발언은 모 청와대 행정관이 파울로 코엘료의 책《연금술사》에서 '간절히 원하면 온 우주가 도와준다'는 대목을 인용한 것인데, 최순실이 대통령에게 입력시킨 주술적 메시지로 둔갑됐다.

최순실 재산 수조 원 설

더불어민주당 안민석 의원은 최순실과 박근혜 대통령은 경제공동체이고, 최순실의 재산은 최소 2조 최대 10조에 달하는데, 이는 박 대통령의 수백조 불법통치자금에서 시작되었으며 딸 정유라에게 이전을 마쳤다는 취지의 발언을 하였다.

"박정희 대통령 통치자금이 당시 돈으로 약 9조 원, 현재 가치로 300조 원에 달한다. 그 돈의 일부가 최순실 일가에게 흘러 들어갔다"

"독일 검찰을 통해 확인해보니 독일 검찰이 독일 내 최순실 재산을 추적 중인데 돈세탁 규모가 수조원대이다."

"최순실이 페이퍼컴퍼니를 세워 돈을 빼돌린 기업은 독일에서만 4~500개가 확인됐다."

"최순실의 은닉 재산은 독일 검찰 쪽에서 이야기하기로 약 7조에서 8조로 최대 10조 정도이다."

"최씨 일가의 재산은 이미 정유라에게 승계가 끝났다."

이러한 의혹 제기는 국민들에게 최순실의 숨겨진 재산이 300조라는 유언비어로 바뀌어 전달되면서 국민들은 분노했다.

그러나 실제로 독일 검찰이 추적중인 최순실의 재산은 300만 유로(한화 약 30억)이고, 박정희 대통령의 통치자금규모나 최순실 일가로 유입 여부 등도 분명하지 않다. 또한, 최순실의 재산이 2조 내지 10조라는 주장 역시 별다른 근거가 없다.

특검이 발표한 수사 결과에 따르면 최순실 보유 재산은 300조의 1,000분의 1에도 못 미치는 228억 원에 불과했다.

이에 대해 안민석 의원은 자신의 잘못된 의혹 제기를 국민들에게 사과하지 않고, 오히려 2019년 6월 네덜란드에서 체포된 최순실의 집사(?)인 데이비드 윤이 돈세탁 전문가인데, 그를 조사하면 은닉재산을 찾아낼 수 있다고 하면서, "(최순실 재산) 규모가 워낙 크고 시세차익을 고려하면 어쩌면 최순실 자신도 정확히 모를 것", "독일 검찰을 통해 확인한 것은 독일 내 최순실의 돈세탁 규모를 수조 원대로 파악하는 듯했다"라는 근거 없는 발언으로 여전히 새로운 의혹을 제기*하는데 급급했다.

• 《뉴스1》, 2019. 6. 6., 안민석 〈최순실 은닉재산 커서 본인도 정확히 모를 것〉 기사 참조.

이와 같은 최순실 일가 재산 300조억설은 특검에서 박 대통령과 최순실을 경제적으로 이익을 공유하는 "경제공동체"라는 해괴한 논리를 만들어 기소하게 하는 어처구니없는 상황을 초래하였다.

그 외에 최순실 관련한 근거 없는 대표적 의혹 기사들[•]

① 최순실과 무기중개상 린다 김이 친분이 있고, 최순실이 무기 거래에도 손댄 의혹이 있다는 보도가 있었으나, 록히드마틴사가 직접 나서서 부인했다.

② 최순실의 미르재단·K스포츠재단 기금 횡령 의혹이 보도되었으나, 기업으로부터 거둔 출연금 약 770억 원 가운데 30억 원가량의 운영비 사용액을 제외한 나머지 기금이 그대로 있었다.

③ 《경향신문》은 최순실이 2015년 초 조양호 한진그룹 회장을 만나 두 차례에 걸쳐 거액을 요구했다고 보도했으나, 사실무근으로 드러났다.

④ 《동아일보》는 2016년 11월 7일 검찰이 최순실 씨가 2015년 말까지 국정 최고 의사결정기구인 국무회의 개최 여부와 내용 등에 직접 관여한 정황이 담긴 통화 기록을 검찰이 확보했다고 단독 보도했으나, 검찰 특별수사본부 측은 "《동아일보》 보도 중 녹음 파일에 최 씨가 지난해 11월 열린 국무회의에 관여한 내용과 관련해서는 그런 사실이 없다"고 부인하였다.

⑤ 《시사저널》은 2016년 11월 14일 김종필 전 총리가 "박근혜라는 여자는 국민 전부가 청와대 앞에 모여 내려오라고 해도 절대 내려갈 사람

• 《미래한국》, 2017. 1. 12., 〈대통령 탄핵정국 만든 '최순실 사건' 언론은 무슨 짓을 벌였나?〉 기사 참조.

이 아니야"라고 말했다고 보도했으나, 김 전 총리는 《시사저널》의 최초 보도는 왜곡 과장된 것으로 법적 대응할 것"이라고 밝힌 바 있다.

⑥ 《노컷뉴스》는 2016년 11월 3일 익명의 K스포츠재단 관계자의 말을 인용해 최순실 씨가 '인천공항사장·감사위원·조달청장' 인사에 개입했다고 단독 보도했으나, 인천공항공사는 "허위 보도"라며 법적 대응 의사를 밝혔고, 조달청 역시 "최순실을 모른다"며 부인했다.

⑦ 《시사인》 기자 주진우가 '시사타파 TV' 팟캐스트 방송에서 "최순실의 30년 넘은 친구들이 있는데 최순실이 임신한 장면을 못 봤다고 했다"고 말해 루머가 확산되었으나, 이후 자신의 페이스북에 정유라가 박 대통령 딸이라는 루머에 대해 사과의 글을 게재했다.

⑧ 모 언론이 서울 구치소에 수감된 최순실의 모습이 실제와 다르다며 대역설을 주장하기도 했으나, 이 역시 막연한 추측에 의한 허위 보도로 사법 당국이 지문 대조로 확인했다.

⑨ 모 언론에서 박근혜 대통령이 최순실을 통해서 외부 의료기관에서 프로포폴 처방을 받았다고 보도하였으나, 보건복지부는 대통령이 최순실 씨를 통해 영양제, 비타민 주사 등을 대리 처방 받은 사실은 진료기록부를 통해 밝혀졌지만, 프로포폴 같은 마약류 의약품이 처방된 일은 없었다고 최종 발표했다.

서울대 출신 '스포츠 의학 분야' 박사가 마사지 센터장?

청와대 대변인으로 발탁되었던 《한겨레신문》 김의겸 기자는 2016년 9월 20일 〈대기업 돈 288억 걷은 K스포츠재단 이사장은 최순실 단골 마사지 센터장〉이라는 제목의 기사를 '단독'이라며 《한겨레신문》 1면톱으로 보도

하였다.

이 보도는 최순실을 개명 전 이름인 최순실로 처음 언론에 등장시킨 보도로 가짜 태블릿PC 논란을 야기한 JTBC의 '최순실PC' 최초 보도보다 한 달 먼저 나온 기사이다.

이 기사는 '마사지'란 단어가 주는 부정적인 성적 이미지를 악용하여 그 단어를 제목으로 앞세워 최순실이 마치 스포츠와는 전혀 상관 없는 함량미달의 '마사지업소 주인', '최순실의 마사지사'를 스포츠재단 이사장 자리에 앉힌 것처럼 보도했고, 이로 인해 최순실 뿐만 아니라 박 대통령에 대한 국민의 반감을 증폭시키는 데 적잖은 역할을 했다.

그리고 상당수 언론들이 박 대통령에 대한 선정적인 보도를 마구 쏟아냈으며, 일부 언론사는 한겨레가 제목에 버젓이 내걸었던 '최순실 단골 마사지 센터'를 '마사지숍'으로 바꿔 더욱 부정적인 이미지를 확대하기도 했다.*

그러나 정동춘 전 K스포츠재단 이사장은 서울대학교 사범대학 체육교육

• 펜앤드마이크 2018. 9. 7. 〈['가짜뉴스' 만든 언론인] ① 한겨레 기자 출신 청와대 대변인 김의겸〉 기사 참조.

과를 나와 서울대 대학원에서 '스포츠 의학 분야' 박사 학위까지 받은 전문가이고, 운영한 기관은 "마사지 센터가 아닌 운동기능 회복 센터"였다.

미국의 지지, 미 대사관 1분 소등행사 동참?

2016년 12월 4일 JTBC와 《중앙일보》는 주한 미국 대사관이 촛불집회 '1분 소등행사'에 동참했다면서, 미국도 탄핵을 지지하고 있다는 식으로 보도했고, 상당수 유력 매체들을 통해 그 내용이 퍼지며 탄핵 분위기를 고조시키는데 일조하였다.

확인 결과 이는 광화문 앞 행사장에서 활용되던 조명이 불 꺼진 대사관 창문에 반사된 것으로, 대사관 불이 꺼진 듯한 착시효과를 준 것이다.

박 대통령이 길라임 가명 사용?

JTBC는 지난 2016년 11월 15일 〈박 대통령 가명 '길라임'··· 차움 VIP 시설 이용도〉라는 제목의 보도를 통해 당시 박근혜 대통령이 드라마 여주인공의 이름인 '길라임'이라는 가명을 사용해 차움 의원을 이용했다고 보도했다.

'전前 차움 관계자'의 입을 빌린 위 보도로 인해 박 대통령은 한순간에 비상식적 행동을 위해 TV 드라마 주인공 길라임을 가명으로 사용하는 대통령'이란 이미지를 대중들에게 심어주었다.

그러나 박 대통령이 본인의 신분 노출을 꺼려 가명을 사용해 '차움 의원'을 드나들었다는 이 보도는 명백한 허위보도였다. 확인 결과 "'길라임'이라는 예명을 쓴 건 박 대통령 자신이 아니라 차움 의원 간호사가 임의로 한 것"이었다.

그러나 JTBC의 '길라임' 보도는 이른바 '태블릿PC 보도' 이후 악화된 박 대통령에 대한 비난 여론을 증폭시키는데 상당한 영향을 미쳤고, 보도 직후 《중앙일보》는 드라마 《시크릿 가든》에서 여주인공 길라임이 팔뚝에 새긴 문신과 미르재단 로고가 비슷하다는 댓글을 소개했다. 또 '길라임'이라는 이름을 풀이해보니 '하야下野'를 뜻한다는 기사뿐 아니라 〈'길라임' 가명 박 대통령, 과거 "현빈 좋아해" 발언〉이라는 제목의 기사까지 보도되었다.

각종 언론사에서도 JTBC의 '길라임' 보도와 관련 소문들을 인용해 '길라임 대통령', '근라임(박근혜+길라임)' 등의 기사와 칼럼*이 잇달아 게재되었고, 더불어민주당도 사실 확인 없이 JTBC의 '가짜뉴스'에 편승해 '길라임' 가명 사용과 관련해 박근혜 대통령에 대해 집중적인 비판을 가했다.

심지어는 11월 17일 민주당 정책조정회의에서 홍익표 당시 정책위 수석 부의장은 청와대를 '3S가든'이라고 하며 공개적으로 조롱**하기도 했다.

첫 번째 S는 짝퉁 길라임 씨가 사는,

흔히 근라임 씨라고 하는 '시크릿가든'의 S.

두 번째 S는 무속과 각종 사이비 종교의

그늘이 드리워져 있는 '샤먼가든'의 S,

그리고 이를 총괄하고 있는 '순실이가든'의 S,

그래서 3S가든이라는 말이 떠돌고 있다

---

* 《한겨레신문》이 게재한 11월 19일 황진미 대중문화평론가의 〈대역배우의 삶, 길라임과 박 대통령〉에서는 "박근혜가 당시 인기 드라마 〈시크릿 가든〉의 주인공 이름을 가명으로 썼다는 사실은 누가 그 이름을 골랐는지와는 무관하게 기묘한 연상을 불러일으킨다"라는 내용이 있다.
** 펜앤드마이크 2018. 10. 30., 〈['가짜뉴스' 만든 언론인] ⑪ '박근혜, 길라임 가명 사용' JTBC 박병현〉 기사 참조.

드루킹 사건을 통해 드러난 여론조작

드루킹 사건은 친노 친문 진영의 파워블로거이자 경제적공진화모임(경공모)의 대표 김동원(필명: 드루킹)과 경공모 회원들이 인터넷에서 각종 여론조작*을 한 사건이다.

이 사건은 더불어민주당과 네이버가 네이버 뉴스 기사 댓글에서 매크로 프로그램을 이용해 문재인 정부를 비방하는 사람들을 고소한 것인데, 경찰 조사 과정에서 더불어민주당의 주요 인사들과 연관이 있다는 의혹도 불거졌고, 주범인 드루킹은 이 사건의 최종책임자로 경남지사가 된 김경수를 지목하였다.

이에 자유한국당과 바른미래당 등은 문재인의 대통령 당선 무효도 가능한 여론 조작 게이트로 규정하였고, 2018년 5월 21일 통과된 특검법에 따라 특검이 김경수 지사를 조사한 결과 드루킹 일당의 댓글 조작 1억 회 중 8,840만 회를 김경수와 공모한 것으로 결론 내려 김경수** 등을 기소하였다.

그리고 김경수 지사는 1심에서 댓글조작 혐의에 대해선 징역 2년의 실형, 공직선거법 위반 혐의에 대해선 징역 10월에 집행유예 2년을 선고받고 법정구속되었으며, 현재 항소심 진행 중이다.

수사 결과, 최초 적발된 2017년 1월 17일부터 18일까지 이틀 동안의 범행 시기에만 드루킹 일당이 댓글 조작에 사용된 아이디는 2,290개, 조작 댓글 수는 2만여 개였고, 2014년 당시 여러 명이 동시다발적으로 사용해 매크로보다 더 대량으로 여론 조작이 가능한 '킹크랩'이라고 불리는 자체 서

---

* 그들은 원래 문재인 옹호를 위한 댓글 조작을 해왔던 자들이었으나, 정부 여당에 인사 청탁한 것이 거부되자 반감으로 반정부 댓글 조작으로 전환하였다가 경찰에 적발되었다.
** 김경수는 업무방해와 공직선거법 위반 혐의로 불구속 기소되었다.

버를 구축하여, 비밀 대화방을 통해 여론 조작할 기사를 올려왔던 것[•]으로
밝혀졌다.

지난 대선 과정에서도 송민순 회고록 사건이 터지자, 경공모의 모든 회원들이 밤새도록 일일이 댓글과 추천을 달아 문재인에게 터진 악재를 막았고, 반기문 유엔사무총장이 대선행보를 시작하자 그를 조롱하는 각종 댓글 작업을 하였으며, 대선 기간 중에는 안철수를 상대로 "MB 아바타론"을 지속적으로 유포하여 두 사람에 대한 국민 여론이 악화되는데 역할을 하기도 했다.^{••}

드루킹은 2016년 10월에 느릅나무 출판사 사무실에서 김경수에게 매크로 프로그램의 프로토 타입을 직접 시연하였고, 김경수 지사로부터 매크로를 사용한 댓글 조작 실행을 허락받았다고 한다.

드루킹의 옥중편지에 의하면 "2016년 9월 '김경수' 의원이 파주의 제 사무실로 찾아왔을 때 상대 측의 댓글 기계에 대하여 이야기를 하였고, 2016년 10월에는 드루킹 측이 댓글 기계에 대항하여 매크로 프로그램을 만들 것을 결정하고 김경수 의원에게 '일명 킹크랩'을 브리핑하고 프로토 타입으로 작동되는 모바일 형태의 매크로를 사무실에서 직접 보여주게 되었다"고 한다.

김경수 의원은 드루킹의 사무실에 있는 2층 강의장에서 브리핑을 받은 후 모바일 매크로가 작동되는 것도 직접 확인하였고, 그때 드루킹이 "이것을 하지 않으면 다음 대선에서 또 질 것입니다. 모든 책임은 제가 지고 문제가 생기면 감옥에 가겠습니다. 다만 의원님의 허락이나 적어도 동의가

• SBS뉴스, 2018. 4. 25., 〈[단독] 경찰, '킹크랩' 서버 확보… "매크로와 같이 이용해 댓글 조작"〉 기사 참조.
•• 《문화일보》, 2018. 5. 9., 《[단독] 반기문 대권도전 귀국하자 드루킹 '조롱 댓글' 집중타격》 기사 참조.

없다면 저희도 이것을 할 수는 없습니다. 그러니 고개를 끄덕여서라도 허락해 주십시오"라고 말했고, 김경수 의원이 고개를 끄덕여 드루킹은 "그럼 진행하겠습니다"라고 말하였다.

이에 김 의원은 프로토 타입의 기계를 보여준 데 대하여 "뭘 이런 걸 보여주고 그러냐 그냥 알아서 하지"라고 말하였고, 이에 드루킹은 문을 나서는 김 의원에게 "그럼 못 보신 걸로 하겠습니다"라고 말하였다고 한다.[*]

그리고 김경수 지사는 드루킹에게 텔레그램 등을 통하여 댓글조작할 기사들을 보냈고, 드루킹은 김경수 지사로부터 받은 기사의 인터넷 주소를 '경제적 공진화 모임(경공모)'의 주요 회원들이 보는 텔레그램 방에 올려놓으면서 그 기사에 'AAA'라는 알파벳을 적어 두었는데, 이는 "김경수 의원이 보낸 기사이니 우선 작업하라는 의미"였다[**].

그뿐 아니라 2017년 대선 기간 드루킹이 운영하던 단톡방 문자메시지에서 문재인 당시 후보에게도 보고했다는 내용도 있었고, 문 대통령의 부인 김정숙이 주위의 만류를 무릅쓰고 2016년 10월경 드루킹이 주도해서 만든 문재인 팬클럽 '경인선' 모임에 참석하는 등 문재인 후보가 대선 기간 이들의 활동 사실을 인지하고 있었는지 여부도 의혹으로 제기[***]되었다.

또한, 필명 '솔본 아르타' 양모씨가 김경수 지사가 당시 대선 후보였던 문재인에게 드루킹 일당 관련 사실을 보고하였으며, 자신이 보호해주겠다고 직접 말했다는 취지로 진술하였다.

수사를 통해 밝혀진 드루킹 일당이 SNS 댓글조작으로 여론을 오도한 것

---

[*] 《조선일보》, 2018. 5. 18., 〈[단독]드루킹 옥중편지 전문〉 참조.
[**] 《연합뉴스》, 2018. 10. 29., 〈드루킹 측근 "김경수가 보낸 기사는 'AAA' 표시… 우선 댓글조작"〉 기사 참조.
[***] 《조선일보》, 2018. 10. 30., 〈드루킹 측근 "김경수, 문재인 후보에 경공모 보고했다고 말해"〉 기사 참조.

은 빙산의 일각에 불과하다.

드루킹 일당이 세월호 사건 의혹, 특히 세월호 7시간 의혹과 최순실 관련 의혹을 잘못된 기사 등을 통해 무차별적으로 불특정다수의 수많은 국민들에게 전달하였고, 그것이 잘못된 여론조성에 상당한 영향을 미쳤을 가능성이 큰데도 불구하고, 경찰이나 검찰 수사, 그리고 특검 수사과정에서 이를 제대로 규명하지 못하였다. 적절한 시점에 또다시 특검을 통해 이 문제의 진실을 제대로 밝힐 필요성이 있다.

광장의 민심 촛불과 태극기, 너무나도 다른 언론 보도

노무현 대통령 탄핵 때와 달리 박근혜 대통령 탄핵 때에는 탄핵을 지지하는 촛불집회와 탄핵을 반대하는 태극기집회가 극명하게 대비되며 수많은 시민이 자발적으로 참여하였다.

태극기집회보다 먼저 시작된 촛불집회는 박 대통령에 대한 국회의 탄핵소추 직전까지 참여자의 숫자가 지속적으로 늘었고, 참여 대상도 일반 국민들의 자발적인 참여로 확대되었다.

그러나 촛불집회보다 2주 후부터 시작된 태극기집회도 언론의 예상과 달리 나라를 걱정하는 자발적인 시민들이 대거 참여하면서 그 규모 면에서 촛불집회를 넘어서기 시작하였고, 특히 2017년 3월 1일 태극기집회는 그 규모 면에서 2016년 12월 3일 최대 인원이 참석하였다는 촛불집회의 규모를 크게 앞질렀다.

태극기집회 초기에는 박 대통령에 대한 열성적 지지자들을 중심으로 참가 인원도 촛불집회에 비해 적었다.

그러나 탄핵의 원인이 된 언론 보도의 문제점이 드러나면서 주말마다 거리로 뛰쳐나오는 시민의 수가 늘었으며 참여층도 다양해졌고, 묵묵히 자신의 생업에 힘쓰던 수많은 일반 시민들이 태극기를 들고 자발적으로 나서기 시작했다.

촛불집회가 열릴 때면 주최측이 일방적으로 주장하는 '촛불 100만 운집'을 액면 그대로 기사화하던 상당수 언론들은 참가자 숫자 면에서 이미 촛불을 압도한 태극기 민심은 철저히 외면하거나 축소하는데 급급했다.

촛불집회에 참가한 시민도 국민이고, 태극기집회에 참가한 시민도 국민이다. 그들의 의사 모두를 언론은 동일 기준에 따라, 객관적으로 다루어야만 한다. 그런데 박 대통령에 대한 탄핵소추가 진행되던 당시 촛불집회에 대해서 언론사들은 상당한 시간과 지면을 할애하여 그 내용을 자세히 보도하였지만, 촛불집회를 훨씬 능가하는 태극기집회에 대해서는 보도를 자제하거나 의례적인 보도를 하는데 그쳤다. 심지어 일부 언론은 폭력사건이 있었다거나 과격한 발언이 있었다거나 혹은 돈 받고 동원된 노인들이라며 그 진정성을 폄하하는 등 태극기집회를 흠집 내는 데 급급하였다.

태극기집회 흠집 내기의 하이라이트는 MBC의 PD수첩 방송이었다. 2017년 2월 21일 밤 방영한 PD수첩은 태극기집회에 동원된 사람이라면서 얼굴을 모자이크 처리한 증언자와의 인터뷰 내용을 내보냈다.

그 사람은 "탈북자들은 2만 원, 일반 국민은 5만 원을 받고 태극기집회에 동원되고, 추운 날은 돈을 조금 더 받는다"는 등의 발언을 하여 태극기집회에 사람들이 돈을 받고 동원된다는 의혹이 사실인 것처럼 보도했다.

태극기집회 참석자들은 거의 대다수가 자발적으로 자신의 비용으로 참석한 일반 시민들이었다. 그런데 MBC는 말도 안 되는 내용의 인터뷰를 보도하며 그 사람의 얼굴은 모자이크 처리했지만, 옷에 달린 세월호 마크까지 가리지는 못했다.

세월호 리본을 가슴에 달고 있는 증언자가 돈을 받고 태극기집회에 참석했다니 누가 믿겠는가? 상식적으로 볼 때 태극기집회 참여자가 세월호 리본을 달고 있지는 않았을 것이다. 그런데도 공영방송에서 버젓이 세월호 리본을 단 사람의 인터뷰를 보도하면서 신성한 태극기집회를 모독하였다. '조작보도'라는 의심을 하지 않을 수 없다.

2017년 1월 26일 JTBC 뉴스룸에서도 "태극기집회 참석자들이 돈을 받고 동원된 사람들"이라고 보도하여 집회 참가자들로부터 강한 반발을 샀고, 탄기국의 주도하에 손석희와 JTBC는 1,000명이 넘는 태극기집회 참석자들로부터 손해배상 청구소송을 당하기도 했다.

당시 언론은 촛불집회 참여자들을 숭고한 민주주의 시민으로 치켜세우던 것과 달리 태극기 시민에 대해서는 '친박단체', '극우단체'라는 왜곡된 낙인 찍기를 서슴지 않았다.

하지만, 태극기집회 참석자들 중 상당수가 대한민국의 고학력 중산층이었고, 참여한 직업군도 명문고와 명문대를 졸업한 전·현직 교수, 전직 기업 고위 임원, 전직 군 장성과 영관급들, 전직 주요 언론인 등 다양했다.

이와 관련해 《조선일보》가 2018년 8월 15일의 태극기집회 직후인 8월 27일 보도한 내용에서 한 달에 한 번 이상 태극기집회에 참가한다고 답한 3,037명을 분석한 결과도 이에 부합한다.

사회적 계층은 중산층이 49.8%로 가장 많았고, 학력 수준도 4년제 대학 졸업 이상이라고 답한 사람이 59.5%나 되었고, 태극기집회 참가 이유

• 통계청에 따르면 한국의 50대 이상 시민 중 4년제 대졸 이상 학력자 비율은 16.2%(2015년 기준)이다.

(복수 응답)에 대해선 '대한민국 체제 수호'(86.1%)가 '박근혜 대통령의 복권'(70.6%)이라고 답한 사람보다 많았으며, '문재인 정부 정책 등에 반대'를 참가 이유라고 한 사람도 52.7%였다.

따라서, 촛불집회는 '밝고 아름다운 시민들의 평화로운 축제'이고 태극기집회는 '많이 배우지 못한 노인들의 맹목적 박근혜 지지집회'라는 일부 언론의 편견적인 주장은 전혀 사실과 다르다.

박 대통령 탄핵 당시 언론이 촛불집회와 태극기집회에 대해 공평무사한 태도로 보도하였다면 국민들의 박 대통령 탄핵에 대한 여론은 상당히 달라졌을 것이며, 헌법재판소가 촛불 민심만 의식해서 서둘러서 박 대통령 탄핵을 결정하는 일이 없었을 것이고, 그 결론도 달라졌을 가능성이 크다.

2017년 3월 1일 개최된 태극기집회에 수백만의 애국시민들이 참석하였고, 그 규모는 2016년 12월 3일 사상 최대의 인원이 참석했다는 촛불시위보다도 더 큰 규모였다.

이 시점에서 독자들에게 이런 질문을 던지고 싶다.

만약 당시 대통령직무집행 중이던 박근혜 대통령이 3.1절 태극기집회 현장에 참석하여 탄핵의 부당함을 호소하고, 그다음 날인 3월 2일 전격적으로 본인의 탄핵재판에 직접 출석하여 탄핵에 대한 입장을 공개적으로 말하였다면 과연 어떤 일이 발생하였을까?

만약 그랬다면, 촛불 민심만 의식하던 헌법재판소가 무리해가면서 이정미 재판관 임기만료 전인 3월 10일 탄핵 선고를 하였을까?

과연 헌법재판관 전원일치로 박 대통령에 대한 탄핵결정이 되었을까?

3

숨겨진 이슈,
미혼 여성 대통령에 대한 편견과 비하

미혼인 여성 대통령, 저급하고 추악한 성적 상상력으로 추락시키다

야권이 탄핵을 추진하는 과정에서 박 대통령이 독신인 여성 정치인이라는 사실과 과거 최태민과 관련된 각종 유언비어, 그리고 최순실이 최태민의 딸로서 박 대통령을 정신적으로 지배한다는 말도 안 되는 상상력을 결합하여 대통령을 성적으로 비하하고 이를 통해 도덕적으로 비난하였다.

여성 대통령에 대한 성적 편견이 드러난 대표적인 사건으로 "세월호 사건 당시 정윤회와 롯데호텔에서의 7시간 밀회설", "청와대 비아그라 구입설", "정유라, 장시호의 대통령 딸 설" 그리고 "더러운 잠" 그림 전시이다.

정윤회와의 7시간 밀회설, 시간과 장소까지 특정된 거짓뉴스

세월호 7시간 동안 박 대통령이 무엇을 했는가에 대해 "프로포폴 투약설", "최태민 천도제설", "미용설" 등 갖가지 억측과 유언비어가 쏟아지는 가운데, 세월호 7시간과 비선실세라는 정윤회, 그리고 미혼의 여성 대통령, 이 세 가지를 결합한 유언비어의 백미라 할 수 있는 "정윤회와의 롯데호텔 7시간 밀회설"이 등장한다.

미주 한인 언론《선데이저널》에서, 세월호 참사 당일 오전 박 대통령이 롯데호텔 36층에서 비선진료 의혹을 사고 있는 김영재 원장에게 시술을 받았다는 의혹°이 제기됐다.

그리고 그날 현장에는 최순실의 전 남편인 정윤회 씨도 있었다는 근거 없는 이야기로 연결되고, 이는 결국 세월호 참사 당일 박 대통령이 롯데호텔에서 남자를 만났고, 그 남자가 정윤회로 연결되었다.

2014년 7월 18일《조선일보》가 최보식 칼럼을 통해 세간에 사라진 7시간이 정윤회와 박근혜의 사생활과 연관이 있다는 루머가 있다는 것을 지적하며, 이에 대한 해명을 요구하는 기사를 실었다.

그러자 일본《산케이 신문》의 가토 다쓰야 지국장은《조선일보》칼럼을 인용하면서 〈행방불명… 누굴 만났는가?〉라는 기사를 8월 3일 게재했다.

그 기사에서 가토 지국장은 "박근혜 대통령이 7시간 동안 정윤회를 만나고 있었고, 이 사람은 박근혜가 젊은 시절부터 긴밀한 사이이다"라는 주장을 했다.

하지만 정윤회는 당시 롯데호텔이나 청와대에 있었던 것이 아니라 강북지역에서 평소 알고 지내던 역술가 이세민(가명)을 만나고 있었다.

청와대는 이에 강력히 반발하면서 가토 지국장을 고소하였고, 보수 시민

• 최순실 국정농단 국정조사 청문회에서 더불어민주당 손혜원 의원이 세월호 참사 당일 박 대통령이 의료용 가글을 사용한 이유가 필러 수술 때문이라는 의혹을 제기한 바 있다.

단체들도 가토 지국장을 명예훼손 혐의로 서울중앙지검에 고발하게 되었다.

2015년 12월 17일 서울중앙지법 형사30부는 가토가 한 행동 자체가 반드시 올바르다고 할 수 없고, 해당 기사가 허위 사실을 적시했으나 "면책 사유가 성립"한다는 이유로 무죄를 선고*하였다.

돌이켜보면 이와 같은 밀회설은 정윤회가 박 대통령의 비선실세로서 국정에 큰 영향력을 행사하고 있다는 근거 없는 추측, 정윤회가 과거 박 대통령과 깊은 관계가 있다고 소문난 최태민의 사위라는 사실, 증거도 없이 롯데호텔이라는 구체적인 장소까지 특정하면서 이를 박 대통령이 미혼인 여성이라는 점과 이상하게 연결시켜 국민들에게 이상야릇한 상상력을 불러일으켰다.

그리고 이를 당시 세월호 7시간과 연결시켜 삼류 잡지에나 나올 법한 수준의 이야기를 《산케이신문》이 기사로 만들어낸 것이다.

이 기사는 세간의 호기심을 크게 자극했고, 역설적으로 가토 지국장에 대한 고소 사건은 세월호 7시간 이슈가 대중들에게 널리 전파되는 데 중요한 역할을 했다. 이 사건 이후 《산케이신문》은 철저한 반 박근혜 정부 성향으로 돌아섰다.

비아그라, 그리고 다양한 영양주사 등 관련 보도

10월 24일 JTBC 태블릿PC 보도 이후 대한민국 언론에서는 최순실과 관련한 '카더라' 보도가 줄을 이었다. 11월말경 청와대 의무실에서 성 기능

• 재판부는 해당 사안이 공인인 박 대통령에 대한 것으로 일본인들에게 공공의 이익을 위해 알릴 가치가 있는 사안이었고, 공인에 대한 기사는 허위 사실이라고 해도 작정하고 비방의 목적을 가진 것이 증명되지 않은 이상 기본적으로 면책 사유가 된다고 판단하였다.

장애 치료제인 '비아그라', '제2의 프로포폴'이라 불리는'에토미데이트'(수면마취제)를 구입하였다는 보도가 나왔다.

마치 그 약품들이 대통령의 마약 복용 내지는 성적性的 연관성이 있는 것처럼 꾸며져 이상야릇한 상상력을 자극하는 보도가 되었다. 확인 결과 비아그라는 고산병 치료를 위해 구입한 것이고, 에토미데이트는 기도폐색 등 응급 상황 발생시 사용하기 위한 것이었다.

그런데도 언론과 SNS는 묘한 상상력을 더해 비아그라 등을 문제 삼으며 박 대통령을 비난했는데, 그 대표적인 것이 바로 이언주 의원이다.

박 대통령도 그 보도를 보고 의아하게 생각해 의무실장에게 "비아그라는 왜 샀나요?"라고 물어보았고, 의무실장으로부터 고산병 치료제로 경호실에서 과거 정부부터 구입하던 일이라고 보고받고는 너무나 허탈해했다고 한다.

그 외에도 박 대통령이 건강상의 이유 때문에 간호장교를 통해 비타민 주사와 영양 주사 등을 자주 맞았는데, 언론은 박 대통령이 마치 '이상한 주사'라도 맞은 듯한 기사를 써서 국민들을 현혹하였다.

이러한 유언비어의 백미는《시사IN》의 주진우 기자이다.

그 거친 입에서 나온 더러운 이야기를 들어보자.

"비아그라가 나왔고, 그 다음 마약 성분이 나왔다.

계속해서 더 나올 것이다. 이제 섹스와 관련된 테이프가 나올 거다."

_2016. 11. 25. 동경 와세다 대학교 토크콘서트에서

그런데 참 이상하다.

주 기자는 막말에 대해 아직까지 아무런 법적 책임을 지지 않고 있는 듯하다.

정유라, 장시호가 박 대통령의 딸?

미혼 여성 대통령에 대한 저질스러운 성적 비하의 화룡점정, "딸 출산설"

박근혜 대통령은 과거 본인은 대한민국과 결혼했다고 말할 정도로 철저한 애국심과 국가관으로 인해 국민들에게 진한 감동을 준 바 있다.

그런데 이러한 박 대통령을 최순실 게이트를 거치면서 미혼임에도 성적으로 문란하고 세월호 7시간에도 호텔에서 밀회를 즐길 만큼 무책임한 여성으로 비하시켰고, 박 대통령이 낳은 사생아가 있다는 말도 안 되는 도덕적 비난까지 더해지며 "딸 출생설"이 나왔다.

미혼인 여성 대통령이 최태민 목사 혹은 정윤회와 부적절한 관계였다는 유언비어는 박 대통령이 딸을 출산하였고, 그 딸이 처음에는 정유라, 나중에는 장시호라고 하는 또 다른 유언비어로 연결되었다. 마지막에는 최순실이 박 대통령의 딸이라는 루머까지 돌았다.

이후 장시호가 박 대통령과 최태민 사이의 자식이라는 유언비어가 마치 사실인 것처럼 은밀하게 국민들 사이에서 번져나갔고, 채널A는 장시호 지인의 입을 빌려 '장시호가 박 대통령 퇴임 후 함께 제주도에서 재단을 차려놓고 살기로 했다는 말을 했다'며 마치 그 풍문이 신빙성이 있는 것처럼 보도(?)했다.

《시사IN》주진우 기자는 페이스북 등을 통해 마치 장시호가 박 대통령의 딸이라는 사실을 기정사실화하는 듯한 글을 올리기도 했다.

국민들에게 국가와 결혼하였다는 감동을 준 박 대통령… 그런데….

그런 박 대통령을 사생아를 몰래 낳아 다른 사람의 호적에 입적시키고 살아온 파렴치하고 비도적적인 사람으로 전락시킨 유언비어가 바로 근거 없는 박 대통령의 "딸 출생설"이다.

마땅히 비판받고, 발본색원하여 그 유포자에 대해 법적 책임을 물어야 한다.

"딸 출산설" 유언비어의 진원지

박 대통령 출산설의 첫 번째 진원지는 박 대통령의 사촌 형부인 김종필 전 국무총리가 한 월간지 인터뷰에서 박 대통령이 최태민과의 사이에서 자녀를 낳았다고 발언한 것이다.

이에 대해 김 전 총리는 본인이 인터뷰에서 그런 발언을 한 적이 없다고 극구 부인하였다.

또 다른 진원지는 박근혜 대통령이 1993년 11월 남송출판사를 통해 출간한 《박근혜 - 평범한 가정에 태어났더라면》이라는 책*이다.

그러나 박 대통령은 이미 '자녀가 있다면 데리고 와보라. 유전자 검사를 받을 용의가 있다'면서 출산 사실을 전면 부인했다.

〈더러운 잠〉 작품 전시를 통한 박 대통령에 대한 성적 비하

작품의 문제점

〈더러운 잠〉은 이구영 화가가 그린 그림으로 에두아르 마네의 대표작 〈올랭피아〉와 지오르지오네의 대표작 〈잠자는 비너스〉를 결합하여 박 대통

• 그 책은 박 대통령이 1989년 1월부터 1993년 7월까지 쓴 일기를 한데 모은 책인데, 문제가 된 부분은 이 책 193페이지에 실린 1992년 5월 21일 일기 부분이다.

령을 성적으로 모욕한 작품이다. 박 대통령에 대한 탄핵재판이 진행되던 2017년 1월 20일 더불어민주당 표창원 의원의 주관으로 국회 의원회관 1층 로비에서 연 '곧, BYE! 展'에 전시되었다.

그림을 보면 박근혜 대통령은 나체로 누워 자고 있고, 옆에 최순실이 꽃을 들고 서 있으며, 최순실 뒤에는 세월호 사건을 상징하는 그림이 걸려 있다.

〈더러운 잠〉의 화가는 에두아르 마네의 〈올랭피아〉 속의 나체의 올랭피아를 지오르지오네의 〈잠자는 비너스〉와 바꾸면서 꽃을 든 흑인의 얼굴을 최순실로 바꾸고, 그 뒤에 세월호 침몰 그림을 넣었다.

그런데 박 대통령의 나체 그림은 지오르지오네의 대표작 〈잠자는 비너스〉의 모습을 빌려온 것으로, 그 원작은 누가 보더라도 그림이 주는 아름다움이 눈에 들어온다.

작가가 차용한 또 다른 그림인 〈올랭피아〉는 〈풀밭 위의 점심식사〉로 사회적 파문을 일으켰던 마네가 그린 그림이다.

〈올랭피아〉에 등장하는 정면을 응시하고 있는 나체의 여성은 "창녀"이고, 흑인 하녀가 손님이 보낸 꽃다발을 나체의 여성에게 전달하고 있다.

마네는 티치아노Vecellio Tizjano의 명작 〈우르비노의 비너스〉를 보고 영감을 얻었다고 하나, 〈우르비노의 비너스〉와 〈올랭피아〉가 관객들에게 주는 느낌은 전혀 다르다.

〈더러운 잠〉의 작가가 박 대통령을 풍자한다는 명분으로 감행한 여성의 나체는 작게는 박 대통령에 대한, 크게는 여성에 대한 성적인 모욕 문제이다.

여성이 사회적 약자인 상황에서, 이러한 누드화는 대통령 박근혜의 실정을 비판하고 풍자한 것이 아니라 오히려 박근혜가 여성이라는 점만 부각시킨 것이다. 즉, 박 대통령이 '여성'이라는 점을 중심에 두고 성적으로 모욕

하려는 의도에 불과하다.

〈올랭피아〉 작품에 있는 나체의 여주인공 직업이 '창녀'라는 부정적 이미지, 고객이 전달해주는 야릇한 "꽃다발"의 의미, 깨어 있지 않고 잠들어 있는 모습, 사타구니 근처의 강아지 두 마리, 그리고 벽에 걸린 세월호 사건 그림….

작가는 이 그림을 통해 "세월호 사건이 발생했는데도 제대로 대응하지 않고, 잠에 취해 있으면서 누군가와의 밀회를 준비하고 있는 박 대통령"이라는 악의적인 이미지를 대중들에게 전달하려고 한 것이다.

표창원의 적반하장식 변명과 고소

표창원은 작품 전시를 국회에 주선했을 뿐이고, 해당 작품이 전시된다는 사실을 알지 못했다고 변명하였다.

그러나 《미디어워치》의 변희재 대표는 자신의 트위터에 "표창원 그림 내용 몰랐다더니, 해당 작품 앞에서 버젓이 기념사진 찍었군요"라는 글과 함께 관련 기사를 링크했다. 그 사진에는 박근혜 대통령 나체 합성 그림인 〈더러운 잠〉 앞에서 사진을 찍은 표 의원의 모습이 보인다.

그러나 표창원 의원은 이 작품에 대한 논란이 일자 "판단은 여러분의 몫", "예술의 자유", "표현의 자유" 등을 내세우면서 문제가 없다는 입장으로 사과하지 않았다.

네티즌 등의 반격

이러한 발언이 오히려 본인에게 부메랑이 되어 돌아갔는데, 그 대표적인 것이 바로 일부 네티즌들이 〈더러운 잠〉과 유사하게 표창원 의원과 그 부인 얼굴을 합성한 그림을 만들어 올렸다.

이에 대해 표창원은 본인에 대한 풍자는 상관없지만, 본인의 가족과 부인의 인권을 보호해야 한다는 취지의 발언을 하였다.

하지만, 이 시점에서 표창원 의원에게 다음과 같이 질문하고 싶다.

〈더러운 잠〉 그 그림이 여전히 정치를 풍자한 그림이라고 생각하는가?

여성인 박 대통령에 대해 성적으로 비하하는 그림이 아닌가?

본인이 표현의 자유라고 주장한 영역에 본인과 부인이 등장하는 그림은 포함되지 않는다고 보는가?

표창원이 본인의 부인은 공인이 아니라 사인이기 때문에 인권을 보장받아야 한다는 주장은 〈더러운 잠〉 그림으로 화가 난 일부 보수우파를 더더욱 자극했다.

그런 상황에서 누군가 지하철 9호선 국회의사당역 출구 부근에 "표창원식 표현의 자유는 위대하다. 국회전시관에 전시 부탁드립니다"라는 글이 담긴 플랭카드에 표 의원의 부인이 알몸으로 성행위를 하는 듯한 합성사진, 표 의원 부부 얼굴을 개의 몸에 붙인 합성사진 등을 인쇄하여 걸어놓는 일이 발생하였다.

이에 대해 표 의원은 표현의 자유를 조롱하며 합성사진을 만들어 게시한 것은 본인 배우자에 대한 인격 침해라며 당사자를 고소하기에 이르렀다.

그러자, 정치권과 일부 네티즌들은 오히려 표 의원에게 그 합성사진 내용이 표 의원이 주장하는 예술과 표현의 자유에 포함되는지를 되묻는 상황까지 벌어졌다.

이에 결국 표창원 의원도 "여성 분들께 상처를 드리는 작품들이 있었다"며 사과하였고, 더불어민주당은 이 사건을 조기에 무마하기 위해 표창원 의원에 대해 당원권 정지 6개월의 징계를 하였다.

〈더러운 잠〉 당신은 400만 원의 가치가 있다고 보는가?

한편. 표창원이 〈더러운 잠〉을 국회에 전시한 것에 분노한 보수우파 시민인 전 해군제독 심명보가 해당 그림을 전시장에서 떼내어 바닥에 던져버리는 일이 발생하였다.

이에 화가 이구영은 심 제독을 상대로 고소 및 손해배상 청구를 하였다. 법원은 손해배상금으로 400만 원*을 지급하라고 선고하였고, 재물손괴죄로 벌금도 100만 원 선고하였다.

재판부는 "해당 그림의 전시나 판매가 불가능해 재산상 가치를 상실했다"라고 판단하였으나, 작품 자체가 훼손되지 않은 채 현재 제3 장소에 전시되고 있다. 이 작품은 박 대통령을 폄하하고 성적으로 희롱하고 있어 박 대통령에 대한 인격권 침해에 대해 손해배상을 해주어야 할 불법적인 그림이다.

그리고, 이 작가가 '빨갱이', '여성 혐오 작가' 등으로 비판받은 것은 본인의 작품 내용 자체에서 비롯된 것이고 심 제독 등의 행위로 인해 촉발되고 확대됐다고 볼 수 없으므로 이 작가에게 별도의 정신적 손해가 발생했다고 할 수도 없다.

• 화가 이씨는 소송 초기 좌파 성향인 민족미술인협회의 감정 결과에 그림 값을 2000만 원으로 평가해 손해배상을 청구하였고, 피고들이 이의를 제기하자 재판부 중재로 한국미술감정원이 그림값을 재감정했다.

〈더러운 잠〉은 네임 콜링Name Calling 전술?

박 대통령 누드화 〈더러운 잠〉 논란에 대해 표창원 등은 표현의 자유를 들어 본인의 행동을 합리화하려 하지만, 표현의 자유가 비판받지 않을 자유는 아니다.

모든 표현은 평가받고, 그 평가가 부정적이라고 해서 표현의 자유를 억압하는 건 아닌데도, 혐오 표현에 대한 비판을 표현의 자유로 무마하려고 하는 것은 '계속 혐오하겠다'는 의지의 표현에 불과하다.[•]

더군다나 표현의 자유가 무제한의 자유는 아니고, 혐오할 권리를 포함하는 것은 더더욱 아니다. 이 작품은 정치적인 측면에서 볼 때에는 전형적인 네거티브 정치 선전선동 수법의 하나인 "낙인烙印을 찍고 반복하여 매도罵倒하기" 즉 네임 콜링Name Calling 전술로 볼 수 있다.

표창원 의원실 주관으로 국회의원회관 1층에서 전시된 '곧 BYE 展'은 박 대통령을 정치적으로 비하하여 청와대에서 쫓아낼 목적으로 기획된 것으로 보이고, 참여한 작가들도 〈더러운 잠〉의 이구영 작가를 포함해 반체제 좌파성향으로 '박근혜정권퇴진비상국민행동'과 무관치 않은 사람들이 많았다.

일부에서 지적하듯 이 작품을 북한의 사회주의적 사실주의에 근거하여 "박 대통령에 대한 적개심과 증오심"을 표현하고, 탄핵정국에서 소위 '퇴진행동'의 노선을 동조하고, "박 대통령의 이미지를 훼손하고 지지도를 밑바닥까지 추락시키기 위해 독재자의 딸, '최순실의 공범'이라는 부정적이고 혐오스러운 딱지를 붙여 대중적 분노의 표적이 되게 하기 위해 제작, 전시

• GOHAM 2017. 1. 26., 〈'더러운 잠' 논란에 부쳐 - 그들이 여성에게 수치 주는 방식〉 글 참조.

한 것으로 보인다.

그리고 언론과 인터넷 포털 및 SNS 등 모든 수단을 총동원하여 지속 반복적으로 불특정 다수 국민을 세뇌 의식화함으로써 타도대상인 '박 대통령과 그 지지세력'을 정치, 사회, 문화적으로 고립, 매장시켜 재기불능 상태로 몰아넣는 악랄한 수법의 상징으로 볼 여지가 크다.*

• 《뉴스타운》, 2017. 1. 15., 〈사악함의 극치 〈더러운 잠〉 패러디〉 기사 참조.

4

분열의 상징, 노란 리본 VS 태극기

노란 리본

노란 리본은 이전부터 귀환을 바라는 상징*으로 이봉되어왔다. 2005년 11월 25일 한나라당이 납북 동포의 무사귀환을 기원하는 '노란 리본 달기' 운동에 동참하기도 했다.

대한민국에서는 세월호 침몰사고의 실종자들이 돌아오기를 바라는 의미에서 노란 리본 달기 캠페인이 전 국민으로 확산되었으며, 직접 노란 리본을 매거나, 카카오톡, 페이스북 등의 프로필 사진을 노란 리본 이미지로 교체하는 등의 방법으로 많은 국민들이 참여하였다.

처음에 세월호 리본은 말 그대로 안타까운 죽음을 당한 세월호 희생자, 특히 단원고 학생들을 위한 애도의 상징으로, 정치적인 의미는 포함되지

• 파란 리본은 전립선암 퇴치 운동, 붉은 리본은 에이즈, 오렌지 리본은 백혈병, 녹색 리본은 우울증, 노란색 리본은 폐암이며, 핑크 리본은 유방암 이미지로 사용한다.

않았다.

어느 순간부터 세월호 리본을 취지와 달리 정치적으로 이용하는 세력으로 인해 정치색을 띠게 되었고, 그러다 보니 지난 대통령 보궐선거 토론회에서 후보들이 세월호 배지를 다는지 여부가 국민의 관심사가 되는 상황까지 벌어졌다.

세월호 리본의 정치적 의미를 확인한 상징적인 사건이 바로 문재인 당시 후보의 선거포스터이다.

대선 선거벽보 사진에서 문재인 후보의 왼쪽 가슴에 세월호 배지가 있었는데, 무슨 이유에서인지 다시 삭제하는 사건*이 발생한 것이다.

이는 대선 선거벽보 사진에 세월호 배지를 넣는 것이 선거에 도움이 될 것인지 여부에 대해 민주당 내부에서 정치적인 덧셈과 뺄셈을 한 결과로밖에 볼 수 없다.

2018년 경기도지사 지방선거에서도 세월호 리본을 선거에 이용하려는 이재명 후보와 이를 반대하는 남경필 후보 간에 '세월호의 정치적 이용' 관련 설전**이 쟁점화 되었는데, 이는 정치인들이 세월호 배지를 정치적으로, 특히 선거에 이용하면서 사회적 논란이 커진 것이다.

더 나아가 일부 국민들 중에는 세월호를 추모하는 노란 리본을 가방이나 핸드폰, 차량 등에 달고 다니며 자신의 의사를 적극적으로 드러내는 것에서 그치지 않고, 세월호 리본을 단 사람이 정의롭고, 올바른 사회를 고민하는 사람이라고 과시(?)하는데 이용되기도 했다.

• 《오마이뉴스》 2017. 4. 18., 〈[오마이팩트] 문재인 포스터에서 세월호 배지 사라졌다?〉 기사 참조.

•• 《경기일보》, 2018. 6. 10., 〈남경필, "세월호 정치적으로 이용하지 마라" 이재명과 설전〉 기사 참조.

그뿐 아니라 과거 로마에서 기독교를 박해하던 시기에 신자들이 생선 그림으로 서로의 신앙을 몰래 확인했던 것과 달리, 세월호 리본을 달고 다니는 사람들끼리 서로 생각을 확인하고 같은 정치적 성향을 가진 사람임을 확인하는 징표로까지 활용되기도 했다.

이러한 지나친 움직임에 대해 다수의 국민들은 불만스럽게 생각하면서도 사회적 분위기 때문에 침묵하고 있었다.

그러나 세월호 참사 5주기를 맞아 한 학부모가 교사에게 '학교 현장에서 이뤄지는 세월호 참사 추모 행사가 적절하지 않다'고 지적하면서, '추모 행사에 자녀를 동참하지 않도록 해달라고' 부탁한 내용의 편지가 기사화되며 사회적 반향을 일으키기도 했다.

이 편지 내용에 의하면 "세월호는 해상 사고로 안타까운 사고였지만, 이렇게 오랜 시간 국민들에게 슬픔과 추모를 강요하고 정치인들이 정치 공격의 도구로 사용하는 것이 잘못된 것이라 생각합니다"라고 했다.

그리고 "세월호를 기억해야 하는 건 앞으로 이런 사고가 재발되지 않도록 철저한 안전교육과 재발 방지 대책이지, 학생들의 죽음을 추모하는 어떤 행위(노란 리본, 그림 그리기 등)가 아니라 생각합니다"라는 생각도 밝히고 있다.

또한, "우리가 기억해야 할 가치 있는 추모가 만약 있다면, 나라를 위해 싸우다 희생당하신 분들(천안함 연평해전, 6.25 등), 소방대원이나 훌륭한 지도자들이 아닐까요"라는 질문을 하기도 했다.

상당수의 국민들은 이 편지 내용에 공감하였다.

• 위키트리 2019. 4. 17., "추모 강요하면 안 됩니다" 세월호 행사에 자녀 빼달라는 학부모 편지.

안녕하세요 선생님.

○○ 엄마예요

다름이 아니고, 내일 학교에서 세월호 관련된 어떤 것들을 한다고

○○에게 들었습니다.

저는 개인적으로 왜 교육기관에서 세월호 행사를 아이들에게 하도록

하는지 잘 이해되지 않습니다.

세월호는 해상사고였을 뿐이고, 안타까운 사고였지만

이렇게 오랜 시간 국민들에게 슬픔과 추모를 강요하고, 정치인들이

정치공격의 도구로 사용하는 것이 잘못된 것이라 생각합니다.

세월호를 기억해야 하는 건 앞으로 이런 사고가 재발되지 않도록

철저한 안전교육과 재발방지 대책이지, 학생들의 죽음을 추모하는

어떤 행위 (노란리본 그림 그리기 등)가 아니라고 생각합니다.

지금 교육감과 교육장관이 아시겠지만, 진보성향의 좌파(전교조와 비슷한)

분들이라 이런 행사를 좋아하고 학교에 권장한다는 것을 알고 있습니다.

바라기는 학교차원에서 이미 계획된 것들이라면 취소되었으면

좋겠지만 안 된다면 저의 ○○라도 이런 것들에 동참하지 않았으면

좋겠습니다. (추모행사와 관련된 어떤 것들, 안전교육은 환영합니다.)

우리가 기억해야 할 가치 있는 추모가 만약 있다면,

나라를 위해 싸우다 희생당하신 분들 (천안함, 연평해전, 6.25 등)

소방대원이나 훌륭한 지도자들이 아닐까요?

정부와 교육당국이 세월호 해상사고를 자꾸 정치적 차원에서 이용하고,

마치 기념일처럼 슬픔을 강요하는 것이 중단되었으면 하는 바람에서

선생님께 갑자기 편지드리게 되었습니다.

○○에게 늘 좋은 선생님이 되어 주셔서 항상 고맙게 생각합니다.

감사합니다. 선생님.

(○○엄마가)

_세월호 참사 5주기를 맞아 한 학부모가 교사에게

'건전한 시민으로서, 그리고 학부형으로서 할 말을 했다.'

세월호 사건에 대해서는 정치적 성향에 관계 없이 모든 국민들이 함께 안타까워하고 있다.

문제는 세월호 사건과 노란 리본에 정치적인 생각과 목적을 더해 이를 이용하려는 사람들과 정치세력으로 인해 그 본질이 오염되고 있다는 점이다.

태극기

태극기는 대한민국의 국기이다.

1882년(고종 19년) 5월 조미수호 통상조약 조인식에서 당시 청淸나라는 조선정부에 자국의 국기인 '용기龍旗'를 약간 변형하여 사용할 것을 요구하였으나, 조선 정부는 이를 거부하고 태극 문양을 흰색 바탕에 빨강과 파랑으로 그려넣은 '태극 도형기太極 圖形旗'를 임시 국기로 사용한 것이 태극기의 시초이다.

태극기의 흰색 바탕은 밝음과 순수, 전통적으로 평화를 사랑하는 우리의 민족성을 나타내고, 태극 문양은 음(陰:파랑)과 양(陽:빨강)의 조화를 상징하는 것으로 우주 만물이 음양의 상호작용에 의해 생성하고 발전한다는 대자연의 진리를 형상화한 것이며, 모서리의 4괘는 음과 양이 서로 변화하고 발전하는 모습을 효(爻:음,양)의 조합을 통해 구체적으로 나타낸 것이다.

태극기 또는 그 문양의 활용은 '대한민국 국기에 관한 규정(대통령령)'과 '태극기사랑운동 실천지침(국무총리 훈령)'에 규정돼 있었는데, 2002년 한일 월드컵 때부터 '태극기 열풍'이 불기 시작하면서 태극기를 생활용품이나 관광 산업 등의 분야에서 보다 친숙하게 활용할 수 있도록 관련 규정을 개정*했다.

그런데, 박근혜 대통령 탄핵 반대 집회에서 '촛불'에 대응하는 상징으로 '태극기'를 적극 사용하면서 태극기가 정치적 논란의 중심에 서게 되었다.

한편, 일부 보수우파 인사들이 태극기를 오용하거나 잘못 관리하여 국민의 눈살을 찌푸리게 하는 등의 문제점이 발생하기도 했고, 탄핵 반대 집회로 인해서 태극기의 인식이 부정적으로 바뀌었다는 국민들도 상당수 있다.

서로를 바라보는 불편한 시각

노란 리본이나 태극기 그 자체는 정치적 의미가 없다.

그러나 특정 사건을 계기로 사회적인 상징이 되고, 그 과정에서 정치적인 입장을 가진 사람들이 이용하면서 정치적 색깔과 편향이 생기게 된다. 그 결과 세월호의 노란 리본은 태극기 시민의 입장에서는 도저히 받아들이기 어렵고, 쳐다보기도 싫은 상징물이 되어버렸다.

보수우파에서 사용되는 태극기는 촛불 시민의 입장에서는 극우 반동의

• ① '태극기사랑운동 실천지침'은 종전에는 "태극기를 넥타이·티셔츠 등 생활용품, 가방·필통 등 학용품, 달력·수첩 등 사무용품에도 활용할 수 있으나 속옷·양말 등 일회용 소모품 등과 같이 태극기의 품위를 훼손할 우려가 있는 물품에 사용해서는 안 된다"고 사용 범위를 제한했으나, 개정안에서는 이 조항을 모두 삭제. ② 개정안은 "국기 또는 국기문양을 각종 생활용품 등에 활용할 수 있다"고 규정하는 한편, "국기의 깃면에 구멍을 내거나 절단해 사용하는 경우나 국민이 혐오감을 느낄 수 있도록 활용되는 경우"만 그 활용을 제한, ③ '대한민국 국기에 관한 규정' 개정령에서는 태극기에서 태극과 4괘의 무늬와 모양을 '국기의 품위를 손상하지 않는 범위 내에서' 따로 분리해 각종 물품에 활용할 수 있도록 한다.

상징처럼 받아들여 대한민국 국기임에도 불구하고 이를 경멸의 상징으로 치부하고 있다.

그 상징적인 사건이 바로 김아랑 선수 헬멧의 노란색 리본 사건이다.

2018년 2월 MBC 김세의 기자는 자신의 페이스북에 쇼트트랙 김아랑 선수의 헬멧에 부착된 '노란 리본'을 비판하며, "세월호 리본의 의미가 세월호 침몰에 대한 추모인가, 박근혜 정부의 책임도 함께 묻기 위함인가"라는 내용의 글을 올리기도 하였다.

국민들은 노란 리본이 세월호의 상징만이 아니라 남북 동포들의 무사귀환도 상징하기를 바란다.

국민들은 태극기가 보수우파 집회의 상징만이 아니라 2002년 월드컵 당시 대한민국을 뜨겁게 달구며 "나는 대한민국 국민인 것이 자랑스럽다"고 말하는 전체 국민의 상징이 되기를 바란다.

단순히 태극기에 촛불을 달거나, 촛불에 태극기를 건다고 해서 태극기나 촛불이 특정한 정치적 의미를 지니는 현 상황을 해결할 수는 없다. 과거 정치인들이 지역감정을 철저히 이용한 것처럼, 태극기와 촛불을 정치적으로 이용하려는 세력들이 누구인지 이제 국민들이 직시할 때가 되었다.

5

검찰에 의해 사실상 결론이 정해진 탄핵재판인가?

과거 검찰이 정치에 결정적 영향을 미친 사례

과거 대통령선거를 비롯해 대한민국의 중요한 정치적 길목마다 검찰이 어떠한 태도를 보이느냐가 결과에 상당한 영향을 미쳤다.

15대 대선, DJ 비자금 수사중단과 DJ의 당선

제14대 대통령선거에서 김영삼에게 패배한 김대중은 정계 은퇴를 선언했으나, 이후 정계에 복귀한 후 새정치국민회의를 창당하여 4번째 대권 도전에 나섰다.

신한국당은 "이회창 대 반이회창" 구도하에서 9명의 후보가 나왔으나 최종적으로 이회창이 신한국당 대통령 후보로 선출되었고, 이인제가 2위를 기록하며 결선에 진출하는 파란을 일으켰다.

이후 이회창 후보는 아들의 병역 의혹, 이인제의 독자 출마, DJP연합 등으로 위기를 맞이하였으나, 민주당 조순 후보와의 후보 단일화에 성공하면서 대선은 이회창, 이인제, 김대중 3자 구도가 형성되었다.

그 과정에서 김대중 후보가 670억 원의 비자금을 조성하였다는 의혹이 제기되었다. 노태우 대통령에 대한 비자금 수사 과정에서 김대중 후보가 노 대통령으로부터 20억 원을 받은 사실이 확인되었고, 이에 김대중 후보는 신앙고백을 하면서까지 노태우 대통령으로부터 20억 원 이외에는 받은 돈은 없다며 주장했다.

그러나 신한국당은 20억+a의 입출금 계좌와 수표의 일련번호를 공개하였고, 이에 검찰은 1997년 10월 20일 공식수사에 들어갔다.

당시 박순용 대검중수부장은 이번 수사가 미칠 정치·경제적 영향을 고려해 고심했지만, 구체적인 자료와 함께 접수된 고발사건의 수사를 무작정 미룰 수 없다고 하면서, 중앙수사부의 전 역량을 투입하여 정정당당하게 차분히 수사해 나가겠다고 했다.*

이와 관련해 검찰 고위 관계자는, 현실적인 어려움을 이유로 시간을 끌면서 수사하지 않는 것도 검찰의 온당한 자세가 아니라는 게 내부 결론이라고 했고, 수사속도와 관련해선 신한국당의 고발 내용이 계좌와 수표추적까지 상당 정도 이루어져 기본적인 사실 확인에는 많은 시간이 걸리지 않을 것이라고 덧붙였다고 한다.

그런데 무슨 이유에서인지 김태정 검찰총장은 그다음 날인 10월 21일 검찰이 선거 중립을 고려해 수사를 유보한다는 발표를 한다.

이에 불복한 이회창 후보는 10월 22일 기자회견에서 비자금 수사 유보

---

* MBC뉴스, 1997. 10. 20. 〈김대중 총재 비자금 의혹 검찰 공식수사 선거전 종결 가능〉 기사 참조.

가 YS-DJ 밀약 때문이라고 지적하면서 DJ 비자금 수사를 요청했으나, 검찰은 이를 외면했다.

이와 관련하여 김태정 검찰총장은 1999년 7월 《월간조선》과의 인터뷰에서 "당시 김대중의 비자금을 수사했다면 호남에서 민란이 터졌을 것"이라는 발언을 하여 논란을 빚기도 했다.

이후 김대중이 대통령에 당선되면서 DJ 비자금 의혹 사건은 제대로 수사도 하지 않고 불기소 결정을 내리면서 영원히 묻혔다. 92년 대선을 전후해 국민회의 권노갑 전 의원 등 측근들을 통해 김대중 당선자에게 수백억 원이 전달되었는데, 검찰은 당시 관행적으로 오간 정치자금이어서 처벌하기 어렵고, 공소시효도 이미 지나 무혐의나 공소권 없음 결정을 내릴 수밖에 없다는 결론을 내렸다.

검찰의 이와 같은 무혐의 결론은 진실 규명보다는 취임을 앞둔 김 당선자의 부담을 덜어주기 위한 해명성 수사라는 비판을 피하기 어렵다. 당시 수사 유보 발표를 했던 김태정 검찰총장은 김대중 대통령 당선의 사실상 1등 공신이라 할 수 있었고, 그 결과 1997년 8월 김영삼 대통령에 의해 검찰총장으로 임명된 사람인데도 1998년 3월 김대중 대통령에 의해 이례적으로 유임되었고, 1998년 심재륜 대구고검장 항명 사건과 검사 집단 서명 파동 등에 대한 책임을 지고 대통령에게 사표를 제출하였으나 반려되는 등 김대중 대통령의 큰 신임을 받았으며, 법무부장관에 임명*되기도 하였다.

김대중 정부 시기 대통령비서실 국정상황실장을 한 장성민이 2011년 10월

• 다만 옷로비 사건으로 취임 15일 만에 쫓겨나는 수모를 당하였다.

2일 《중앙선데이》에 기고한 내용에 의하면 신한국당이 김대중 후보의 670억 비자금 의혹을 제기한 직후 김대중 후보는 1997년 10월 16일 조선호텔에서 김광일 당시 대통령비서실 정치특별보좌관을 만나 "검찰이 나의 비자금 수사를 개시하면, 김영삼은 퇴임 후 망명을 각오해야 할 것"이라며 반발하였다고 한다.

그리고 "수사해도 선거가 끝난 다음에 해라. 나도 더는 당할 수는 없다", "광주를 비롯한 전국에서 민란이 일어날지도 모르고, 나도 김영삼 정권과 전면 투쟁을 하는 수밖에 없다"라고 하면서 "이번 선거에서 대통령이 중립을 표방하고 신한국당을 탈당해서 정권교체가 이뤄진다면 김 대통령의 퇴임 이후 안정적인 생활을 책임지고 보장하겠다"라며 강온양면책을 썼다고 한다.

16대 대선, 검찰의 대북송금사건 수사 유보와 노무현 당선

당시 여당이었던 새천년민주당은 16대 총선에서 한나라당에게 패배하면서 위기가 찾아왔고, 대선 승리와 정권 재연장도 불확실한 상황에서 당내 경선을 통해 경선 초반 아무도 예상하지 못한 노무현을 대선 후보로 선출하였다.

그리고 야당이 된 한나라당은 16대 총선에서 원내 1정당으로서의 입지를 다져나갔고, 그동안 대선 여론조사에서 압도적인 지지를 얻어온 이회창 총리를 후보로 선출했다.

2002년 6.13 지방선거에서 한나라당이 압승하여 노무현 후보에게 타격을 주었고, 이회창 후보가 앞서 나가고 있었으며, 정몽준 후보가 2002년 월드컵 영향으로 대선 주자로 떠오르면서 노무현 후보는 3위로 처졌다.

8·8 재보선에서도 새천년민주당이 패배하면서 이회창이 승기를 굳히는 상황이었다. 그런데 이때부터 이회창 후보 두 아들의 병역기피 논란이 또다시 불거지면서 다시 노무현에 대한 지지도가 상승하면서 1강 2중 구도가 형성되었다.

2002년 9월 국정감사에서 한나라당에 의해 처음 현대상선이 북한에 거액의 돈을 비밀리에 송금했다는 의혹이 불거졌다. 대북송금사건이란 현대그룹이 대북 7대 사업권 구입 명목으로 4억 5천만 달러를 북한 정부에 송금한 사건으로, 대선 후 특검 수사, 정몽헌 회장의 투신자살, 친노계와 친DJ계의 분열 등을 초래한 초특급 사건이다.

당시 김대중 대통령은 대국민담화를 발표했고, 진상규명을 위한 수사 요구가 컸으며, 이명재 검찰총장은 2002년 10월 초 '현대상선을 통한 4억 달러 대북 지원 의혹사건'과 관련해 고발이 있을 경우 수사에 착수할 수 있다는 방침을 밝히기도 하였다.

그리고 10월 7일 한광옥 민주당 최고위원이 엄낙용 전 산업은행 총재를 고발하였으나, 당시 검찰은 마음만 먹으면 실체적 진실을 규명하는데 오랜 시간이 걸리지 않는 위 수사를 대선 때까지 사실상 '유보'하는 결정을 하였다.

당시 국정감사에서 제기된 의혹은 이후 특검 수사를 통하여 사실인 것으로 밝혀졌는데, 만약 당시 검찰이나 특검이 대북송금사건에 대해 정치적 영향을 고려하지 않고 수사하였다면 그 수사결과는 당선인의 당락을 바꿀 정도로 영향력이 컸을 것이다.

참고로 16대 대선 결과 노무현 후보는 12,014,277표(48.9%)의 지지로 11,443,297표(46.6%)의 지지를 받은 이회창 후보보다 불과 57만 980표를 더 받아 당선*되었다.

노무현과 박근혜에 대한 탄핵

이상야릇한 검찰의 중간수사결과 발표

대통령에 대한 탄핵소추와 관련하여 공통점 중의 하나가 정치권에서 노 대통령의 탄핵소추, 그리고 박 대통령이 탄핵소추를 각각 의결하기 전에 검찰의 중간수사결과 발표가 있었고, 그 발표가 국회가 탄핵소추를 의결하는데 상당한 영향을 미쳤다는 점이다.

노 대통령의 경우에는 2004년 3월 8일 탄핵소추 발의안이 국회에 상정된 후 여야가 본회의서 대치하고 있는 가운데 3월 10일 불법대선자금 수사 결과를 발표하였고, 검찰 중간수사결과 발표로 인해 노 대통령의 10분의 1 발언 논란이 재점화되면서 야당들이 적극적으로 탄핵소추를 추진하게 되었으며, 실제로 중간수사결과 발표 다음 날 탄핵소추안이 국회에서 의결되었다.

박 대통령의 경우에는 2016년 11월 20일 최순실, 안종범, 정호성 등 3인을 구속기소 하면서 중간수사결과를 발표하였고, 검찰이 박 대통령을 피의자로 입건하여 공소장에 공범으로 적시한 사실이 확인되면서 국회에서 박 대통령에 대한 탄핵 논의가 본격화되어 결국 12월 9일 탄핵소추안이 의결되었다.

그런데, 정치권에서 대통령에 대한 탄핵 여부로 여야가 첨예하게 대립하고 있는 상황에서 검찰이 그 시기에 중간수사결과 발표라는 방식으로 수사

• 물론 이인제 후보가 4,925,591표(19.2%)를 획득하며 여권의 표를 분산한 것이 이회창 낙선의 큰 원인이었다.

결과를 공개하고, 특히 박 대통령의 경우 피의자로 입건하고 공소장에 공범으로 기재하였다는 사실을 공개하는 것이 과연 적절한 행동이었는지 의문이다.

검찰의 수사속도 조절(?), 노 대통령은 불입건, 박 대통령은 입건

불법대선자금 조사과정에서 대검중수부는 노무현 대통령이 불법대선자금의 공범이라고 보고 있었고, 이회창 한나라당 총재에 대한 인식 역시 마찬가지였다.

수사팀은 신중하지만 조심스럽게 노 대통령의 관련 혐의사실에 대해 조사하고 있었지만, 중간수사결과 발표 당시 노무현 대통령과 이회창 총재의 공모 인정 여부를 공식적으로 언급하는데 매우 신중한 태도를 보였고, 관련 공범 공소장에 노 대통령을 공범이라고 명시하거나 혹은 피의자로 입건하지도 않았다.

이에 비해 최순실 게이트 수사팀은 박 대통령 소환조사 일정을 박 대통령 변호인과 조율하고 있던 중 중간수사결과를 발표하면서 박 대통령을 피의자로 입건한 사실, 공소장에 공범으로 명시한 사실을 공개하였다.

당시 불법대선자금 수사팀이 최순실 게이트 수사팀과 같은 태도로 노무현 대통령에 대해 수사를 진행하고, 이를 언론을 통해서 공개하면서 대통령을 기소한 피고인들을 공범으로 명시하고 피의자로 입건하는 것이 불가능한 상황이 아니었다.

즉, 노 대통령이 피의자로서 입건할 만한 범죄혐의나 증거가 없어 피의자로 입건하지 않은 것이 아니라, 대통령인 노무현에 대해 검찰이 최순실 게이트 수사팀보다 좀 더 신중한 태도를 보였을 뿐이다.

검찰 수사팀의 태도, 헌법재판소의 탄핵사유 인정 등에 결정적 영향

이처럼 해당 검찰 수사팀이 대통령을 공식적으로 피의자로 입건하거나 공소장에 공범으로 특정하는지에 대해 다른 태도를 보였고, 이것이 두 대통령의 탄핵재판에 미친 영향은 상반되면서도 결정적이었다.

노 대통령의 경우에는 측근 비리 부분이 탄핵소추안에 포함되기는 했지만, 공범이나 피의자로 입건되지 않았고 조사도 이루어지지 않은 상태였으므로, 노 대통령에 대한 탄핵소추 이후 검찰에서 관련 수사를 진행하거나 혹은 그 내용을 언론에 보도한 적이 없고, 해당 기록이 헌법재판소에 가더라도 탄핵사유로 인정될 가능성이 없었으며, 실제로 탄핵결정시에도 탄핵사유를 인정할 증거가 없다는 이유로 기각되었다.

그러나 박 대통령의 경우에는 공소장에 공범으로 명시된 부분은 모두 탄핵사유에 포함되었고, 피의자로 입건된 사실로 인해 여론이 급격하게 악화되었으며, 최종적으로 박 대통령에 대해 인정된 탄핵사유는 모두 검찰이 공범으로 의율된 부분이었다.

달라도 너무나도 다른 특검

검찰이 두 대통령에 대한 탄핵 소추 과정에서 보여준 모습이 천양지차였다면, 헌법재판소 탄핵재판 과정에서 두 대통령에 대해 특검이 보여준 수사 과정 및 결과 역시 하늘과 땅 차이였다.

노무현 특검

국민들 중 대부분은 박 대통령의 특검인 박영수 변호사는 기억하지만, 노 대통령의 특검인 김진홍 변호사를 기억하는 사람은 거의 없을 것이다.

아니 노 대통령 탄핵 당시에 특검 수사가 진행되었다는 사실 자체를 기억 못하고 있을 것이다.

노 대통령에 대한 탄핵재판이 진행되는 것과 별도로 2003년 12월 4일 국회에서는 '노무현 대통령의 측근 최도술·이광재·양길승 관련 권력형 비리의혹사건 등의 진상규명을 위한 특검법(이하 대통령 측근비리 특검)'이 노 대통령의 거부권 행사에도 불구하고 통과되었다.

그리고 특별검사로 임명된 김진흥 변호사를 중심으로 2004년 1월 5일 ① 최도술 전 청와대 총무비서관, 강금원 창신섬유 회장 관련 부분, ② 안희정, 이광재 전 청와대 국정상황실장과 썬앤문그룹 비리 부분, ③ 양길승 전 청와대 제1부속실장의 이원호 씨 비호 및 정치자금 수수의혹 수사에 착수했다.

박근혜 특검

이에 비해 2016년 11월 17일 "박근혜 정부의 최순실 등 민간인에 의한 국정농단 의혹사건 규명을 위한 특별검사법(이하 최순실 게이트 특검)"이 통과되었고, 박 대통령은 박영수 변호사를 특검으로 임명하였다.

돌이켜보면 중수부장 출신의 박 대통령 특검과 군법무관 출신의 노무현 특검은 수사능력부터 근본적인 차이가 있었다.

김진흥 특검은 수사 대상 자체가 매우 제한적이었는데 비해, 박영수 특검은 '민간인에 의한 국정농단 의혹사건'이라고 수사 대상을 정하여 수사 범위가 광범위했다. 더불어 특검에 수사 대상 여부를 판단할 수 있는 재량권이 주어졌다.

김진흥 특검팀은 70여 명의 규모로 시작했으나, 초기부터 내부갈등으로

뚜렷한 수사 성과를 내지 못하고, 특검팀 스스로 노무현 대통령이 직접 개입된 의혹을 사고 있는 썬앤문그룹의 감세청탁 의혹사건에 대해서는 '특검의 수사대상이 아니다'라고 밝혀 수사 의지마저 의심받았다.

이에 비해 박영수 특검은 특검보 4명, 파견검사 20명, 파견공무원 40명, 특별수사관 40명 등 100여 명으로 구성된 사상 최대 규모의 특검이었고, 매일 정해진 시간에 특검보가 언론에 브리핑하면서 박 대통령 관련 의혹 수사 진행 상황을 국민들에게 생중계하듯 적극적으로 수사를 해나갔고, 언론도 박 대통령 관련 특검 수사를 보도하였다.

김진홍 특검의 수사결과를 보면 최도술 전 청와대 총무비서관의 300억 원 수수 의혹, 이광재 전 청와대 국정상황실장의 95억 원 수수 의혹, 양길승 전 청와대 제1부속실장의 50억 원 수수 의혹 등은 모두 사실무근이라고 결론을 내리는 등 오히려 노 대통령에게 면죄부를 주는 수사였고, 최도술 비서관의 4억 9,100만 원의 불법정치자금 수수 혐의 등만 밝혀낸 채 송결했다.

이에 비해 박영수 특검은 삼성전자 이재용 부회장과 이대 총장 최경희 등 13명을 구속기소하고, 최순실에 대하여 443억 원 뇌물수수 내지 약속, 알선수재, 직권남용 권리행사방해 등으로 추가기소하였고, 안종범에 대하여도 뇌물수수 공범 혐의로 추가기소하였으며, 박 대통령을 피의자로 입건하는 등 역대 특검 중 최고의 성과를 거두었다는 평가를 받고 있다.

특히, 박영수 특검은 '수사공보준칙'을 사실상 무시하고 언론을 적극적으로 활용하면서 피의사실공표죄에 해당하는 브리핑을 하였고, 특종에 목마른 언론들이 이에 대한 문제점을 지적하기보다는 적극적으로 호응하면서, 오히려 마치 패션 전문잡지가 연예인의 옷차림에 관심을 갖듯 대변인을 맡은 이규철 특검보가 입고 있는 서민들이 상상하기 힘든 비싼 옷과 고급 가방 등에 지대한 관심을 보내며 그를 칭찬하는 웃지 못할 일이 벌어지기도 했다.

한편, 특검은 매일 정해진 시간에 특검 수사상황에 대해 브리핑을 하면서 신속하게 언론과 국민들에게 수사 진행상황을 알렸고, 무리하게 박 대통령을 뇌물죄로 기소하였다. 박 대통령에 대한 뇌물죄가 인정된다는 근거로 묵시적 청탁, 박 대통령과 최순실의 경제공동체, 기업들의 포괄적 현안 등과 같은 상상력에 근거한 개념을 만들어내기도 하였다.

편파적인 언론: 삼족을 멸한다는 박영수 특검의 경천동지할 발언이 묻힘

언론이 특검에 편파적이었다는 사실을 반증하는 대표적인 사건이 바로 박영수 특검에 파견된 모 부장검사가 최순실에 대해 삼족을 멸한다는 등의 폭언을 한 사건에 대한 언론의 대응이다.

최순실의 변호인인 이경재 변호사는 2017년 2월 26일 기자회견을 열어 박영수 특검에 파견된 모 부장검사가 변호인을 배제한 채 최순실을 심문했고, 그 과정에서 "삼족을 멸하고 모든 가족을 파멸로 만들어버릴 것이며 손자도 감옥에 가게 될 것"이라는 폭언을 하였다고 폭로했다.

그러나 특검은 "최순실이 허위사실을 바탕으로 특검과 해당검사의 신뢰를 훼손한 점에 깊은 유감을 표한다"면서 "앞으로 기자회견 방식 등 일방적 주장에 일체 대응하지 않을 예정"이라고 발표했다.

이경재 변호사의 주장이 사실이라면 이는 가장 전형적인 검찰 강압수사로서 보통 문제가 아니다.

관건은 "누구 말이 맞느냐?"였고, 이에 대해 이경재 변호사는 "특검 사무실에 CCTV가 있어 녹음녹화되었을 것이므로 이를 공개하면 된다"고 하였으나, 특검 측은 "면담이 이루어진 부장검사 방에 CCTV가 없으므로 둘의 이야기만 가지고 판단해야 한다"고 하였다.

따라서, 이 사건은 실제로 CCTV가 존재하였는지 여부를 확인하면 누가 거짓말하는지를 확인할 수 있는 상황이었다.

이는 한 사람은 "A"라는 장소에서 뇌물을 주었다고 하고, 수수자는 "A" 라는 장소에서 증여자를 만난 적도 없다고 부인하는 경우 실제로 "A"에서 두 사람이 만났는지를 확인하면 누구 말이 신빙성이 있는지를 확인할 수 있는 것과 같다.

하지만 당시 언론에서는 실제로 부장검사 방에 CCTV가 설치되었는지에 대해 진실을 규명하려고 노력하지 않았고, 강압수사 의혹을 취재하려고 하지도 않았으며, 오히려 이 변호사의 기자회견장에 "말도 안 되는 여자 변호하지 마"라고 발언한 한 여성과 이 변호사와의 언쟁이 기사화되었다.

이렇듯 두 특검은 수사대상, 특검의 수사능력, 수사팀 규모, 내부 갈등 여부 등에 있어 현격한 차이가 있었고, 여론과 국민의 반응과 지지도 상당한 차이가 있었으며, 결국 그것이 수사 방향 및 결과로 이어져 당시 진행되고 있던 헌법재판소의 탄핵재판에 결정적인 영향을 미치게 되었다.

6

탄핵 재판 결과 후,
검찰의 두 대통령에 대한 수사

탄핵기각 후 노 대통령에 대한 수사는 유야무야

불법대선자금 수사 당시 밝혀진 노무현 캠프 혹은 측근 관련 비리 내용은 다음과 같다.

① 썬앤문 관련 불법정치자금 수수 등

2002년 6월 안희정으로 하여금 썬앤문(대표 문병욱)에 대한 감세청탁을 국세청에 하도록 하여 썬앤문의 세금 171억 원이 23억 원으로 감액되게 하고, 2002년 11월 9일 서울 리츠칼튼호텔 일식당에서 이광재의 주선으로 문병욱과의 조찬자리에 참석 후 노 대통령이 조찬을 마치고 나간 직후 이광재는 문병욱으로부터 1억 원을 수수(정치자금법 제30조, 형법 제32조)함

② 대선캠프 관련 불법정치자금 수수

노무현 대선캠프의 정대철 공동선거대책위원장(9억), 이상수 총무위원장(7억), 이재정 유세본부장(10억)이 불법정치자금을 각각 수수, 이를 노무현 대선캠프에 전달

③ 측근 최도술 비리

- 2002년 5월 장수천과 관련 노 대통령 채무변제를 위해 새천년민주당 부산지역 선거대책위원회 계좌에 남아 있던 지방선거 잔금 중 2억 5천만 원을 횡령하여 장수천 대표 선봉술에게 전달
- 2002년 12월부터 2003년 2월 6일 사이에 장수천 채무변제를 위해 불법자금 5억 원을 모아 선봉술에게 전달
- 2002년 3월부터 같은 해 4월 사이에 노 대통령 대통령후보 경선자금을 마련하기 위해 차명계좌를 통해 1억 원의 불법자금 수수
- 대통령선거 이후 넥센타이어 등에서 2억 9,650만 원의 불법자금을 수수
- 청와대 총무비서관 재직시 삼성 등으로부터 4,700만 원 수수
- 대통령선거 직후 SK로부터 11억 원 상당의 양도성예금증서 수수

④ 측근 안희정 비리

- 2002년 9월부터 같은 해 12월까지 7억 9천만 원의 불법자금을 모아 선봉술 등에게 전달
- 대통령후보 경선 당시 5천만 원, 대통령선거 당시 삼성으로부터 30억 원, 2003년 3월부터 같은 해 8월 사이에 10억 원의 불법자금을 수수

⑤ 측근 강금원 비리

2002년 8월 29일부터 2003년 2월 사이에 강금원은 이기명 소유의 땅을 위장 매매하는 방식으로 19억 원의 불법자금 제공

⑥ 측근 여택수 관련 비리

청와대 행정관으로 재직 시 롯데로부터 3억 원의 불법자금을 수수하여 열린우리당 창당자금으로 사용

⑦ 측근 양길승 관련 비리

청와대 부속실장이던 양길승은 2003년 6월 조세포탈 등의 혐의로 수사를 받고 있던 이원호로부터 향응을 제공받고 수사무마 청탁 등을 함

그 비리 내용 중 썬앤문 관련 비리, 대선캠프 관련 불법정치자금 수수 의혹, 최도술, 강금원, 안희정, 여택수의 비리 등은 비록 당시 검찰에서 노 대통령을 공소장에서 공범으로 명시하지는 않았으나, 당시 수사 상황에 의하면 검찰이 노 대통령을 공범으로 의율하여 수사할 수 있는 구체적인 증거들이 있었다.

우리의 지적이 지나치다고 생각하는 분들은 다음의 6가지 질문을 읽어보기 바란다.

① 2002. 11. 9. 서울 리츠칼튼호텔 일식당에서 이광재의 주선으로 문병욱과의 조찬자리에 참석하였고, 노 대통령이 조찬을 마치고 나간 직후 이광재가 문병욱으로부터 1억 원을 수수하였는데…. 과연 노 대통령이 그 사실을 몰랐을까?

② 과연 국세청이 안희정을 보고 썬앤문 감세를 해주었을까? 그리고 썬앤문 문병욱 회장이 안희정을 보고 감세 청탁을 하였을까?

③ 정대철, 이상수, 이재정 등에게 불법 정치자금을 준 사람들이 그들을 보고 준 것일까?

④ 노 대통령이 총무비서관으로 임명했던 최도술이 정치 관련 불법 자금을 노 대통령 몰래 받았을까?

특히 대선 직후 SK로부터 받은 양도성 예금증서 11억 원은 노 대통령 당선과 관련이 없을까?

⑤ 안희정이 노 대통령에게 알리지 않고 수십억 원의 불법 정치자금을 받았을까?

⑥ 청와대 행정관인 여택수가 노 대통령 몰래 롯데로부터 받아 창당자금으로 사용하였을까?

대검중수부는 불법대선자금 중간수사 과정에서 남아 있던 주가 의혹들, 즉, 민주당 대선 경선자금 관련 수사, 열린우리당 창당자금 조달 관련 수사, 당선사례비 조사, 특히 노 대통령이 안희정 등 100억 원이 넘는 불법대선자금 수수의 공범인지 여부 등에 노 대통령 임기 중 뿐만 아니라 임기를 마친 후에도 더 이상 수사를 진행하지 않았다.

검찰은 2004년 3월 8일 불법대선자금 중간수사결과를 발표하면서 4.15 총선 이후 불법대선자금 수사를 재개하겠다고 하였고, 노무현 대통령과 이회창 후보에 대해서 책임질 부분이 있는지에 대해 계속해 조사해 총선 이후 방침을 정하겠다고 하였으나, 이후 사실상 아무런 조치를 하지 않았다.

그리고 민주당에서 경선자금 관련 노 대통령과 열린우리당 정동영 의장에 대한 고발사건 수사, 열린우리당 창당자금 조달 관련 수사, 당선사례비 수사 등도 노 대통령 임기 중 뿐만 아니라 임기를 마친 후에도 제대로 수사하지 않았다.

이후 열린우리당이 4.15 총선에서 승리하고, 헌법재판소에서 노 대통령에 대한 탄핵을 기각하면서 사실상 더 이상 수사가 유야무야 되었고, 불법대선자금을 진두지휘한 안대희 중수부장은 주변의 예상(?)을 깨고 대법관으로 영전하였다.

박 대통령, 탄핵 후 검찰의 신속한 수사로 구속

2017년 3월 10일 탄핵으로 대통령직에서 파면당한 박근혜 대통령은 이틀 후 서울 삼성동 사저로 복귀하였고, 사흘 후인 3월 15일 검찰은 박근혜 대통령에게 3월 21일 소환을 통보하여 당일 검찰에 출석하여 21시간 30분 동안 조사를 마치고 귀가하였다. 그리고 2017년 3월 27일 검찰은 박근혜 대통령에 대해 298억 원 뇌물수수 등 13가지 혐의로 구속영장을 청구하였고, 3월 31일 구속영장이 발부되어 서울구치소에 수감되었다.

박 대통령은 구속된 상태에서 수사와 재판을 병행하여 받던 중인 2017년 10월 13일 1심 구속 기간 6개월을 3일 앞두고 롯데와 SK 관련 뇌물혐의에 대한 구속영장을 판사가 발부하여 구속 기간이 최대 6개월 연장되었고, 이에 박 대통령은 모든 변호인을 사퇴하게 한 후 그때부터 재판에 출석하지 않았다.

그리고 2018년 4월 6일 1심에서는 박 대통령에게 징역 24년, 벌금 180억 원이 선고*되었고, 2018년 8월 24일 항소심에서는 징역 25년과 벌금 200억

---

* 18개 혐의 중 16개 혐의가 일부 유죄 또는 유죄가 선고되었고 이 중 삼성 영재센터 후원(뇌물) 및 삼성 미르재단 및 K스포츠재단 후원(뇌물) 2개 혐의는 무죄가 선고되었다.

원을 선고˙했다.

그 외에 국가정보원에서 특수활동비를 상납받고 옛 새누리당 공천과정에 개입한 혐의에 대한 재판도 별도로 진행되어 2019년 7월 항소심에서 국정원 특활비 수수 혐의에 대해서는 징역 5년과 추징금 27억 원이 선고되었으며, 공천개입 혐의에 대해서는 징역 2년, 총 징역 8년 및 추징금 33억 원이 선고되어 확정되었다.

• 2심 재판부는 1심에서 무죄선고된 삼성의 영재센터 후원금을 뇌물로 인정하였고, 포스코그룹, 롯데그룹, 현대자동차그룹 등의 타 대기업을 대상으로 한 강요 및 직권남용 혐의는 유죄 또는 일부 유죄를 선고한 1심과 달리 일부 유죄 또는 무죄가 선고되었다.

7

헌법재판소의 권한 남용

헌법재판소, 헌법적 지위와 역할을 망각하고 권한을 남용

헌법재판소는 노 대통령이나 박 대통령에 대한 탄핵재판을 진행하면서 마땅히 탄핵재판의 독립성을 유지하여야 하고, 특히 언론과 여론으로부터 독립하여 헌법과 법률에 의해 그 양심에 따라 재판을 진행하여야 한다.

과연 탄핵재판 과정을 살펴보면 헌법재판소가 여론과 언론으로부터 독립되어 오로지 헌법과 법률에 따라 재판을 진행했는지는 상당히 의문이다.

헌법재판소는 재판 초기부터 박 대통령에 대해 탄핵을 전제로 두 헌법재판관이 임기만료로 사임하는 2007년 3월 13일 이전에 탄핵결정을 하기로 하고, 실체적 진실발견이나 박 대통령의 방어권 보장은 외면하고 신속한 재판 진행에만 관심을 가졌다.

그러다 보니 헌법재판소법 제32조에 반하여 검찰이 이미 피의자로 입건한 박 대통령의 공범 수사기록을 검찰로부터 받아 재판이 시작되기도 전에 미리 검토를 시작하였고, 결국 검찰에서 박 대통령이 구속기소된 최순실, 안종범, 정호성 3인과 공범으로 의율한 공소사실 및 관련 자료들은 박 대통령의 탄핵사유 인정에 결정적이고 핵심적인 역할을 하였다.

그 과정에서 사인으로서의 기본권을 가진 박 대통령의 절차적 권리가 제대로 보장되지 않았고, 형사소송 절차를 준용하지 않고 증거조사를 진행하여 부당하게 증거능력을 인정하였으며, 고영태 등 핵심 증인에 대한 증인신청도 취소하였을 뿐 아니라, 법률상 재판정지가 가능함에도 서둘러 재판 진행을 강행하였다.

헌법재판소는 민주적 정당성을 대표하는 국민대표기관인 국회나 대통령과 달리 그 정당성이 상대적으로 약하고, 본질적으로 헌법과 법률을 적용하는 기관이다. 따라서 헌법과 법률이 탄핵소추의 경우 국회에 재량권을 부여하는데 비해 헌법재판소에는 탄핵사유가 있는 경우 탄핵결정을 하도록 명령할 뿐 그 외에 다른 재량권을 부여하지 않고 있다.

헌법재판소는 국회나 대통령 등의 국가 작용에 대하여 적극적으로 개입하기보다는 명백하게 헌법이나 법률에 어긋나지 않는 한 사법적 개입은 자제하고, 헌법과 법률을 주어진 대로 해석하여 적용하여야 한다.

헌법재판소가 해석론을 통하여 탄핵사유로 "중대성"을 추가하여 탄핵사유 인정 여부를 판단한 것은 법을 적용해야 하는 사법부가 해석론을 통해 스스로 자신에게 입법 권한을 인정한 것으로 권력분립의 원칙에 정면으로 반한다.

또한, 헌법재판소의 견해대로 대통령의 경우 헌법상 지위와 권한을 고려하여 다른 탄핵 대상자와 달리 탄핵요건에 "중대성"을 인정한다고 하더라도, 노 대통령과 박 대통령에 대해 전혀 다른 잣대를 적용하였다.

그래서 노 대통령에 대해서는 탄핵을 기각하고, 박 대통령에 대해서는 헌법 어디에서도 찾을 수 없을 뿐 아니라 헌법재판소의 논리대로 하더라도 직무를 성실하게 수행할 의무에 포섭되는 공익실현의무 위반을 내세워 탄핵을 인용한 것은 참으로 문제가 크다.

더군다나 탄핵재판 과정에서 신속성만을 강조하여 이정미 재판관 퇴임 이전에 무조건 탄핵결정을 하려고 한 헌법재판소가 과연 일체의 정치적인 압력으로부터 자유로웠는지도 여전히 의문이다.

추미애 더불어민주당 당대표는 탄핵소추안이 통과된 지 이틀 후인 2016년 12월 11일 헌법재판소가 2017년 1월말까지 심판을 내리는 것이 촛불민심에 부응하는 길이라면서 헌법재판소를 정치적으로 압박했고, 문재인도 12월 16일 모 언론과의 인터뷰에서 "탄핵이 기각되면 혁명밖에 없다"며 헌법재판소를 겨냥했으며, "(헌법재판소에서) 민심과 동떨어진 결정이 나오면 국민들이 용납하지 못할 일"이라며 협박을 하기도 했다.

그러나 헌법재판소는 이러한 발언에 대해 공식적으로 비판하지도 않았고, 오히려 더불어민주당의 요구대로 탄핵재판을 서둘러 결정하기 위해 물불을 가리지 않았다.

탄핵 후 정치상황

2004년 탄핵, 여권, 분열에서 통합으로

노무현 대통령에 대한 탄핵소추 움직임이 있기 전 국회는 한나라당 145석, 새천년민주당 57석, 열린우리당 49석, 자유민주연합 10석, 민주국민당 2석, 국민통합21 1석, 무소속 11석으로 구성되어 있었다.

노무현 대통령을 당선시킨 범여권이 대북송금사건을 계기로 친DJ계의 더불어민주당과 친노무현계 중심의 열린우리당으로 분열되었고, 의석수도 57석 대 49석으로 비슷한 상황에서 17대 총선을 눈앞에 두고 있었다.

불법대선자금 수사 과정에서 한나라당도 큰 타격을 받았지만 깨끗한 정치를 표방하던 노무현 대통령 측도 100억 원이 넘는 불법정치자금을 받은 것으로 드러나는 등 더불어민주당이나 열린우리당에 대한 실망감도 큰 상태였으므로, 범여권의 분열은 특히 수도권에서 한나라당에게 어부지리를 줄 가능성이 큰 상황이었다.

그런데 노 대통령이 던진 회심의 승부수인 탄핵 유인으로 인하여 민심이 급격하게 변하면서 탄핵반대 의견이 압도적으로 많아졌고, 그러한 여론이 총선에 결정적인 영향을 미쳐 열린우리당은 과반수가 넘는 151석을 얻었다.

한나라당은 박근혜가 구원투수로 등장하여 불법대선자금 사과와 거여견제론, 열린우리당 정동영 대표의 노인폄하 발언 실수 활용 등을 통해 개헌저지선 100석을 상회하는 121석을 확보하였다.

하지만, 새천년민주당은 탄핵 역풍을 맞아 서울 및 수도권, 광주 등에서 한 명도 당선시키지 못하고 겨우 전남 지역에서 5석, 비례대표 4석 등 9석을 얻어 10석을 얻은 민주노동당에 밀려 원내 4당으로 전락했다.

자유민주연합(이하 자민련)도 충남에서 4석을 얻는데 그치고, 자민련 총재 김종필은 비례대표 순위 1번으로 등록하였으나, "비례대표 득표율이 3%, 지역구 5석 이상"인 비례대표 의석 배분 규칙에 미달하여 원내 입성이 좌절되면서 정계 은퇴를 선언하였다.

결국 열린우리당과 더불어민주당으로 분열되었던 여권은 탄핵소추를 계기로 급격히 변동된 민심이 반영된 17대 총선을 통해 열린우리당으로 사실상 통합되었다.

2017년 탄핵, 보수우파 분열의 심화

박근혜 대통령에 대한 탄핵이 본격화되면서, 새누리당 내부에 김무성을 중심으로 탄핵찬성론자들이 점차 늘어났고, 친박 핵심세력들도 여론에 밀려 제 목소리를 못 내고 있는 가운데 민주당 등 야 3당이 추진하는 탄핵소추안이 아무런 저항을 받지 않고 손쉽게 통과되었다.

그리고, 박 대통령에 대한 탄핵재판이 급하게 진행되어 2017년 3월 초순경 탄핵이 결정될 것이 예견되는 상황에서 탄핵결정 후 60일 이후에 있을 대통령 보궐선거를 앞두고, 새누리당 내에서는 탄핵찬성파를 중심으로 새로운 당을 창당한 후 반기문 유엔사무총장을 대통령 후보로 추대하면 그 당을 새로운 보수우파의 중심으로 만들어보려는 국회의원 30명이 2016년 12월 27일 새누리당을 탈당하여 바른정당*을 만들었다.

하지만 바른정당이 유엔사무총장 임기를 마친 반기문을 바른정당 대통령 후보로 영입하겠다는 것은 김무성 등 일부 정치인들의 립 서비스에 불과하였고, 실제로 반기문 사무총장은 바른정당과 거리를 두며 대선 행보를 하던 2017년 1월말 드루킹의 여론 조작의 영향으로 중도에 사퇴하게 되었다.

이에 바른정당은 유승민을 대선 후보로 내세웠지만, 당시 탄핵으로 인하여 보수우파에게 절대적으로 불리한 정치지형하에서 자유한국당의 홍준표, 바른정당의 유승민 등 두 명의 후보가 끝까지 경쟁**하다 보니 더불어민주당의 문재인 후보는 13,423,800표(41.08%)의 지지를 받아 7,852,849표(24.03%)의 지지를 얻은 자유한국당 홍준표 후보와 5,570,951표(17.05%)의 역대 최대 표차로 당선되었으며, 유승민은 2,208,771표(6.76%)의 지지로 심상정 후보(2,017,458, 6.17%)를 앞서 겨우 체면치레를 하였다.

그뿐 아니라, 박 대통령의 탄핵반대를 외치던 태극기집회 세력이 당을 창당(당명 새누리당)하여 조원진 의원을 대통령 후보로 내세웠고, 조원진은

• 남경필 경기도지사, 원희룡 제주특별자치도지사, 오세훈 전 서울시장도 공식 합류하였고, 비례대표 김현아의 경우 탈당은 포기하고 실제로는 바른정당에 가서 활동하는 어색한 상황이 발생한다.

•• 선거를 일주일 남짓 남기고 바른정당에서는 유승민 후보의 지지율이 좀처럼 오르지 않자 단일화를 요구받다 급기야 당내 단일화파의 대거 탈당 사태가 일어났는데, 이에 대한 큰 역풍으로 오히려 유승민 후보의 지지율이 반등하다 보니 단일화는 더더욱 어렵게 되었다.

비록 42,949표(0.13%)밖에 얻지 못했지만, 중도사퇴하지 않고 끝까지 후보 직을 유지하며 대선을 완주하여 그 존재감을 보였다.

결국 박 대통령 탄핵을 계기로 기존 새누리당은 자유한국당, 바른정당, 대한애국당 등 당분간 한 지붕 아래에 함께하기 어려운 3개의 정파로 분열 되었다.

이후 바른정당으로 탈당한 국회의원들 중 일부가 자유한국당으로 복당 하고, 바른정당에 남은 의원들이 안철수의 국민의당과 합당하여 바른미래 당을 만드는 등 이합집산해 상호간의 반목으로 통합의 길은 요원했다.

그리고 2019년 21대 총선을 앞두고 보수우파 통합론이 제기되고 있고, 그 명분 자체에 대해서는 동의하지만, "박근혜 대통령 탄핵 문제"를 두고 공화당 등 태극기세력*과 박 대통령 탄핵에 앞장서고 탈당하였던 속칭 배 신파 정치세력 간에 전혀 다른 입장을 보이고 있다. 황교안 대표 체제하의 자유한국당은 이 문제에 대한 공식적 입장 정리를 하기 어려운 상황**이다.

따라서, 현재로서는 보수우파가 반 문재인이라는 단일대오로 쉽사리 통 합하기 어려운 실정이다.

최근에는 서울역에서 매주 태극기집회를 열어오던 보수우파 국민들을 중심으로 당세를 확대해 왔던 대한애국당이 자유한국당이 포기한 광화문 에 텐트를 설치하여 투쟁하고, 홍문종 의원이 자유한국당을 탈당하여 당적 을 애국당으로 옮기고, 당명을 우리공화당으로 변경하면서 그와 같은 당명

---

* 대한애국당은 박 대통령은 '무죄'인 만큼 탄핵은 잘못됐다는 입장이며, 박 대통령 석방을 주장했다.

** 지난 대선 후 자유한국당은 홍준표 대표, 김병준 비상대책위원장, 황교안 대표로 이어지는 과정을 거쳤지만 탄핵에 대한 입장 정리는 이뤄지지 않았고, 황 대표도 지난 2.27 전당대회를 앞둔 경선 과정에서 '탄핵은 어 쩔 수 없었다'란 질문에 "(O나 X가 아닌) 세모(△)로 답하려 했다"라고 말하기도 하는 등 불분명한 입장이다.

변경이 박근혜 대통령의 의중이라고 주장하고 있다.

　향후 자유한국당은 친박 정치세력을 청산하면서 바른미래당의 일부 의원들의 복당 명분을 만들어주고, 자유한국당 일부 친박 의원들이 열린우리당으로 합류*할 것으로 예상된다. 과거 여당이 열린우리당과 새천년민주당으로 나누어져 총선을 앞두었던 불리한 상황에 처한 것처럼 보수우파도 자유한국당, 바른미래당, 우리공화당이라는 쉽게 화합하기 어려운 세 정치세력으로 나뉘어 필패가 예상되는 내년 총선을 맞이해야만 하는 상황에 처해 있다.

---

* 우리공화당은 총선 전 자유한국당 공천탈락자들을 모아 세를 키운 후 연동형 비례대표제 도입시 비례 의석을 적극적으로 챙길 계획을 세우고 있는 것으로 보인다.

8
장

이제는 우리가 문재인의
탄핵을 준비하고 외칠 때

박 대통령 탄핵, 막을 수 없었나?

시계를 돌려 박 대통령 탄핵이 진행되던 2016년 말과 2017년 초로 함께 가보자.

'만약에…'라는 말을 하는 것이 의미가 없다는 것을 알지만, 그래도 만약에를 가정해보려 한다.

아쉬움 때문이 아니라 정말 우리가 박 대통령 탄핵을 막을 수 있었는지를 생각해보려 하는 것이다.

만약에….

김무성이 옥새 들고 나르지 않았다면 새누리당은 총선에서 최소 과반수의 의석을 차지했을 것이고, 그렇다면 야당은 탄핵을 시도조차 할 수 없었을 것이다. '김무성의 옥새 들고 나르샤' 등으로 인하여 당시 새누리당이 총선에서 120여 석의 의석밖에 못 얻는 패배를 당했다.

하지만, 새누리당이 재적 3분의 1이 훨씬 넘는 의석수를 가지고 있었으므로, 당시 야권의 기획 탄핵에 휘말리지 않았다면 비록 탄핵소추안 발의는 막기 어려웠겠지만 적어도 박 대통령에 대한 탄핵소추 의결은 막을 수 있었다.

만약에 전원구조라는 오보가 나지 않았더라면…

이 글을 쓰고 있는 우리도 그날 아침을 대부분 기억한다.

수학여행을 가던 학생들이 타고 있던 배가 침몰하고 있다는 기사에 충격을 받고 뉴스에 온 신경을 집중하고 있었는데, 곧이어 전원구조라는 보도에 박수를 보내고 안심한 뒤 일상으로 돌아갈 수 있었다.

다시 침몰 중이라는 보도가 나오면서 도대체 무엇이 맞는 보도인지 상황을 제대로 파악하기 힘들었다.

그렇기 때문에 만약 오보가 나지 않고 바로 상황 파악이 가능했다면, 하는 가정도 아쉬움에 해보게 된다.

그리고 국민의 눈높이와 감성에 맞춰 세월호 사건과 정윤회 사건 등을 좀 더 진정성 있게 대응하였다면 적어도 국민들이 유언비어에 흔들려 박 대통령에 대한 근거 없는 비난과 비판으로 연결되지 않았을 것이며, 그랬다면 탄핵까지 가지는 않았을 것이다.

만약에….

최순실 게이트가 본격화되었을 때 반성하는 태도로 국민들에게 솔직하게 상황을 설명하고, 언론도 언론 본연의 모습에서 근거가 있는 객관적인 보도를 했다면 박 대통령은 탄핵에까지 이르지는 않았을 것이다.

무엇보다도 정치권이 당시 국민의 목소리에 겸허하게 귀 기울였다면 박 대통령이 탄핵에 이르지 않았을 것이다.

국회의 탄핵소추를 앞둔 당시 국민여론은 최순실 게이트에 대해 박 대통령이 책임져야 하지만, 탄핵보다는 국회에서 대통령 권한대행을 정한 후 하야하는 정치적 방법으로 원만하게 해결하기를 바랐다.

만약에… 하야를 했더라면….

지금과 상황이 많이 다를까?

앞서 살펴본 것처럼 촛불 민심이 탄핵이었다고 주장하는 것은 촛불 민심을 왜곡하는 것이다. 왜냐하면, 촛불 민심은 하야였지 결코 탄핵이 아니었다.

또 다른 국민의 민심인 태극기 민심은 명명백백하게 탄핵을 반대하는 상황이었으므로, 더더욱 민심이 탄핵이었다고 할 수 없다.

비록 다수의 국민들이 잘못된 정보와 유언비어로 인해 박 대통령에 대한 부정적인 인식을 가지게 되었지만, 그래도 국민이 선출한 박 대통령이 탄핵으로 물러나기보다는 자진 사퇴 하기를 원하였다.

그런데 일부 정치세력이 진정한 민심을 존중하지 않고, 촛불 민심 중 일부 과격한 주장에 편승해 대통령을 탄핵하는 강경책을 택한 것은 나라와 국민을 위해서가 아니라 오로지 자신들 정치세력의 이익을 고려하였기 때문이다.

그곳에는 국민도 나라도 없었다.

오로지 그들만의 정치적 이익이 있었을 뿐이다.

특히, 당시 박 대통령이 국가 원로들의 충고를 받아들여 퇴진 일정을 밝혔고, 민주당도 내심으로는 자진퇴진안을 받아들일 생각이 있었는데도, 새누리당 일부 배신파들은 자신들만의 정치적 생존과 번영을 꿈꾸며 "촛불에 타죽지 않으려고" 사실상 백기투항하며 악마와의 거래에 기꺼이 동참하였다.

그들이 바로 정국을 민심에 반하는 탄핵이라는 외통수로 이끌어 갔고, 박지원 의원으로부터 탄핵의 1등 공신이라고 칭찬받은 자들이다.

전쟁 중 적에게 극한의 칭찬을 받는 치욕을 받은 그들은 마치 아무 일도 없었던 것처럼 살아가고 있고, 오히려 지금도 자신이 옳았다고 내년 총선을 앞두고는 '보수우파 통합이 가장 중요하며 탄핵책임은 부수적이고 작은 문제이다', '더 이상 탄핵의 원인과 책임을 따지지 말고, 반 문재인 전선으로 본인들을 중심으로 보수우파를 통합하자'라고 외치고 있다.

돌이켜 생각해보면 그 당시 가장 최고의 해법은 박근혜 대통령이 국민여론과 원로정치인들의 조언을 받아들여 내년 4월에 퇴진한다고 다시 한 번 입장을 밝히고, 국회는 탄핵 열차를 멈추고 여야 합의를 통하여 대통령 권한대행으로서 대통령 보궐선거를 공정하게 관리할 수 있는 국무총리를 선출하여 박 대통령이 질서 있는 퇴진을 하도록 하는 것이었다.

그랬다면 촛불도 태극기도 나누어지지 않았을 것이고, 국민들의 분노도 지금과는 달랐을 것이다.

그런데, 왜 그러지 못했을까?

정치권은 탄핵이라고 하는 최후의 과격한 수단을 사용하지 않으면서 국민의 뜻에 따라 원만하게 해결할 방법을 외면하고, 탄핵이라는 강경한 수단을 선택하였고, 그로 인한 한국 사회 내부갈등은 쉽게 치유할 수 없는 상황이 되었다.

이제는 보수우파가 문재인 대통령을 끌어내리기 위한 구체적인 움직임을 시작하고 있다.

똑같이 준비하고 있는 것이다.

문 대통령을 웃게 만든 촛불, 자신의 지지세력이라고 굳게 믿었던 촛불 지지자였던 일반 시민들은 지금 또 다른 분노를 느끼고 있다.

"문재인 대통령은 다를 거라 믿었어요. 기회의 평등을 이야기했으니까요…."

"더 살기 힘들어졌어요. 정말 힘들어요…."

이러한 국민들의 불만과 하소연들이 차곡차곡 쌓이면서, 문 대통령은 국민들이 또다시 광화문으로 나서게 만들고 있다. 그리고 지금 국민의 민심, 2030세대의 박탈감을 무시한 채 위선적인 삶이 적나라하게 드러나고 있는 조국을 법무부장관에 앉힌 문 정부에 반대하는 시민들이 또다시 촛불을 들고 거리고 나서고 있다.

문재인의 하야를 위해 철저히 준비하자

이제는 자신감 있게 탄핵무효를 외쳐야

박 대통령에 대한 탄핵이 시작된 지 벌써 2년 반이 다되어가고 있다.

박 대통령이 크나큰 위기에 처했을 때 그동안 주변에서 호가호위하며 권력을 향유하던 사람들은 어디론가 사라졌고, 오직 애국심으로 태극기를 든 국민들만이 3년 가까이 박 대통령의 현 상황을 안타까워하면서 대한민국의 미래를 걱정하고 있다.

여전히 매주 토요일이면 서울과 주요 도시 도심에서는 태극기집회가 열리고, 박 대통령에 대한 탄핵결정이 "졸속적인 정치탄핵"이라면서 "탄핵무효"를 외치고 있다.

그러나 왜 탄핵이 무효인지에 대해 그 이유를 충분히 이해하고 받아들여 신념화하지 못하면 탄핵무효는 단지 구호에 그치고 만다.

이 책에서 자세히 밝힌 바와 같이 박 대통령에 대한 탄핵은 무효이다.

열 번, 백 번 물어도 탄핵은 무효다.

탄핵소추 및 탄핵재판 과정에서 박 대통령의 개인으로서의 기본권을 침해하여 적법절차의 원칙을 위반하였고, 헌법재판소가 불법적으로 수사기록을 받아 이를 증거로 채택하는 위법을 저질렀고, 아무런 근거와 실체가 없는 공익실현의무 위반과 법 준수의지 미흡을 이유로 박 대통령의 탄핵이 정당하다는 잘못된 결정을 하였다.

그렇기에 오히려 헌법재판관들이 직권남용죄로 처벌받고, 탄핵되어야 한다.

아울러 박 대통령 탄핵의 핵심적인 세 가지 원인, 즉 ① 세월호 관련 무책임한 유언비어, ② JTBC의 추측성 태블릿 PC 관련 의혹 보도, ③최순실을 위한 미르재단과 K스포츠재단 설립 의혹 등이 이후 수사와 재판 등을 통해 그 진실이 확인되고 규명되면서 더더욱 탄핵의 부당함이 입증되었다.

박 대통령에 대한 헌법재판소의 잘못된 탄핵결정을 재심 능을 통해 속시 바로잡아야 한다.

기획 탄핵에 대한 진상규명에 나서야

법률적인 관점에서 탄핵무효를 주장하는 것도 중요하지만, 탄핵 당시 민주당 원내대표였던 우상호가 언론을 통해 일부 공개한 기획 탄핵의 전말을 밝혀야 한다.

박 대통령을 탄핵으로 몰고갈 당시 박 대통령과 관련한 언론의 당시 보도는 한마디로 언론의 기본을 무시한 것이었다.

일부 언론들은 구체적인 사실 관계 확인 없이 무책임한 의혹성 보도를 단독으로 보도하여 유언비어 유포의 온상이 되었다. 여러 언론을 통해 확대 재생산된 유언비어들이 여과 과정 없이 방송 보도, 인터넷 기사, SNS 등을 통해 국민들에게 전달되었고, 검찰 수사를 통해 확인된 바와 같이 드루킹 등이 정치적 목적과 의도를 가지고 유언비어성 보도를 국민들에게 전달하여 박 대통령에 대한 부정적 여론을 만들어내는 세력들도 있었다.

그 과정에서 손혜원, 도종환 등이 과연 어떤 역할을 하였기에 매일 신문 1면에 최순실이나 박근혜 대통령 관련 기사가 도배될 수 있었는지 의문이다.

그리고 탄핵을 정략적으로 이용한 정치세력, 이러한 왜곡과 선동에 휘둘려 사실상 '탄핵 인용'이라는 결론을 미리 정해놓고 서둘러 무리하게 탄핵재판을 진행하고 결정한 헌법재판소를 연결하는 고리가 있었는지도 확인이 필요하다.

여전히 탄핵 사건의 기폭제가 된 JTBC의 '태블릿PC' 보도가 박근혜 대통령에 대한 기획 탄핵의 일부라는 의혹 제기도 있고, 고영태 일당의 사익을 노린 폭로가 더해진 것이라는 의혹도 있으므로, 그 진상이 반드시 규명되어야 한다. 가짜뉴스도 모두 밝혀 처벌해야 한다.

박 대통령 석방을 관철해야

보수우파 국민뿐만 아니라 대다수의 국민들은 검찰이 박 대통령에 대해 무시무시한 죄명을 붙이고, 법원도 도합 30년이 넘는 형을 선고했지만, '재임 중 개인적으로 단 1원도 받지 않았던 박 대통령에게 그와 같은 중형 선고하는 것은 지나치다'라는 생각을 가지고 있다.

무엇보다도 보수우파 국민들은 박근혜 대통령이 내란죄로 처벌받은 전두환, 노태우 대통령보다도 더 오랜 기간 동안 영어의 몸인 상태에 있다는 사실에 분노하며 석방을 요구하고 있다. 그렇다.

설사 박 대통령에게 일부 잘못이 있다고 하더라도, 내란죄, 거액의 불법 통치자금으로 처벌받은 전두환, 노태우 대통령보다도 더 큰 잘못을 하지 않았다.

그런데도, 문재인 정부가 박 대통령을 그 두 사람보다도 더 오랜 기간 동안 구속해 두는 것은 결코 정의라고 볼 수 없다.

물론 문 정부가 보수우파 분열을 공고히 하기 위한 정치적 의도로 '박 대통령 연말 석방카드'를 쓰는 것은 마땅히 경계해야 한다.

아울러 통합진보당 해산의 원인이 된 이석기 사면을 박 대통령 석방과 동시에 카드로 쓰려는 것은 결연히 반대해야 한다.

대한민국 국민은 모두 법에 평등해야 한다. 박 대통령이라고 역차별받아서는 안 된다. 형집행정지 규정에 적합하므로 지금 바로 석방해야 한다.

문재인 대통령을 물러나게 하려면

문 대통령이 물러나야 하는 이유

박 대통령에 대한 탄핵이 지나쳤다고 생각하는 국민들은 더불어민주당 이해찬 당대표가 말한 보수궤멸 프로젝트가 실제로 진행되고 있음을 알고 있을 것이다. 실제로 문 정부를 비판한 수많은 보수우파 인사들이 구속되거나 재판을 받고 있음을 몸소 체험하고 있다.

그뿐 아니다.

문재인 정부의 잘못된 대북관, 우리의 생존을 직접적으로 위협하는 핵문제와 단거리 미사일 문제를 외면하는 일방적인 친북 정책, 한미동맹 훼손, 동북아 안보의 핵심인 한미일 삼각동맹 체제를 근본적으로 위협하는 잘못된 대일정책, 내실 없는 소득주도 성장론, 최저임금의 지나친 인상 등으로 인한 서민경제 붕괴, 직간접적인 방법을 통한 언론통제, 주요 이슈에 대한 국민여론 왜곡 등의 문제들로 나라의 근간이 흔들리고 있음을 알고 있다.

이제 국민들은 문 대통령도 탄핵하거나 하야시켜야 한다고 주장하고 있다. 실제로 청와대 민원게시판에 올라온 문재인 탄핵 청원이 20만 명이 넘었다. 청와대는 이에 대해 답변을 해야만 하는 상황이 되었다.

그렇다면 문재인 대통령을 하야하게 해야 하는가, 아니면 탄핵을 통해 물러나도록 해야 하는가?

대통령 탄핵은 문 대통령이 직무상 헌법과 법률에 위배된 행위가 있는 때 가능하고, 이를 입증하는 것은 그다지 어렵지 않다. 그러나 국회에서 재적의원 3분의 2 이상의 찬성이 있어야 소추되고 헌법재판소 재판관 6인 이상의 찬성이 있어야 탄핵이 결정된다.

현재 국회 의석수를 살펴보면 탄핵소추 요건을 충족하기 어렵고, 헌법재판소 재판관도 상당수가 문 대통령이 임명하였으므로 이 역시 요건 충족이 어렵다.

이에 비해 스스로 물러나게 하는 하야의 경우 사유가 법적인 요건에 한하지 않고, 건강상 이유나 정치적인 이유 등도 모두 가능하다. 따라서 탄핵에 비해 문 대통령을 물러나게 하는 실현 가능한 방안이 될 수 있다.

문 대통령 탄핵, 보수우파의 내년 총선 압승이 전제

헌법에 따라 문재인 대통령을 실제로 탄핵하려면 내년 총선에서 보수우파가 재적의원 3분의 2 이상의 의석수를 차지해야 한다.

이를 위해서는 탄핵 과정에서 분열된 보수우파 통합이 필요한데, 매우 간단한 해법이 있다.

즉, 탄핵에 동조한 배신 세력들이 반성하고 한 발 뒤로 물러나고, 비겁하게 탄핵에 침묵한 친박 정치인들이 반성하고 정계은퇴하거나 하면 된다. 친박으로부터도 자유롭고, 배신파로부터 자유로운 정치인과 시민들이 전면에 나서면 된다.

그 새로운 사람들이 보수우파의 새로운 희망과 비전을 제시하고, 정치의 전면 쇄신을 내세우면서 보수통합을 이끌어 가도록 하면 된다.

그 과정에서 국민의 뜻과 달리 대통령 하야가 아닌 탄핵이라는 극단적인 방법을 추진하고, 동조하고, 침묵하면서도 진정으로 반성하지 않는 정치인들은 내년 공천에서 배제하여야 한다.

그리고 국민의 여론에 반하여 박 대통령을 '하야'가 아닌 '탄핵'이라는 "정치적 단두대"로 몰아가 치욕을 준 현 집권세력에게 "문재인 탄핵"으로 되갚아 주겠다는 슬로건을 내걸고 내년 총선에 임해야 한다.

민주당과 평화당, 그리고 정의당의 탄핵을 추진한 세력, 탄핵을 적극 추진한 바른미래당 세력 등도 국민들이 선거를 통해 심판해야 할 청산의 대상이다.

이러한 인적 쇄신은 여야를 통틀어 모두 필요하며, 이를 통해 정치의 근본적인 변화와 쇄신을 이루어내야 한다. 진정 국민을 두려워하고, 민심에 순응하고 헌법을 존중하며 국민을 위해 일하는 정치를 만들어야만 한다.

문 대통령 하야, 탄핵을 위한 준비 과정

문재인 대통령을 탄핵하려면 내년 총선에서 보수우파가 압승을 하여야 하고, 이를 위해서는 보수우파의 통합도 중요하지만, 문 대통령 하야의 사유를 구체화하는 과정이 필요하다.

그 중간 과정으로 **문재인 대통령과 부인에 대한 손해배상청구소송**을 통해 문재인의 실정과 부인 김정숙의 품격에 맞지 않는 행동과 처신들에 대해 구체적으로 문제를 제기하고, 이를 공유할 필요성이 있다.

과거 좌파들이 박 대통령의 옷에 대해 그토록 업무상 횡령 운운하며 근거 없이 비난했던 것과 마찬가지로 김정숙의 옷과 미용 등을 구체적으로 확인해야 한다. 과연 문 대통령의 월급으로 살 수 있는 옷들인지, 실제로 누가 어떤 돈으로 얼마나 지급하였는지, 취임 초와 달리 윤이 나는 얼굴은 어떻게 가능한 것인지, 거기에는 비용이 얼마나 들었으며 누구 돈으로 했는지 등에 대해 철저히 사실관계를 확인하여 좌파들이 말한 업무상 횡령에 해당하는지를 따져보아야 한다.

보수우파 시민들의 뜻을 모아 문재인 부부의 구체적인 위법사례와 이로 인한 국민 개개인이 입게 된 손해를 확인하는 과정은 문재인 대통령에 대한 "탄핵백서" 또는 "하야백서"를 준비하는 과정이 될 것이다. 이제 백서를 담은 책이 필요하다.

그리고 이를 토대로 내년 총선에서 문재인 탄핵을 전면에 내걸고 보수우파가 새로운 정치 세력을 중심으로 나선다면 문재인 하야가 구호만이 아닌 현실이 되는 그날이 올 것이다.

문 대통령 하야와 탄핵, 현실적으로 당면하는 문제점

우리는 문재인 대통령을 탄핵하거나 하야시킬 매우 간단하고 쉬운 해법을 알고 있다. 하지만, 자유한국당 지도부나 다른 보수우파 정치세력들은 이를 받아들여 현실화 하려는 의사도 능력도 없다.

왜냐하면 그들은 지푸라기만 한 기득권을 지키려고 하고, 마음속에 여전히 정치적 욕심이 가득하고, 특히 자신이 중심이 되어 정치와 대한민국이 돌아가야 한다고 믿는 "천동설형 인간"들이기 때문이다. 자기 손으로 자신의 뺨을 때리면서 때린 것은 자신이고 맞은 것은 남이라고 생각하면서 승리감에 젖는《아Q정전》의 주인공 "아큐" 같은 인간군들이기 때문이다.

그래서 문 정부로부터 "야당 복이 참으로 많다"는 덕담 아닌 덕담을 들으면서도 이를 굴욕이라고 생각하는 사람들이다.

그들은 자신만의 미래를 도모하기 위해서 지금 본인들의 행동이 '바지가랑이를 기어 통과하는 젊은 시절의 한신의 인내'라고 변명하고 싶을지 모른다. 그들은 지지자들에게 '큰 그림을 그리고 있다'라고 한다.

그런데 그들의 큰 그림 이야기를 자세히 들어보면, 결국 본인이 중심이 되는 정치 활동이나 또다시 당선되기 위한 방안 이외에는 어떤 것도 없어 보인다.

그래서, 국민들은 지쳐 간다.

아니 이미 지쳤다.

이제 국민들은 불량배의 가랑이 사이를 기어가는 한신이 아니라, "다다익선多多益善"을 말하는 호연지기를 가진 젊은 한신의 등장을 고대하고 있다

파부침주破釜沈舟, 새로운 정당을 만들어야 할 때

박 대통령 탄핵 과정에서, 그리고 탄핵 이후 지금까지, 대한민국의 미래에 대한 불안감이 컸던 보수우파 진영에서는 수많은 사람들이 마치 자신이 큰 바위 얼굴인 것처럼 행세하다가 명멸해 가기를 반복해 왔다.

과거 박 대통령을 그토록 가혹하게 비난했으나 지금은 앞장서서 보수우파의 전사인 척하거나, 청와대에서 쫓겨나고 구속까지 된 박 대통령을 당

에서 쫓아내야 한다고 하거나, 박지원 의원으로부터 박 대통령 탄핵시킨 금메달이라는 칭찬(?)을 듣거나, 박 대통령 시절 호의호식 하고서도 박 대통령이 위기에 처했을 때 아무런 역할도 하지 않은 사람들….

하지만, 지금까지 그 누구도 진정한 큰 바위 얼굴은 아니었다.

그들은 너무도 허물이 크고 많아서 이제는 물러서야 할 구태의 정치인들이고, 오히려 보수우파 분열의 책임이 큰 자들로서 이에 대한 책임을 져야 할 사람들이다.

그런데 그 사람들이 자신을 중심으로 보수우파 통합이라는 백일몽을 꿈꾸며, 국민들에게 그것이 보수우파 통합의 알파요, 오메가라는 거짓 예언을 전파하여 국민들을 희롱하고 있다.

탄핵의 광풍이 몰아치던 지난 대선 때, 그 절망 속에서 그래도 희망을 꿈꾸면서, 비록 우리가 바라고 꿈꾸던 수준의 후보는 아니었지만, 그의 당선을 위해 생업을 던지고 그 후보의 이름을 외치며 간절히 당선을 염원했다.

그런데 그 후보는 교만하게 지금도 외친다.

'내 덕분에 당시 24%의 표를 받지 않았느냐고?'

하지만 이에 대해 대부분의 보수우파 국민들은 대답한다.

"당시 당신이 아니라 다른 후보, 심지어는 옆집 강아지가 후보로 나왔어도 그만큼의 지지는 받았을 것이다."

"그 당시 어쩔수 없이 당신을 뽑았지만, 당신을 뽑은 것이 너무나도 부끄러웠다."

"돼지 발정제 관련 이야기를 본인이 직접 경험한 것으로 책에 쓰고서도 나중에 문제가 되자 들은 이야기라고 변명하고, 장인어른을 '영감태기'라고 부른 것이 문제되자 '친근감의 표현'이라고 둘러대는 모습이 너무나도 부끄러웠다."

기존에 보수우파를 잘못 이끌어 온 기존의 정치인들이나 지도자들, 그리고 언행일치가 안 되고 상황에 따라 자신의 변신을 합리화하는 정치인들. 그들은 새롭게 시작해야 할 보수우파의 미래를 책임지기에 너무나도 부족하고, 이제는 새로운 시작을 가로막는 또 다른 기득권 세력에 불과하다.

그들은 변화된 세상에서 새로운 세계가 요구하는 역할을 제대로 할 수 없다. 마땅히 제대로 할 수 있는 사람에게 그 자리를 넘겨야 한다.

실제로, 천하의 인재를 모아서 보수우파와 대한민국이 당면한 현재의 문제점을 간결하게 해결할 수 있는 인물들은 둘러보면 의외로 있다.

하지만, 노욕의 정치인들은 보수우파가 이렇게 망가지고 분열된 것에 대한 책임을 통감하고 스스로 물러서는 모습을 전혀 보이지 않고 많다.

본인은 40대에 장관도 하고, 도지사도 했던 사람, 8선이나 국회의원을 하면서 박 대통령의 탄핵을 막지도 못한 사람 들이 아직도 할 일이 남아 있다면서, 정치 일선에 남아 자신이 중심이 되어 그 일을 하겠다고 나서고 있다.

그러면서 보수우파 내의 4~50대 중견 정치인들에게는 '너희는 아직 어리고 경륜이 부족해'라고 말하고 있다.

지금 보수우파의 현실은 참으로 절망적이다.

그들은 마땅히 책임을 져야 한다.

그동안 보수우파 정치세력이 부담해야 할 모든 과오에 대해 스스로 나서서 책임을 안고 정치 일선에서 물러나고, 후생가외後生可畏의 자세로 젊고 참신한 보수우파의 새로운 지도자를 발굴하여 키워야 한다.

그런데 기존 정치세력에게 이를 기대하는 것은 연목구어緣木求魚, 백년하청百

^{年河淸}에 불과하다.

그렇다.

이제 더 이상 그들에게 기대할 것은 없다. 아니 기대해서도 안 된다.

이제 국민들은 탄핵 등 과거 허물로부터 자유로운 젊고 참신한 인물이 나서기를 바란다. 그 인물들이 새로운 보수우파의 가치를 정립하고, 국민들에게 새로운 희망의 밝은빛을 선사하기를 간절히 기도하고 있다.

진정 국민에게 봉사하는 참된 정치를 실현하기를 갈망한다.

자유한국당도, 바른미래당도, 우리공화당도 그 역할을 하기에는 턱없이 부족하다.

'새 술은 새 부대에'라는 말이 있듯이 파부침주^{破釜沈舟}의 결단이 필요한 때이다.

파부침주, 진^秦을 치기 위해 군사를 일으킨 항우^{項羽}가 거록[鉅鹿]의 싸움에서, 출전에 앞서 온 배를 가라앉히고 사용하던 솥을 깨뜨렸다는 고사에서 온 말로 결사적인 항전태세를 갖춘다는 의미다.

누구나 결단할 때가 있다.

파부침주의 결단, 맹산서해^{盟山誓海}의 자세로 우리는 이제 새로운 정당을 창당하기 위해 나설 때이다.

국민이 참된 주인이 될 수 있는

자유와 정의가 강물처럼 흐르는

당당하고 진정한 평화를 만들 수 있는

그런 나라를 꿈꾸는 정당

새로운 큰 집을 이제 세울 때가 되었다.

새로운 세상,
진정한 보수우파의 시대가 올 것이다

우리는 지금 문재인 대통령과 김정숙 부부에 대한 손해배상 청구소송을 준비하고 있고, 곧 소장을 접수하려고 한다. 이 소식을 들은 사람들은 처음에는 참 좋은 의견이라면서 함께 하겠다고 했고, 주변 사람들도 동참하도록 적극 소개하겠다고 했다.

그런데 막상 시작을 하니 믿었던 많은 사람들이 슬금슬금 발을 뒤로 뺐다. 우리는 노무현 대통령의 사위가 주도한 박 대통령에 대한 손해배상청구소송의 참여자가 4,000명이 넘었으므로, 문재인 부부에 대한 손해배상 청구 참여자 목표를 5,000명으로 세웠다.

그러나 실제로 참여한 사람은 초기에 20명도 안 되었다.

참으로 의아했다.

그 이유를 물어보았다.

돌아온 대답들은 다음과 같다.

서슬이 퍼런 정권에 맞서는 것은 무모한 짓이다. 소장에 이름이 들어가면 현 정권의 타깃이 되고 계좌추적도 받게 된다. 좋은 일이지만 이로 인해 불이익을 받을까 걱정된다. 나는 괜찮지만 혹시라도 자식들이나 가족에게 문제가 발생하면 어떻게 하나.

눈물이 나왔다.

우리는 지난 대선 때 자유한국당 대변인으로서 형사 고소의 불이익을 감수하고 문재인 후보와 안철수 후보를 향한 비판 논평을 백여 건이나 발표했다.

지금도 노무현과 박근혜 두 대통령의 탄핵문제를 정면으로 다루면서 박 대통령의 탄핵이 무효임을 밝혀내고, 문재인 대통령의 하야 내지 탄핵 관련 이야기를 담은 책까지 내는 위험을 감내하고 묵묵히 걷고 있다.

우리는 모든 걸 거는 외로운 싸움을 하고 있다.

그런데 앞장서서 열심히 싸우면, 뒤에서 박수치며 격려해주는 척하다가 혹여 나중에 문제가 생기면 신중하지 못하게 행동하였다고 점잖게 타이르며 어른 노릇(?) 하려고 한다. 또 우리가 싸우다 조금 지쳐 있으면, '왜 쉬냐?' 책망하면서, '너희들은 쉬면 안 된다', '더 앞장서서 나가 싸워'라고만 한다.

우리는 보수우파를 자칭하는 사람들의 너무도 부끄러운 민낯을 보면서 잠시 좌절도 하고 실망도 하였다.

그래서 한때는 문재인 대통령 부부에 대한 손해배상청구소송을 포기하려는 생각도 했다.

하지만, 절망 속에 빛이 있는 법….

그 소식을 듣고 자발적으로 동참하겠다고 나서는 분들이 한 분 한 분 모여서 드디어 백 명이 되었고, 그 숫자는 지금도 꾸준히 늘고 있다. 그분들의 참여가 대한민국의 자유민주주의를 되찾고 문재인 대통령 하야의 마중물이 될 수 있을 것이라는 확신이 든다.

이런 반성의 움직임이 요즈음 각종 집회에서 "움직이지 않는 보수우파는 보수우파가 아니다"라는 구호로 나타나고 있다. 과거 보수는 점잖아야 하고, 참아야 하고, 인내해야 한다고 가르쳤고 배웠다. 가만히 침묵하며 기다리기만 하던 보수우파가 드디어 움직이고 소리내고 실천하고 행동하는 보수우파로 거듭난 지금의 모습을 훗날 역사에서 이렇게 기록했으면 좋겠다.

"보수우파, 이제는 움직이고, 실천하고, 제 목소리를 내었다. 그것이 정의라는 확신을 가지고…."

우리는 지금껏 믿어 온 정의가 무너지고, 당연히 누려야 할 자유가 소리 소문 없이 사라지고 있는 것을 경험하면서 그것이 어디서부터 잘못되었는지를 고민했고, 그 고민의 결과를 기록하기 위해 노 대통령과 박 대통령 "탄핵"을 비교하며 이 책을 썼다.

쓰다 보니 대한민국이 탄핵의 여파로 잘못된 길을 걸어가고 있었고, 특히 왜곡된 여론은 지금의 대한민국의 슬픈 자화상을 만드는데 큰 몫을 하고 있음을 뼈저리게 느낀다.

이제 우리는 탄핵에 대한 진실에 직면해야 한다.

탄핵 이후 대한민국은 나아갈 길을 잃고 있다. 국제 사회는 미국과 중국 사이의 문명 전쟁을 벌이고 있다. 하지만 문재인 정권 이후 대한민국은 미국과는 멀어지고 있는 반면 중국에게는 노골적인 친중정책을 펴고 있다.

한 번도 경험하지 못한 나라를 만들겠다고 한 문재인 대통령은 사상 최초로 중국 텔레비전에 나와 중국인들에게 새해 인사를 하는 낯뜨거운 모습을 국민들에게 보여주었다.

박근혜 대통령은 달랐다. 박근혜 대통령은 개성공단을 철수시켜 김정은 정권의 자금줄을 끊었고, 사드를 배치하였으며 통진당을 해산하였고, 북한 주민들에게 자유대한으로 오라고 선포하였다. 또한 전교조를 법외노조화 시켰고 민노총 탈퇴 자유화 조치로 국민들에게 더 많은 자유를 주려고 노력하였다. 이 모든 조치들은 현재 홍콩에서 일어나고 있는 아시아 자유혁명과 궤를 같이 한다. 머지 않아 미국에 의한 중국 무력화에 따라 북한에도 자유해방의 날이 올 것이다.

그때 우리는 박근혜 대통령이 옳았다는 것을 뼈저리게 다시 깨달을 것이다.

영화 〈라이온킹〉에서 아프리카 밀림을 평화롭고 균형 있게 다스리던 무파사는 스카의 배신으로 죽게 된다. 아버지 무파사의 죽음과 함께 터전을 떠났던 심바는 물에 비친 자신의 모습을 보고 다시 돌아와 밀림을 되찾고 평화로운 세상을 만든다.

세상을 되찾으려면 우리에게도 심바가 필요하다.

이제 더 이상 주변에서 심바를 찾지 말자.

나는 아니고 너희들이 하라고 미루지도 말자.

스스로 심바가 되고, 릴라가 되고, 티몬과 품바가 되자.

나는 박 대통령 탄핵으로 우리가 잃어버린 자유와 정의, 굳건한 안보와

풍요로운 경제, 건강한 시민의식과 국민이 행복한 대한민국을 가까운 시일 내에 되찾을 것을 확신한다.

"기억해라. 네가 누군인지…."
그러면 우리가 바라는 세상이 곧 현실이 된다.
"새로운 세상, 너의 시대가 올 것이다."